NIKOLAUS B.
ENKELMANN

DIE MACHT DER MOTIVATION

INSTITUT ENKELMANN
KÖNIGSTEIN / TAUNUS

NIKOLAUS B. ENKELMANN

DIE MACHT DER MOTIVATION

So motivieren Sie sich selbst und andere

Rhetorik – Charisma – Persönlichkeit

mvg

Die Deutsche Bibliothek - CIP-Einheitsaufnahme

Enkelmann, Nikolaus B.:
Die Macht der Motivation : so motivieren Sie sich selbst und andere ;
Rhetorik - Charisma - Persönlichkeit / Nikolaus B. Enkelmann.
- München ; Landsberg am Lech : mvg-verl., 1995
ISBN 3-478-71450-8

Wir danken Frau Gabi Böttcher und Frau Birgit Rupprecht-Stroell für Ihre redaktionelle Mitarbeit an diesem Buch.

Umschlaggestaltung: Gruber & König, Augsburg
Redaktionelle Mitarbeit: Gabi Böttcher, Birgit Rupprecht-Stroell
Satz: mvg, Susanne Guidera
Druck- und Bindearbeiten: Graph. Betriebe J. Ebner, Ulm
Printed in Germany 071 450/1095402
ISBN 3-478-71450-8

Inhalt

Vorwort

Dieses Buch ist das Ergebnis meiner über 35jährigen Lehrtätigkeit. Das Fundament meines Erfolgssystems basiert auf der Erkenntnisse von Viktor Frankl, dem wohl bedeutendsten lebenden Psychologen. Die von ihm entwickelte "Logotherapie" hat das Ziel, Menschen zu helfen, den Sinn des Lebens zu finden.

Positives Denken bedeutet auch für uns, Grenzen zu überschreiten, Hindernisse zu überwinden, Krisen zu meistern. Es ist einfach, positiv zu denken, solange es uns gut geht. Doch um das Negative auch in der Krise nicht triumphieren zu lassen, ist kontinuierliche Arbeit an der eigenen Persönlichkeit notwendig. Persönlichkeitstraining, dieses in der heutigen Zeit so häufig strapazierte Modewort, ist für mich keine Floskel, sondern ein effektives Lernprogramm mit dem Ziel, eine willensstarke, selbstbewußte Persönlichkeit zu entwickeln.

Mein Erfolgssystem - vielleicht besser als Entfaltungssystem bezeichnet - ist von Jahr zu Jahr empirisch gewachsen. Alle empfohlenen Trainingsmethoden sind erprobt. Erwiesen sich die Wachstumsreize, die ich im Seminar anwandte, als nicht so erfolgreich, wurden sie sofort durch bessere ersetzt. Denn wie bei einem Medikament ist auch hier die Wirkung entscheidend.

Auch dieses Buch ist nur dann wirksam, wenn Sie es richtig lesen - bzw. *nicht* lesen. Studieren Sie es, betrachten Sie es als ein Instrument, das Sie bedienen und benutzen, keinesfalls als Unterhaltungslektüre. Lesen Sie dieses Buch nicht wie einen Roman von Anfang bis Ende durch. Es wäre schade um die Zeit. Betrachten Sie *Die Macht der Motivation* als Lexikon des Erfolges. Studieren Sie immer zuerst das Inhaltsverzeichnis, und dann lesen Sie die Ausführungen, die Sie gerade in diesem Augenblick benötigen, nur diese! Benutzen Sie einen Leuchtstift, noch besser: mehrere Leuchtstifte in verschiedenen Farben, damit Sie Ihre persönlichen Prioritäten setzen können. Machen

Sie sich Randnotizen, oder schreiben Sie Ihre Gedanken auf ein separates Blatt Papier, das Sie immer an der betreffenden Stelle im Buch aufbewahren. Legen Sie einen Karteikasten an, in dem Sie die für Sie wichtigsten Anregungen unter Stichpunkten sammeln. Notieren Sie die Veränderungen in Ihrer Umgebung. Damit kontrollieren Sie die Entwicklung Ihrer Persönlichkeit.

Vor allem: Spielen Sie mit den vielen Impulsen und Ratschlägen, gestalten Sie aus unserem Buch *Ihr* Buch, machen Sie es zu Ihrem ganz persönlichen Lebensbuch. Ihrer Kreativität und Phantasie sind keine Grenzen gesetzt. Im Laufe der Zeit erarbeiten Sie sich den Inhalt des ganzen Buches auf eine Art, die Ihnen den größten Nutzen bringt.

Grundlage meines Erfolgssystems sind die "14 Grundgesetze der Lebensentfaltung", die am Anfang des Buches stehen, so daß Sie damit gut arbeiten können.

Denken Sie beim Lesen auch immer an Ihr Ziel. Betrachten Sie dieses Buch als Ihr persönliches Medikament (in diesem Fall ist sogar ausnahmsweise einmal gegen Abhängigkeit nichts einzuwenden), das Sie regelmäßig zu sich nehmen, wobei Sie über die Menge entscheiden, also je nach Bedarf einmal mehr und einmal weniger damit arbeiten. Es kommt in erster Linie auf die Regelmäßigkeit an, weniger auf die Dosierung. Und so wie ein Kranker von einem Medikament erwartet, daß es hilft, so sollten Sie bei der Arbeit mit diesem Buch an Ihren Erfolg glauben und Ihre Fortschritte kontrollieren:

1. Welche *Konsequenzen* sollte ich ziehen?
2. *Wie* und *wo* kann ich das Gelernte *anwenden* und *umsetzen* (im Unternehmen, in der Familie, im Bekanntenkreis ...)?

Der Alltag entscheidet über Erfolg und Mißerfolg: Wer liest, wird klüger - wer trainiert, wird fähiger - wer anwendet, wird erfolgreicher.

Nachdem Sie das Kapitel von der Bedeutung der Wiederholung studiert haben, werden Sie lernen, daß es zu einem bewußten Vorgang werden sollte, neues Wissen so oft wie möglich zu wiederholen. Jede Wiederholung eröffnet neue Aspekte der wichtigsten Grundgedanken. Lesen Sie ein Kapitel ein zweites und drittes Mal, so bemerken Sie möglicherweise Dinge, die Sie beim erstenmal noch überlesen haben, weil sie Ihnen nicht so wichtig erschienen. Variationen sind in der Musik selbstverständlich. Wiederholen Sie die wichtigsten Akkorde Ihres Lebens immer wieder. "Wiederholung ist die Mutter der Weisheit", wußten schon die alten Römer.

Dieses Buch habe ich gemeinsam mit Gabi Böttcher geschrieben. Gabi Böttcher ist Diplom-Sozialpädagogin und seit acht Jahren Chefredakteurin unseres Magazins "Der erfolgreiche Weg". In dieser Zeit hat sie in unseren Seminaren hunderte von Erfolgen miterlebt. Dies ist kein fiktives, kein theoretisches Buch. Alles, was Sie darin lesen, ist bereits praktiziert worden und ist praktizierbar - auch für Sie. Es ist ein Buch über realistische Erfolge, über realistische Chancen und Möglichkeiten, ein Buch über die Praxis des Erfolges.

Lassen Sie sich in diesem Buch leiten von einer perfekten Managementanweisung, Sie werden es kaum glauben - sie stammt von Johann Wolfgang von Goethe:

> "Des Menschen größtes Verdienst bleibt wohl, wenn er die Umstände so viel als möglich bestimmt und sich so wenig als möglich von ihnen bestimmen läßt. Das ganze Weltwesen liegt vor uns wie ein großer Steinbruch vor dem Baumeister, der aber nur dann den Namen verdient, wenn er aus diesen zufälligen Naturmassen ein in seinem Geiste entsprungenes Urbild mit der größten Ökonomie, Zweckmäßigkeit und Festigkeit zusammenstellt. Alles außer uns ist nur Element, ja, ich darf wohl sagen, auch alles an uns; aber tief in uns liegt diese schöpferische Kraft, die das zu schaffen vermag, was sein soll, und uns nicht ruhen und rasten läßt, bis wir es außer uns oder an uns auf eine oder die andere Weise dargestellt haben."
> (J. W. Goethe in: Wilhelm Meister)

Lesen Sie dieses Buch nicht, wenn:

- Sie Ihre Ideen und Einfälle verkommen lassen möchten;
- Sie gern meckern und ohne Feinde nicht leben können;
- Sie glauben, ein minderwertiger Mensch zu sein, und es bleiben möchten;
- Sie arm sind und arm bleiben möchten;
- Sie sich am glücklichsten fühlen, wenn Sie keinen Finger zu rühren brauchen;
- Sie sich als Pechvogel fühlen und kein Glückspilz werden möchten;
- Sie mit einem zügellosen und unproduktiven Leben zufrieden sind;
- Sie nur Zuschauer des Lebens sein möchten;
- Sie über Ihre Probleme gern klagen und sich von anderen bedauern lassen möchten;
- Sie sich gerne sorgen und vor Angst zittern;
- Sie viel und schwer arbeiten möchten, ohne Erfolg zu haben.

Denn: Dieses Buch könnte Sie dazu verleiten, Ihre Arbeit zu lieben und viel zu verdienen.

Vielleicht schreiben Sie uns einmal und berichten von Ihren Erfahrungen, die Sie mit diesem Buch gemacht haben, von Ihren Erfolgen, von Ihren Fortschritten und den positiven Veränderungen in Ihrem Leben. Wir würden uns über Ihren Brief sehr freuen.

Ihr Nikolaus B. Enkelmann

Nikolaus B. Enkelmann in seinem Königsteiner Institut

Die Grundgesetze der Lebensentfaltung

1. Nur der Mensch hat die Kraft, bewußt zu denken, zu planen und zu gestalten. Nur er kann sich selbst und damit sein Schicksal und seine Zukunft gezielt beeinflussen.

2. Am Anfang jeder Tat steht die Idee. Nur was gedacht wurde, existiert.

3. Gedanken entwickeln sich im Unterbewußtsein. Aus dem Menschen selbst oder durch äußere Einflüsse.

4. Das Unterbewußtsein - die Baustelle des Lebens - und der Arbeitsraum der Seele, hat die Tendenz, jeden Gedanken zu realisieren.

5. Aus dem kleinsten Gedankenfunken kann ein leuchtendes Feuer werden.

6. Was wachsen will, braucht Nahrung. Die Nahrung der Gedanken ist die Konzentration.

7. Bewußte oder unbewußte Konzentration ist Verdichtung von Lebensenergie.

8. Im Streit zwischen Gefühl und Intellekt siegt immer das Gefühl.

9. Gefühle lenken und verstärken die Konzentration unbewußt, aber nachdrücklich.

10. Durch eine gezielte Entscheidung kann die Aufmerksamkeit auf jeden ausgewählten Punkt gelenkt werden.

11. Beachtung bringt Verstärkung. Nichtbeachtung bringt Befreiung.

12. Zustimmung aktiviert Kräfte - Ablehnung vernichtet Lebenskraft.

13. Die ständige Wiederholung einer Idee wird erst zum Glauben - dann zur Überzeugung.

14. Glaube führt zur Tat. Konzentration führt zum Erfolg. Wiederholung führt zur Meisterschaft.

Nikolaus B. Enkelmann und Viktor Frankl

1.
Motivation -
Die Kunst, sich und andere zu führen

Viktor Frankl:
Moral und die Suche nach dem Sinn des Lebens

Wo immer er auftritt, setzt Viktor Frankl die gängigen Vorurteile über das Alter außer Kraft. Wenn er, wie 1994 während des 3. Weltkongresses der Psychotherapie in Hamburg auf dem Podium steht, strahlt er mit seinen über 90 Jahren mehr Dynamik und Vitalität aus als so mancher seiner wesentlich jüngeren Kollegen. Und noch immer reißen seine Ansprachen, seine leidenschaftlichen Bekenntnisse zum Sinn des Lebens und zum Humanismus die Leute von den Stühlen, entfachen Begeisterungsstürme. Über das Alter sagt er: "Unsere Vergangenheit ist ein Getreidesilo, in dem die Ernte unseres Lebens sicher aufbewahrt ist. Ich habe keine Probleme mit dem Altern und noch älter zu werden, solange ich sagen kann, daß ich reifer werde."

Die Logotherapie - Grundlage der Psychologie des Erfolgreichen Weges

Viktor Frankl, der große alte Mann der Psychotherapie, ist nicht nur einer der brillantesten Psychologen unserer Zeit - er ist vor allem und über allem eine herausragende Persönlichkeit. Viktor Frankl ist Logotherapie, Logotherapie ist Viktor Frankl.

Für alle Zeiten wird die von ihm entwickelte Therapie unverrückbar mit seinem Namen verbunden sein. Sicher, solche Phänomene gibt es öfter in der Psychotherapie und Psychologie. Was wäre die Psychoanalyse ohne Sigmund Freud, was die Bioenergetik ohne Alexander Lowen, was das Möglichkeitsdenken ohne Robert Schuller? Doch das Besondere an der Logotherapie und ihrem Begründer Viktor Frankl ist, daß der jüdische Wissenschaftler seine Lehre vom Sinn des Lebens im Konzentrationslager von Auschwitz entwickelt hatte, im Angesicht der Gaskammer und des unvorstellbaren Grauens.

Jeder hätte es verstanden, wenn in dieser Zeit, in dieser Situation, eine Philosophie über die Sinnentlehrung oder die Sinnlosigkeit entstanden wäre, wenn eine Lehre über Inhumanität und Unmoral entwickelt worden wäre. Doch das Gegenteil war der Fall. Frankl hatte als anerkannter Chefarzt der Neurologie in Wien sein Ausreisevisum in die USA bereits in der Tasche, um den Nazi-Schergen zu entgehen. Doch er entschied sich zu bleiben. "Kann ich meine Eltern ihrem Schicksal überlassen?", fragte er sich. "Bin ich nicht moralisch gezwungen, ihr Schicksal zu teilen? Wo liegt meine Verantwortung?" Er wußte, daß seine Eltern ohne den Schutz, den er durch seinen Status noch genoß, jederzeit von den Nazis in ein Lager geschickt werden konnten.

In seiner Not, die richtige Entscheidung zu treffen, ging er mit seinem Vater in den Stephansdom, da die Synagoge zerstört war, und dachte stundenlang nach, ohne zu einem Ergebnis zu kommen. Plötzlich sah er ein Stück Marmor auf dem Tisch liegen und fragte seinen Vater, was das sei.

"Oh, Viktor", sagte dieser. "Heute Morgen, als ich an der zerstörten Synagoge vorbeiging, sah ich dieses Stück Marmor. Ich brachte es mit, weil es heilig ist." "Heilig warum?", wollte der Sohn wissen. Der Vater antwortete, daß er dieses Stück erkenne - es war ein Teil der beiden Tafeln, in die die 10 Gebote eingraviert waren. Es zeigte einen hebräischen Buchstaben, die Abkürzung eines der 10 Gebote: "Du sollst Vater und Mutter ehren." In diesem Augenblick wußte Viktor Frankl, daß er

Österreich nicht verlassen, sondern seinen Eltern immer beistehen würde.

1942 wurde das jüdische Hospital, in dem er arbeitete, von den Nazis geschlossen und er mit seinen Eltern in das Terracina-Lager geschickt, wo sein Vater kurz darauf an Unterernährung starb. Im Oktober 1942 kam er nach Auschwitz. Seine Mutter folgte eine Woche später und mußte sofort in die Gaskammern. Bis heute weiß Viktor Frankl nicht, ob er es dem Zufall, den Umständen, dem Schicksal zu verdanken hat oder ob es gar ein Wunder war, daß er nur ein paar Tage in diesem berüchtigten Vernichtungslager verbringen mußte.

Während dieser Zeit erhielt er immer wieder neue Nummern, wurde anderen Gruppen zugeordnet, von einer Baracke in die andere gebracht. Nie wußte er, ob es zur Arbeit oder in die Gaskammer ging. Er dachte: "Vorausgesetzt, jemand gibt mir die hundertprozentige Garantie, daß ich nicht überleben werde, dann würde ich mich verantwortlich fühlen, alles zu tun, um zu überleben." In dieser Zeit entwickelte er ein Denkmodell, das er später als heuristischen Optimismus bezeichnete. Heuristisch bedeutet Experiment. Das Experiment hieß: "Laßt es uns versuchen und sehen, was dabei herauskommt."

Von Auschwitz aus wurde Viktor Frankl in ein Lager nach Bayern transportiert. Als er einmal der Gestapo vorgeführt wurde, mußte er sich vor den Schergen nackt ausziehen. In diesem Augenblick entstand in ihm der für seine Lehre entscheidende Gedanke: "Es gibt etwas, das niemand mir nehmen kann, und das ist meine Freiheit zu entscheiden, wie ich auf das, was man mir antut, reagieren werde." Es wurde ihm klar, daß man einem Menschen alles nehmen kann, inklusive seiner physischen Freiheit - was man ihm aber nie nehmen kann, das ist die geistige Freiheit, die Freiheit, sich seine eigene Ansicht oder Meinung zu bilden. Die innere Einstellung, das ist es, was wirklich zählt. Im Konzentrationslager wurde der Grundstein gelegt für eine der wichtigsten Lehren unserer Zeit, die Logotherapie. "Logos" ist das griechische Wort für Sinn. Die Therapie basiert auf der Behandlung und Heilung durch Sinn. Voraussetzung ist die Freiheit des Willens zum Wählen. Wer sich dies bewahrt, kann in jeder Situation, selbst der scheinbar sinnlosen Lage, einen Sinn erkennen. Als Viktor Frankl noch im Lager war, kam er zu einer weiteren wichtigen Erkenntnis: "Du hast über das Leben gesprochen und geschrieben, über seinen Sinn, über die Bedeutungslosigkeit dieser Bedeutung - und daß das Leben niemals seinen Sinn verliert, unter keinen Umständen. Auch wenn das Leiden nicht verhindert werden kann, dann gibt es vielleicht in dem Leiden etwas Sinnvolles, das man herausfiltern kann." Deshalb versuchte er auch in dieser lebensbedrohlichen, tragischen Situation seine Einstellung zu leben, indem er sich selbst sagte: "Nun Viktor, du hast über dieses Thema gesprochen und geschrieben. Nun mußt du es selber leben."

In Wien, wo er mit der Psychoanalyse Freuds und der Individualpsychologie Adlers in Berührung kam, erkannte Viktor Frankl schon früh die Grenzen dieser Methoden. Einem Patienten, der an Angst vor offenen Plätzen litt, der es viele Jahre mit Psychoanalyse und mit Hypnose versuchte, ohne jeden Erfolg, gab er nach dem Motto "Lieber ein Ende mit Schrecken, als ein Schrecken ohne Ende" folgenden Rat: "Anstelle jahrelang an Phobien zu leiden, warum versuchen Sie nicht zusammenzubrechen, in Ohnmacht zu fallen, einen Herzanfall auf der Straße zu haben? Anstatt sich vor dem dem zu fürchten, was passieren könnte, wenn Sie Ihr Haus verlassen, verlassen Sie Ihr Haus mit dem festen Vorsatz: Ich werde zusammenbrechen, in Ohnmacht fallen, einen Herzanfall haben."

Der Patient ging mit diesem Vorsatz auf die Straße. Im selben Moment war er von seiner Phobie befreit. Anhand solcher und ähnlicher Fälle machte Viktor Frankl seine Erfahrungen mit der Logotherapie. Später riet er Patienten, die unter Schlaflosigkeit litten, zu versuchen, die ganze Nacht wachzubleiben und an alles zu denken, nur nicht an Schlaf. Prompt schliefen die Patienten nach 15 Minuten ein. So paradox es klingen mag - in dem Augenblick, in dem der Patient lernte, mit seiner Krankheit offensiv zu leben und darauf zu reagieren, kann die Krankheit in einen Triumph verwandelt und der Patient geheilt werden. Nicht die Ursache der Krankheit war mehr der Ansatzpunkt, sondern der Umgang damit.

Als Viktor Frankl den Unterschied zwischen seiner Methode und der seiner Wiener Lehrer erklären sollte, sagte er: "Für Freud ist es der Wille zur Lust; für Adler ist es der Wille zur Macht; und für mich, Viktor Frankl, ist es der Wille zum Sinn." Für ihn gibt es drei Wege, sinnvolle Erfüllung zu finden:

1. Eine Tat zu vollbringen oder etwas zu kreieren.
2. Etwas zu erwarten oder jemanden zu lieben.
3. Eine tragische Situation in einen Triumph zu verwandeln, wenn man die Ursache dafür nicht ändern kann.

In seinem Buch "Der Mensch vor der Frage nach dem Sinn" führte Viktor Frankl seine Differenzierung der psychologischen Lehren weiter: "Nun, wovon der Mensch zutiefst und verletzt durchdrungen ist, ist weder der Wille zur Macht, noch ein Wille zur Lust, sondern ein Wille zum Sinn. Und aufgrund eben dieses Willens zum Sinn ist der Mensch darauf aus, Sinn zu finden und zu erfüllen, aber auch anderem menschlichen Sein in Form eines Du zu begegnen, es zu lieben. Beides, Erfüllung und Begegnung, gibt dem Menschen einen Grund zum Glück und zur Lust."

Maßgeblich für Frankls Lehre ist demnach nicht das Streben nach Lust, Macht und Glück zum Selbstzweck, sondern das Finden von Sinn in allem. Sex aus purer Lust beispielsweise ist für ihn unvereinbar mit seinem humanistischen Menschenbild und seinem ethischen Prinzip der Sinnfindung in allen Bereichen des Lebens. Im Gegensatz zu vielen seiner Kollegen hat er nie versucht, das große menschliche Phänomen auf etwas Niedriges zu reduzieren. Er verwehrt sich gegen die reduktionalistische These, nach der Liebe nichts anderes sei als erhabener Sex.

"Der Sex-Instinkt", meint er, "unterscheidet zwischen einem Ziel und einem Objekt. Das Ziel ist, sexuelle Spannungen abzubauen, und das Objekt ist der Partner. Nun, ein Partner auf einer menschlichen Ebene ist niemals ein Objekt. Ein Mensch sollte niemals nur als ein Mittel zum Zweck genutzt werden. Nur auf der menschlichen Ebene kann man das Stadium erreichen, wo der Partner als ein menschliches Subjekt und nicht als Objekt akzeptiert wird." Liebe ist für den positiven Moralisten Viktor Frankl, die Akzeptanz der Menschlichkeit und Einzigartigkeit des Partners. Somit ist die Liebe ein wichtiger Faktor im Prozeß, den Sinn des Lebens zu entdecken. Er erteilt dem Freudschen Ansatz, die Lust zum vorrangigen Inhalt und Gegenstand der Aufmerksamkeit zu machen, eine Absage: "In dem Maße aber, in dem sich der neurotische Mensch um die Lust kümmert, verliert er den Grund zur Lust aus den Augen - und die Wirkung 'Lust' kann nicht mehr zustande kommen. Je mehr es einem um die Lust geht, um so mehr vergeht sie einem auch schon."

Erfolg aus Lust am Erfolg ist seiner Lehre nach eine Sackgasse, weil auf Dauer der Grund für den Erfolg, nämlich der Sinn des Strebens danach, verlorengeht. Ähnlich verhält es sich für ihn mit dem Adlerschen Prinzip zum Thema Triebfeder Macht. Frankl: "Während aber die Lust eine Nebenwirkung der Sinnerfüllung ist, ist die Macht insofern ein Mittel zum Zweck, als die Sinnerfüllung an gewisse gesellschaftliche und wirtschaftliche Bedingungen und Voraussetzungen gebunden ist." Mit dieser Erkenntnis verknüpft er seine Kritik an der Psychoanalyse und der Individualtherapie: "Nun, zur Ausbildung des Willens zur Lust bzw. des Willens zur Macht kommt es jeweils erst dann, wenn der Wille zum Sinn frustriert wird, mit anderen Worten, das Lustprinzip ist nicht weniger als das Geltungsstreben eine neurotische Motivation. Und so läßt es sich auch dann verstehen, daß Freud und Adler, die ihre Befunde doch an Neurotikern erhoben haben, die primäre Sinnorientierung des Menschen verkennen mußten."

Als Robert Schuller bei einem Gespräch mit Viktor Frankl 1991 nach dem Sinn seines Lebens fragte, lautete die Antwort: "Als ich 15 Jahre alt war, spazierte ich durch einen großen Park in Wien. Ich fragte mich: 'Stell dir vor, Viktor, daß ein Buch veröffentlicht wird, das du geschrieben hast und das deine Ideen enthält. Es könnte Hilfe für viele Leute bringen. Würdest du zustimmen, daß dieses Buch nur unter der Voraussetzung veröffentlicht wird, daß es unter einem anderen Namen erscheint? Dein Werk total verleugnen?' Und ich sagte zu mir: 'Gerne. Absolut.' Denn was zählt, ist die Realität und nicht meine Reputation. Was zählt, ist, ob ich das durchführen kann, was ich als den Sinn meines Lebens ansehe. Als die Redakteure von "Who's Who" mich drängten, mein Leben und Werk zusammenzufassen, schrieb ich ihnen: 'Ich habe den Sinn meines Lebens darin gesehen, anderen zu helfen, einen Sinn in ihrem Leben zu finden.'"

Ich hoffe, es wird Ihnen, lieber Leser, liebe Leserin, mit dieser Aussage deutlich, warum die Lehre Viktor Frankls und keine andere die Grundlage ist für die Psychologie des erfolgreichen Weges. Wir werden Sie nicht ermuntern, aus Lust am Erfolg erfolgreich zu werden, wir werden Sie auch nicht dazu auffordern, erfolgreich zu werden, weil Sie Macht haben wollen. Aber wir rufen Sie dazu auf, sich zu fragen, welchen Sinn es für Sie selbst und für andere haben könnte, wenn Sie erfolgreich sind oder werden. Fragen Sie sich, welchen Sinn Sie in Ihrer Tätigkeit sehen oder finden können. Können Sie dem Leben anderer Menschen einen Sinn geben, können Sie anderen helfen, einen Sinn zu finden? Ihren Mitarbeitern? Ihrer Familie? Ihren Freunden? Wer nur aus dem Lust- oder Machtprinzip handelt, wird sich solche Fragen nie stellen, weil er in dem anderen Menschen lediglich ein Objekt, aber nicht das Einzigartige und Besondere sieht, das jeder einzelne Mensch hat.

Unsere Philosophie basiert auf der Erkenntnis Viktor Frankls, daß der Sinn des Lebens darin besteht, anderen Nutzen zu bringen, und zwar deshalb, weil der Mensch das Wertvollste ist. Es ist immer, in jeder Situation möglich, die Frage nach dem Sinn zu stellen und eine Antwort zu finden. Das gilt für jeden von uns und ist in jeder Lebenssituation durchführbar. Viktor Frankl konnte sich diese Frage sogar in Auschwitz stellen.

Gebrauch und Mißbrauch von Motivation

Wer Menschen begeistern kann, hat großen Einfluß auf diese Menschen. Die Geschichte zeugt von vielen Beispielen, wie mit diesem Einfluß, dieser Macht umgegangen wurde. Macht - das Gegenteil ist übrigens Ohn-macht - kann positiv genutzt, aber auch im negativen Sinn benutzt werden. So wie man alles, was man gebrauchen kann, auch mißbrauchen kann: Atomkraft und Chemie, Gentechnologie und Datenverarbeitung etc.

Nicht anders verhält es sich mit der Kraft zur Motivation. Es gibt kein Vakuum, in dem man sicher sein kann vor den negativen Aspekten der Motivation. Nur jeder einzelne selbst kann entscheiden, von was, von wem und wofür er sich begeistern lassen möchte. Die Angst vieler Menschen vor einem Mißbrauch der Begeisterungsfähigkeit hat durchaus ihre Berechtigung. Doch wer nur die Möglichkeit des Mißbrauchs fürchtet, verschließt sich damit gleichzeitig den positiven Aspekten der Macht der Motivation. Er verschließt sich der Begeisterung und damit seinen eigenen Chancen und Möglichkeiten, denn, so formulierte es Herder: "Ohne Begeisterung schlafen die besten Kräfte unseres Gemütes. Es ist ein Zunder in uns, der Funken will." Doch wer schützt uns vor der Begeisterung für das falsche Ziel, für die falschen Führer, und was schützt die Führer vor der Verführung andere zu verführen? Es gibt sie und es gab sie zu allen Zeiten, die Führer, die Ver-führer sind im negativen Sinn. Hitler, Goebbels und Stalin sind nur drei solche Beispiele aus der Geschichte. Doch es gab immer auch Beispiele für den Sieg der positiven Motivation über die dämonischen Verführer.

Tyrannen sitzen auch heute in den Chefetagen der Unternehmen. Viele halten sich für unbesiegbar. Doch die Geschichte zeigt, daß es nicht die Macht ist, die unbesiegbar macht, sondern eine schnelle Reaktion auf Veränderungen, Sensibilität für Signale und Flexibilität. Große Führer verloren ihre Macht, weil sie die Zeichen der Zeit nicht früh genug erkannten und nicht flexibel und schnell genug darauf reagierten.

Ein Beispiel aus der jüngsten Geschichte ist Erich Honnecker, der glaubte, sogar die brüderliche Warnung Gorbatschows mißachten zu können: "Wer zu spät kommt, den bestraft das Leben."

Selbst ein so unangefochtener Herrscher wie Julius Cäsar, eine der genialsten Persönlichkeiten der Weltgeschichte, mußte auf dem Höhepunkt seiner Macht, kurz vor seiner Erhebung zum "Gottkönig", seine Unaufmerksamkeit gegenüber den Veränderungen in seiner Umgebung mit dem Leben bezahlen. Er hatte die Verschwörung, die gegen ihn im Gange war, nicht rechtzeitig erkannt. Die charismatischen Führer der Geschichte mußten ihre Machtposition ständig behaupten und verteidigen. Wer andere motivieren und begeistern, sie für seine Ziele gewinnen kann, ist meistens gleichzeitig auch eine Bedrohung. Zu allen Zeiten hatten die Mächtigen Feinde, die ihnen die Macht streitig machten. Nicht nur Julius Cäsar, auch John F. Kennedy, Martin Luther King, Jeanne d'Arc, Jesus Christus, Gandhi und viele andere Führungspersönlichkeiten wurden ermordet, weil sie entweder zu mächtig wurden und sich zu Leitfiguren ihrer Zeit entwickelten - oder weil sie zu mächtig zu werden drohten.

Es ist nicht immer der Dolch oder das Gewehr, das der Mächtige fürchten muß. Die schlimmsten Feinde müssen auch nicht unbedingt von außen kommen. Oft genug ist sich der Mächtige selbst der ärgste Feind. Wie Gandhi sagte: "Die einzigen Teufel sind die, die wir selbst in unseren Herzen tragen."

Die größte Gefahr der Macht liegt in der Möglichkeit zum Mißbrauch. Jeder Mensch mit charismatischen Fähigkeiten, mit einer suggestiven Wirkung auf andere, muß sich darüber im klaren sein, daß er zwischen zwei Möglichkeiten wählen kann: seine Motivationskraft zum Nutzen anderer zu gebrauchen oder sie zu deren Schaden zu mißbrauchen.

Eine Möglichkeit, die Motivationskraft zum Schaden einzusetzen zeigt sich bei den Sekten, die immer mehr Einfluß gewinnen. Durch Psychoterror werden Abhängigkeiten geschaffen, ja man schreckt nicht einmal vor kriminellen Mitteln zurück, um Macht über die Anhänger zu gewinnen bzw. neue Mitglieder zu werben.

Wer jedoch die Philosophie des Erfolgreichen Weges begriffen hat, kann nicht gleichzeitig einer Sekte angehören. Der freie, selbstbestimmte und selbstbewußte Mensch - das ist das Ziel! Und dieser Mensch wird sich allen Bestrebungen, die zum Verlust seiner Identität und seiner Selbstbestimmung führen, widersetzen. Unsere Philosophie hat zum Ziel, die individuelle Persönlichkeit zu stärken und immun zu machen gegen eine Anfälligkeit für Sekten. Der erfolgreiche Mensch entscheidet für sich und sein Leben - in eigener Verantwortung und damit für den positiven Gebrauch der Motivation.

Macht macht einsam. Je höher der Gipfel, um so dünner die Luft. Die Geschichte gibt Zeugnis darüber, wie fatal sich die Einsamkeit an der Spitze auswirken kann. Wenn der Bezug zur Realität mehr und mehr verloren geht, wenn der Kontakt zu den Menschen "da unten" immer spärlicher und distanzierter wird, dann ist die Gefahr groß, den Boden unter den Füßen zu verlieren. Mit anderen Worten: Der Mächtige verliert die Kontrolle über seine Feinde, aber auch die Kontrolle über die Wirkung seiner Anweisungen und Entscheidungen - und damit auch über seine Anhänger. Der Motivator läßt den Teufel frei, den er im eigenen Herzen trägt.

Wenn das Ziel nicht mehr neu formuliert werden kann, weil es nicht mehr an der Realität gemessen wird, wächst die Gefahr des Machtmißbrauchs. Gustav Freitag wußte: "Je höher der Mensch steht, um so stärkere Schranken hat er nötig, welche die Willkür seines Wesens bändigen."

Viele Führungskräfte unterschätzen die Bedeutung der Kommunikation mit ihren Mitarbeitern. Sie kontrollieren die Macht, die sie über andere besitzen, nicht mehr. Leicht beachten Sie dann auch die Mitarbeiter nicht mehr genügend, die sie zur Erreichung ihrer eigenen Ziele brauchen. Dem Machtmißbrauch wird Tür und Tor geöffnet. Die Position an der Spitze macht einsam, der große Boß wird unangreifbar - und korrumpiert sich und andere. Der Mächtige wird nicht mehr von außen kontrolliert, ihm bleibt nur noch die Selbstkontrolle. Aber welcher Mensch, der sich für unangreifbar und unfehlbar hält, sieht schon die Notwendigkeit, sich selbst zu kontrollieren? Motivation wird schnell zum Selbstzweck und dient nur noch der Erhaltung der Macht.

Jede Führungskraft sollte sich bewußt sein über alle Möglichkeiten der Motivation, auch über die negativen Folgen. In Geschichte und Gegenwart, in Politik und Unternehmen gibt es genügend Beispiele von charismatischen Führern, die ihre Begabung mißbrauchten, um andere in den Abgrund zu führen. Zum Fluch werden kann es, wenn der Motivator sich nicht seiner Verantwortung und moralischen Verpflichtung anderen Menschen gegenüber bewußt ist. Positive Menschenführung bedeutet nicht nur, seine Mitarbeiter und sich erfolgreich zu machen, sondern auch, die eigenen Führungsfähigkeiten besonders verantwortungsbewußt einzusetzen.

Solange die Persönlichkeit des anderen respektiert wird, besteht kaum Gefahr, daß jemand seine charismatische Begabung mißbraucht. Die "Fünf Gebote" für den positiven Umgang mit anderen Menschen sind auch die Grundlagen für den nutzbringenden, den positiven und den verantwortungsbewußten Gebrauch der Motivation:

1. Achtung und Respekt vor jedem Menschen, auch vor sich selbst,
2. Tolerierung der Individualität und Einmaligkeit jedes einzelnen,
3. Interesse für die Wünsche und Bedürfnisse des anderen,
4. Ermutigung und Förderung von Mitarbeitern,
5. offene, angstfreie Kommunikation zwischen Führung und Mitarbeitern.

Sieger bleiben im Lebenskampf

Viele, zu viele Menschen möchten sich vom Schicksal bedienen lassen. Sie, lieber Leser, liebe Leserin, die Sie dieses Kapitel studieren, wissen, daß man sich alles erobern muß und auch kann. Geschenkt wird keinem Menschen etwas. Die Natur lehrt uns immer wieder: Das Leben ist Kampf, ist ein Kampf ums Überleben. Das gilt für Pflanzen, Tiere und natürlich auch für die Menschen.

Der Grund, warum es eine so große Anzahl von Problemen gibt, liegt sicherlich darin, daß die meisten Menschen nicht bereit sind, sich für das Gute einzusetzen. Zu viele Menschen sind bequem, möchten lieber abwarten. Sie warten auf Godot. Abwarten - Geduld - ist aber nur dort sinnvoll, wo gesät wurde. Denn nur, was der Mensch gesät hat, das kann er auch ernten. Und so warten viele Menschen Jahr für Jahr darauf, daß etwas geschieht, ohne daß sie eine Grundlage dafür geschaffen haben, verschenken dabei die beste Zeit ihres Lebens.

Und so viele Menschen machen sich das Leben unnötig schwer, weil sie glauben, man könne aus Fehlern lernen. Wenn ich in unseren Führungsseminaren die Teilnehmer nach ihren besten Lehrern frage, bemerke ich, daß einige Teilnehmer plötzlich sehr verunsichert sind und sich eingestehen müssen, daß sie zu lange falschen Erfolgsstrategien gefolgt sind. Sie haben nur versucht, ihre Fehler zu analysieren, anstatt Konzequenzen aus Mißerfolgen zu ziehen, neue Wege zu gehen - eine neue Saat auszusäen.

Viele Genies verschenken ihr Wissen, weil sie nicht von Vorbildern lernen wollen. Daher wiederhole ich immer wieder die entscheidende Erkenntnis: "Selbst ein Zwerg sieht weiter als der Riese, wenn er auf den Schultern eines Riesen steht." Lassen Sie sich darum täglich von Menschen begeistern, die vor Ihnen die Welt verbessert haben.

Vor einigen Wochen sagte mir ein Seminarteilnehmer recht entrüstet: "Ich wollte niemals ein Sieger sein, denn ich möchte niemals andere zu Verlierern machen!" Dies scheint zunächst eine äußerst positive Einstellung zu sein, die sicher einige Leser teilen. Doch nach einer Pause sagte ich ihm, es wäre gut, wenn jeder Lehrer den Wunsch hätte, die Dummheit zu besiegen. Es wäre gut, wenn jeder Arzt die Fähigkeit besäße, Krankheiten zu besiegen. Es wäre gut, wenn die Politiker die Fähigkeit besäßen, die Umweltverschmutzung zu reduzieren. Wir brauchen Sieger! Wenn wir, lieber Leser, liebe Leserin, wollen, daß die Erde - unser blauer Planet - überlebt, brauchen wir Sieger - unendlich viele Sieger, und zwar auf allen Gebieten.

Sieger kennen die Macht der Begeisterung. Vielleicht kann dieses Kapitel Sie begeistern, Sie dazu motivieren, Ihren Standpunkt neu zu definieren und den Mut zu fassen, große und wertvolle Entscheidungen zu treffen! Siegen heißt nicht bekämpfen. Besiegen heißt nicht über Leichen gehen, heißt auch nicht, einer Ellenbogengesellschaft das Wort zu reden. Bei meiner Methode geht es nicht um das Faustrecht, sondern um den Einsatz der geistigen Fähigkeiten. Unser Ideal ist der erfolgreiche Mensch als Philosoph, so wie ihn Lessing verkörpert in "Nathan der Weise".

Daher kann auch nicht Aggression die Antriebsfeder sein. Das Motiv der Erfolgreichen ist der Wunsch, Probleme zu lösen und Nutzen zu bringen. Wer vom Aggressionstrieb beherrscht wird, kann nichts aufbauen, kann auf Dauer nicht erfolgreich sein. Aggression basiert auf nicht gelösten Problemen, nicht verarbeiteten Erfahrungen und nicht ausgelebter Wut - Aggression ist zerstörerisch und wirkt sich dementsprechend auch negativ auf die Gesundheit aus. Oder haben Sie schon einmal einen gesunden Menschen gesehen, der aggressiv ist? Aggressionen führen zu Zerstörungen in jedem Bereich - können also auch nicht zum Erfolg führen, denn Erfolg ist immer Aufbau. Die handgreiflichen Auseinandersetzungen bei Demonstrationen für den Frieden sind dafür der beste Beweis.

Die produktive Lösung eines Problems ist immer eine Frage einer bestimmten Art von Intelligenz, nämlich der sozialen Intelligenz.

Wollen Sie ein Sieger werden?

Sieger wissen, daß sie auf keinen Fall eines tun dürfen und das ist: jemals aufgeben. Sieger versuchen es immer wieder. Interessant ist jedoch auch, wie sie dies tun. Ist es nur Willensstärke, Halsstarrigkeit, angeborener Mumm, Disziplin...?

All dieses scheint richtig zu sein, aber ein wichtiger Faktor fehlt noch: Sieger handeln nach einer "Jetzt erst recht"-Einstellung, lassen sich nicht von Schwierigkeiten entmutigen. Und wichtig: Sieger verhalten sich wie Sieger. Wenn Sie die folgenden acht Punkte beachten, werden auch Sie zum Sieger:

1. Sieger haben keine Angst vor Fehlern:

Sieger sehen das Positive in einem Fehlschlag. Es gibt für sie keine wirklichen Fehlschläge, sondern lediglich Rückmeldungen. Ein Fehler ist die erfolgreiche Entdeckung einer Sache, die nicht funktioniert. Dies ist ein Lernprozeß. Sieger sehen in Fehlern Wegsteine durch das Wasser. Für den Verlierer hat ein Fehlschlag die Endgültigkeit eines Grabsteines. Das läßt ihn den Mut verlieren - und er gibt auf.

2. Sieger haben einen Traum - aber: Sieger sind keine Träumer:

Sieger haben realistische Vorstellungen. Ein Bergsteiger, der einen hohen Gipfel besteigen will, gibt nicht schon nach 25 Schritten auf. Er hat sich auf die Realität vorbereitet, weiß, daß viele tausend Schritte auf dem Weg zum Gipfel notwendig sind, er vielleicht oft ausrutschen wird, Umwege machen muß. Sieger wissen, daß sie, um ihr Ziel zu erreichen, Rückschläge einkalkulieren, daß sie viel Zeit und Mühe in ihr Unternehmen investieren müssen. Sie erwarten von vornherein nicht, ein Ziel einfach und ohne Anstrengung erreichen zu können. Sie haben sich gut vorbereitet, nicht nur, was ihre Ausrüstung betrifft; sie haben sich vor allem auch geistig vorbereitet - auf einen langen, beschwerlichen Weg zum Ziel. Sie rechnen mit Hindernissen, wissen, daß sie Mißerfolg haben können und viel Mühe auf sich nehmen müssen. Aber sie wissen auch, daß sie ihr Ziel erreichen können.

3. Sieger suchen neue Varianten:

Sieger probieren verschiedene Möglichkeiten aus. In einer psychologischen Studie aus den USA wird von vier Männern berichtet, die im Alter von 35 Jahren Millionär waren. Jeder von ihnen hat sich durchschnittlich mit 17 verschiedenen Geschäftsbereichen befaßt, bevor er das Geschäft fand, das ihn reich machte. Im Gegensatz dazu stehen die Verlierer, die in der Regel immer und immer wieder denselben Versuch starten, bis sie irgendwann entmutigt und müde aufgeben. Sieger dagegen machen viele verschiedene Versuche auf dem Weg zum Erfolg. Klappt der eine nicht, sind sie nicht gleich entmutigt, wiederholen ihn aber auch nicht blindlings noch einmal. Vielmehr lernen sie daraus, trauern dem Fehlschlag nicht lange nach, sondern versuchen es erneut - und dann aus einer anderen Richtung.

4. Sieger setzen sich selbst unter Druck:

Sieger entwickeln ein "Ich kann"-Bewußtsein. Berühmte Heerführer haben ihre Truppen zu gewaltigen Leistungen gebracht, weil sie Brücken und Boote für einen Rückzug vernichten ließen. Die Notwendigkeit ist ja bekanntlich die Mutter des Erreichens. Leute, die "können", tun es auch. Und wer aufstehen kann, der darf ruhig einmal zu Boden gehen. Der weiß, was er zu tun hat. Nicht mehr und nicht weniger. Diese Notwendigkeit ist der Weg zum "Ich will, ich kann, ich werde".

5. Sieger sind von ihren Zielen fasziniert:

Sieger finden und entwickeln ein Ziel, das sie erstrebenswert finden. Ein Ziel ohne brennendes Verlangen anzugehen, ist praktisch wertlos.

Wie können Sie Verlangen entwickeln? Die Bibel sagt: "Wo deine Werte sind, wird auch dein Herz sein." Investieren Sie den Wert Ihrer Zeit in Ihre Ziele. Denken Sie darüber nach. Schreiben Sie es im Detail auf. Stellen Sie sich in Ihren Gedanken bildlich vor, wie Sie die Belohnung für das Erreichen Ihres Zieles empfangen. Hängen Sie Bilder davon auf. Sprechen Sie darüber! Bald wird Ihr Herz sich danach sehnen. Und wenn Sie dann das nächste Mal stolpern, wird Ihr Verlangen Sie schnell wieder aufspringen und weitergehen lassen!

6. Sieger kennen ihren Selbstwert:

Sieger weisen Ablehnung zurück. Erfolgreiche Menschen leiten ihr Selbstwertgefühl nicht allein von ihren Handlungen ab. Sie haben eine feste Vorstellung von sich, ein inneres Selbstbild. Sie betrachten einen Fehlschlag so: "Das Geschäft hat nicht geklappt, aber ich bin trotzdem Sieger." Der Mißerfolg hat nichts mit ihrer Persönlichkeit, mit ihren Fähigkeiten, zu tun, sondern mit den Umständen, mit einer falschen Einschätzung der Situation, mit einem Fehlurteil.

7. Sieger lieben ihr "Tun":

Sieger werten die eigenen Bemühungen und freuen sich darüber. Sie sehen ihre Arbeit als eigentliche Belohnung. Jeder freut sich über Provisionsschecks oder andere Zahlungseingänge, aber der Erfolgreiche erfreut sich an der Erfahrung und an der Herausforderung des Verkaufens. Und gilt das nicht für uns alle: "Wenn Geld die einzige Belohnung für deine Arbeit ist, bist du wahrlich unterbezahlt, egal wieviel Geld du verdienst."

8. Sieger planen:

Sieger planen ihren Einsatz. Sie haben sich auf ein Gespräch mit dem Kunden vorbereitet, wissen, welche Argumente sie umgehen müssen und welche Vorurteile sie ausräumen können. Manche Verkäufer verschleißen ihre Energien an ihrem eigenen Starrsinn, bis sie eines Tages ihre positive Grundeinstellung ganz verlieren.

Andere Verkäufer machen sich zu professionellen Beratern, kommen damit nicht über einen bescheidenen Abschluß hinaus. Aber diejenigen, die es immer wieder neu versuchen, gewinnen Erfahrung, die sie zum großen Erfolg führt. Sie schließen hohe Summen ab und lassen sich von keinem Kunden abnutzen.

Wir wissen jetzt, daß Sieger nicht durch äußere Umstände zu Siegern werden können. Sieger wird, wer plant, wer aus der Erfahrung lernt und wer an sich glaubt. Denn der Mensch ist, was er zu sein glaubt. So sagte Emerson, der große amerikanische Philosoph: "Ein Mensch ist die Summe dessen, was er während des Tages denkt." Und wie recht er hat, können Sie in

Ihrem Bekanntenkreis leicht feststellen. Leider ist das Ergebnis meist nicht so erfreulich. Aber das kann auch Herausforderung sein, es selbst auf die positive Weise zu versuchen.

Wir alle könnten - wir sollten - die Kunst erlernen, das Negative zu besiegen. Vielleicht kann nur ein Schock Sie aufrütteln.

Ich wünschte mir, Sie wären ein Verlierer. Dann hätten Sie vielleicht den starken Wunsch Sieger zu werden.

Ich wünschte mir, Sie hätten gerade einen großen Mißerfolg gehabt. Vielleicht hätten Sie dann den Wunsch, erfolgreicher zu werden.

Ich wünschte mir, Sie wären arm. Vielleicht hätten Sie dann den Wunsch, in sozialer Sicherheit zu leben.

Der Mensch ist schon ein eigentümliches Wesen. Wenn es ihm so einigermaßen gut geht, denkt er nur selten darüber nach, was er verbessern könnte. Denn im Grunde weiß jeder Mensch, daß sich auch das Gute immer noch verbessern läßt.

Vor einigen Wochen besichtigte ich das größte Radioteleskop der Welt. Mit diesem Radioteleskop kann man den Sternenhimmel von einer Galaxis zur anderen durchstreifen. Als wir vor diesem riesigen Parabolspiegel standen, sagte einer meiner Bekannten: "Wenn man hier unten steht, merkt man erst, wie klein der Mensch ist." Meine Antwortet lautete: "Das sehe ich ganz anders. Wenn ich hier unten stehe und diesen riesigen Parabolspiegel mit seinen Möglichkeiten betrachte, dann spüre ich erst, wie weit die Reichweite des menschlichen Geistes heute geht."

Wir alle können unser Bewußtsein erweitern. Die Philosophie des Erfolgreichen Weges führt nicht zu einer Einengung des Bewußtseins, sondern erweitert unser aller Bewußtsein. Dann nämlich können wir bewußt erleben, wie wunderbar die Zeit ist, in der wir leben, können bewußt die Chancen und Möglichkeiten erkennen, die jeder einzelne hat, können uns unserer eigenen Kraft bewußt werden. Und eine Folge dieser Erkenntnisse wird sein, daß wir über den positiven Weg die Möglichkeiten der Selbstverwirklichung voll ausschöpfen können. Unsere Methode und die 14 Grundgesetze der Lebensentfaltung können Ihnen helfen, das Negative zu besiegen, um das Positive zu verwirklichen. Schreiben Sie doch einmal auf, was Sie tun könnten. Was wollten Sie immer schon einmal ändern oder verbessern:

1. ____

2. ____

3. ____

4. ____

5. ____

Die entscheidende Frage ist: Wollen Sie wirklich ein Sieger, ein erfolgreicher Mensch, sein? Prüfen Sie sich doch einmal. Wieviel ist Ihnen Ihr persönlicher Erfolg wert? Was kostet beispielsweise ein Arztstudium? Und wieviel haben Sie bis heute in Ihren persönlichen Erfolg investiert? Wieviel Geld gaben Sie für Autos oder für Urlaube aus? Wie hoch ist die Summe, die Sie für Bücher, Schulungen, Seminare ausgegeben haben? Wieviel Geld investierten Sie in Rhetorikseminare? Wieviel investierten Sie in Zeitmanagement?

Was machen Sie mit Ihrem Geld, Ihrem Kapital? Nichts gegen das Sparen, aber es ist immer nur der Anfang. Der nächste Schritt ist die sinnvolle Verwertung des Ersparten, damit Sie Ihre Lebensaufgabe zufriedenstellend lösen können. Geld gibt Ihnen die Möglichkeit, Ihre Anlagen zur vollwertigen Fähigkeit auszubilden. Es ermöglicht Ihnen weiterhin, den passenden Wirkungskreis zu finden, in dem Sie sich voll entfalten können. Es gibt Ihnen auch Schutz und Sicherheit. Wer alles ausgibt, was er verdient, kann morgen schon arm sein. Wer aber sein Geld fruchtbringend anzulegen versteht, nämlich in sich selbst, wer in die eigene Weiterentwicklung investiert, der kann sehr erfolgreich werden. Und gibt es eine bessere Kapitalanlage als die eigenen geistigen Werte? Sicherlich haben Sie schon oft darüber nachgedacht, was Erfolg überhaupt nicht ist. Erfolg ist niemals das, was sich Banausen unter Erfolg vorstellen: ein Auto, eine Villa, überhaupt ein vergnügliches Leben. Diese Dinge sind sogar die sichersten Kennzeichen der Erfolglosen. Zu viele glauben, Erfolg sei ein vergnügliches Leben. Und sie scheitern spätestens dann, wenn sie sich durch die ersten Erfolge verführen lassen, nicht mehr zu arbeiten, nicht mehr weiter zu streben. Es wäre schön, wenn Sie die folgende Definition mit mir teilen könnten:

Erfolg ist erfülltes Leben - im Einklang mit den Naturgesetzen

Nicht stehen bleiben, sondern sich weiterentwickeln, fortschreiten - das erhält die Welt. Und Sie, lieber Leser, liebe Leserin, sollten zu den Menschen gehören, die in den nächsten Jahren einen wertvollen Beitrag dazu leisten.

Ordnung ist ein wichtiges Fundament. Wir müssen deshalb Ordnung schaffen, und zwar zuerst in uns selbst. Dann wird der Erfolg "machbar", denn Erfolg ist keine Frage des Glücks oder gar des Zufalls, sondern eine Frage der Einstellung und der aktiven Arbeit an sich selbst. Wir alle benötigen in uns eine gewisse Sicherheit - die Erfolgsgewißheit. Diese entsteht, wenn wir begriffen haben, daß wir selbst den Erfolg verursachen müssen. Damit sind wir bei einem weiteren, äußerst wichtigen Begriff: dem "Verursacherprinzip". Ziehen Sie doch einmal Bilanz: Wieviel Glück und wieviel Unglück haben Sie bewußt schon verursacht? Und unbewußt?

Glück - ein Frage der Einstellung

Es gibt Wünsche, die nie altern und zu jeder Zeit aktuell sind. Dazu gehört der älteste Wunsch der Menschheit, der Wunsch glücklich zu sein, glücklich zu werden. Danach streben wir alle, auch wenn die Vorstellung vom Glück für den einzelnen Menschen ganz unterschiedlich sein mag, so wie auch jeder Mensch in seiner Art ganz individuell und einzigartig ist. Doch in der Vorstellung des Ziels sind sich die Menschen auf der ganzen Welt einig: Alle wünschen sich das Glück.

Im deutschen Sprachraum gibt es ein wunderbares Märchen, es heißt "Hans im Glück". Dieser Hans ist die erste psychologische Symbolfigur, die deutlich macht, daß Glück eine Frage der Einstellung, eine Frage des Denkens, ist.

Vor vielen Jahren sollte ich einen Vortrag halten über das Thema Glück. Um mich gut vorzubereiten, schlug ich das Lexikon auf, um nachzulesen. Ich war ganz erschrocken, da gab es gar keine Begriffsdefinition für das Wort Glück. Das machte mich neugierig, und ich forschte weiter. Vielleicht schauen Sie sich das Wort Glück einmal an. Wenn Sie das Wörtchen Glück - das für uns alle so wichtig ist - genau ansehen, bemerken Sie: Glück kommt von dem Wortstamm "Gelingen". Für Sie, für uns alle, kommt es darauf an, daß es uns gelingt, unser Leben glücklich zu gestalten.

Ein Mensch, der in dem Bewußtsein lebt, daß ihm sein Leben gelingen wird, hat ein völlig anderes Verhalten - und eine andere Ausstrahlung - als ein Mensch, der sich als ein Opfer des Schicksals fühlt. Also müssen wir lernen, unser Glück zu verursachen. Novalis hat dies sehr schön formuliert: "Glück ist ein Talent für das Schicksal." Es gibt Menschen, die dieses Talent besitzen und die Fähigkeit haben, aus jeder Situation das Beste zu machen. Und es gibt Menschen, die nicht erkennen, daß sie allein Verursacher ihres Glückes sind. Jeder kann lernen, sich neue Erkenntnisse anzueignen, seine positiven Fähigkeiten zu stärken und Glück und Erfolg zu verursachen.

Hier wollen wir uns mit den Chancen beschäftigen. Es ist zwar richtig, daß wir in einer Zeit wachsender Gefahren leben, aber es ist auch richtig, daß wir in einer Zeit wachsender Chancen leben. Es ist alles eine Frage der Einstellung, der Betrachtungsweise. Nur ein Mensch, der die Chancen und die Möglichkeiten überhaupt sieht, ist motiviert, Energie und Fähigkeiten einzusetzen, um diese Chancen wahrzunehmen. Der Optimist ist der wahre Realist. Unser Leben ist ein Weg, auf dem wir von Zeit zu Zeit eine Kreuzung erreichen. An solchen Punkten müssen wir uns entscheiden, in welche Richtung wir künftig weitergehen wollen. Entscheidungen sind ein Schritt zur nächsten Etappe.

Ich weiß nicht, wie oft Sie sich in Ihrem Leben schon die Frage gestellt haben: Soll ich so weitermachen nach dem Gesetz, zu dem ich "angetreten" bin, oder ist die Zeit reif für eine Kurskorrektur? Sie stehen also wieder einmal an einer "Kreuzung". Es gilt, Klarheit zu finden. Unsere Seminare helfen Ihnen dabei, weil sie zwei Dinge bewirken: Sie werden klar erkennen, daß Sie auf dem richtigen Wege sind und es in dieser Richtung weitergeht. Das wird bei vielen von Ihnen der Fall sein. Oder aber es wird Ihnen bei der Seminararbeit bewußt, daß der Zeitpunkt für eine Kurskorrektur gekommen ist. Die Erfahrungen, die Sie durch die intensive Arbeit an sich selbst machen, vermitteln Ihnen die Sicherheit, die richtige Entscheidung zu treffen und geben Ihnen Kraft und Mut, den neuen Weg zum Erfolg zu gehen. Stärken Sie immer wieder Ihre eigene Kraft, gestalten Sie Ihr Leben bewußt. Nutzen Sie die 14 Grundgesetze der Lebensentfaltung, um ein Leben voller Freude und Glück zu genießen. Es ist auch für Sie möglich, Ihre Ziele zu verwirklichen und Ihre Träume zu realisieren.

Ihre Chancen nutzen

Seit vielen Jahren ist das Wort "Mitbestimmung" ein Schlagwort, das man bei allen passenden und unpassenden Gelegenheiten hört. Jeder will überall mitbestimmen. Okay, beginnen wir erst einmal bei uns, beginnen wir, in unserem eigenen Leben zu bestimmen, mitzubestimmen. Wir sollten immer dort mitbestimmen, wo wir eine Chance haben, unsere Ideen und Vorstellungen auch durchzusetzen. Wir sollten mitbestimmen, wohin unser Lebensweg geht. Es kommt nicht darauf an, daß wir in einer Welt voller Chancen leben, entscheidend ist, daß wir diese Chancen erkennen und auch nutzen.

Unsere Seminare können Ihnen helfen, dies zu tun. Sie werden dann nämlich nicht zu den Menschen gehören, die im Alter von 60 oder 70 Jahren zu der scheinbar weisen Erkenntnis gelangen: "Eigentlich möchte ich noch einmal von vorne anfangen." Eine solche Aussage ist ein klares Eingeständnis, daß man gescheitert ist. Dieser Mensch hat seine Chancen nicht erkannt oder nicht den Mut besessen, diese Chancen zu nutzen. Also: Erkennen Sie Ihre Chancen, und bringen Sie den Mut und das Selbstbewußtsein auf, alles zu nutzen, was Sie weiterbringt.

Jeder hat Fehler - das ist ganz menschlich. Vollkommenheit ist auch nicht Voraussetzung, um ein glückliches und erfolgreiches Leben zu führen. Viel wichtiger ist der Wunsch, besser werden zu wollen. Und wir alle, die wir Fehler haben, können lernen, unser Augenmerk auf unsere Fähigkeiten zu richten, das Beste aus unseren Talenten zu machen und die Fehler zu verringern.

Der ideale Mensch

Wenn Menschen zum ersten Mal unsere Symbolfigur sehen, haben sie spontan positive Assoziationen. Sie denken an Begriffe wie Gleichgewicht, Balance, Standfestigkeit, Kraft, Harmonie. Unsere Symbolfigur ist ein Mensch, der mit beiden Beinen fest verankert ist, ein Mensch, der einen Standpunkt hat, also standfest ist, ein Mensch, der seinen Standpunkt vertreten und verteidigen kann, ein Mensch, der zu seinen Idealen steht. Wenn Sie diese Figur von der Seite sehen, dann sehen Sie: Es ist ein aufrechter Mensch, der Rückgrat hat, ein Mensch, der nicht geknickt, der nicht gebrochen ist. Es ist ein selbstbewußter Mensch, der den Kopf oben trägt, ein Mensch, der an sich und an seine Zukunft glaubt. Glauben Sie noch an sich, an Ihre Zukunft? Das Schlimmste, was einem Menschen passieren kann, ist, den Glauben an sich, seine Zukunft und an den Wert und Sinn seines Lebens zu verlieren.

Unser Mensch glaubt noch an sich, an seine Chancen. Er ist so kraftvoll, daß er das Leben tragen, ja sogar er-tragen kann. Sie merken, meine lieben Leser und Leserinnen, daß ich Ihnen die Fragen suggerieren möchte: Wie belastbar sind Sie? Wie meistern Sie das Leben? Wie werden Sie mit Schwierigkeiten fertig? Welche Symbolfigur würden Sie abgeben?

Unsere Symbolfigur lebt aus ihrer Mitte. Sie stammt aus der alten chinesischen Philosophie des Tao. Das Weltbild der Taoisten basiert auf Gegensätzen: YIN und YANG, Tag und Nacht, Morgen und Abend, Krieg und Frieden, Gesundheit und Krankheit, Tod und Leben, Glück und Unglück, Erfolg und Mißerfolg. Auch wir leben in einer solchen Welt der Gegensätze. In dieser Welt haben wir die Chance, uns zu bewähren. Arbeiten Sie darum mit unseren Grundgesetzen, damit Sie ein glückliches und erfülltes Leben führen können und Sieger im Lebenskampf bleiben.

Alles Zufall - oder?

Der Zufall muß häufig dazu herhalten, wenn es darum geht, die eigene Unfähigkeit oder Trägheit zu bemänteln. "Wäre ich nicht zufällig an diesem Ort als Sohn oder Tochter dieser Eltern, zu dieser Zeit aufgewachsen - das ganze Leben hätte mir offen gestanden..." "Der Zufall ist schuld, daß ich keine Karriere gemacht habe..." "Das Auto kam zufällig daher und hat mich überfahren..."

Aber auch Angenehmes wird gern dem Zufall zugeschrieben: Zufällig trifft man die Frau seines Lebens, zufällig lernt man einen Menschen kennen, der die besten Kontakte vermittelt, zufällig erfährt man von der gerade frei gewordenen Position, die man schon so lange gesucht hat...

Alles Zufall?

Gesundheit oder Krankheit, Glück oder Unglück, Erfolg oder Mißerfolg, ja sogar eine gute oder schlechte Ehe - ist das alles nur Zufall? Regiert und bestimmt wirklich der Zufall das Leben jedes einzelnen Menschen?

Viele Menschen glauben, daß der Mensch ein Zufallsprodukt der Natur ist. Glauben Sie, daß die Natur sich überhaupt einen Zufall erlauben kann?

Das ökologische System ist äußerst ausgeklügelt, ein Element bedingt das andere - es ist die totale Abhängigkeit voneinander. Wie exakt - bis ins kleinste Detail - dieses System funktioniert, wird deutlich, wenn der Mensch eingreift und glaubt, Verbesserungen vornehmen zu müssen. Denken Sie nur an die bei uns so beliebten Flußbegradigungen. Nicht allein das ökologische System wird unterbrochen, was zu einer Veränderung von Flora und Fauna führt, auch die Auswirkungen auf die Bewohner solcher Gebiete sind massiv: Überschwemmungen und Hochwasser, die man ja gerade vermeiden wollte, sind vielfach die Folge des anmaßenden menschlichen Eingriffs in die Natur. Ein anderes Beispiel sind die tropischen Regenwälder. Dieses in sich geschlossene, intakte ökologische System bietet jeder Pflanze und jedem Tier Nahrung und einen exakt auf die jeweiligen Bedürfnisse abgestimmten Lebensraum. Wird dieses System nun durchbrochen, z.B. durch Abholzung der Bäume, hat das katastrophale Folgen, wie Verkarstung und Erosion. Davon ist nicht nur die direkte Umgebung betroffen, das Klima in der ganzen Welt kann sich dadurch langfristig verändern.

Zufälle in der Natur nennt man Mutationen. Dabei handelt es sich um sogenannte "Entwicklungssprünge", die meist durch spontane genetische Veränderungen entstehen. Die meisten Mutationen scheitern allerdings an einem natürlichen Ausleseverfahren, das heißt, es fehlen ihnen wesentliche Bestandteile für eine langfristige Existenz. Einigen wenigen Mutationen gelingt es, sich durchzusetzen und optimal der Umwelt anzupassen. Sie können ihre "ökologische Nische" finden, wie Charles Darwin es formulierte, und ihre Entwicklung fortsetzen. Dies ist aber nur dann möglich, wenn ihr gesamtes System in die Umgebung paßt. Wäre der Mensch nur ein reines Zufallsprodukt, hätte er sich also zufällig - unabhängig von seiner Umgebung - weiterentwickelt, so hätte er nicht überleben können. Er wäre längst ausgestorben.

Wenn der Mensch allerdings weiterhin so rücksichtslos mit seiner Umwelt verfährt wie bisher, wird er sich über kurz oder lang seines eigenen Lebensraumes berauben, sich selbst eliminieren, weil er in seiner vergifteten Umwelt nicht mehr existieren kann.

In primitiven Kulturen hat die Natur einen ganz anderen Stellenwert als in unserer industrialisierten Gesellschaft. Für Naturvölker, die im Urwald oder in der Steppe leben, ist die

Einbindung des Menschen in seinen unverfälschten Lebensraum - so wie die Natur ihn geschaffen hat - noch unmittelbar und von existenzieller Bedeutung. Solche Völker leben in Harmonie mit ihrer Umwelt, haben in Jahrtausenden gelernt, die Vorteile der Natur für sich zu nutzen und mit den Gefahren fertig zu werden - ohne das Umfeld zu verändern, ohne gegen die Natur zu leben.

Im Gegensatz dazu lebt der industrialisierte Mensch gegen die Natur, weil er glaubt, sie durch moderne Erkenntnisse und Techniken verbessern zu können. Erst in unserer Zeit wird ihm bewußt, daß derartige Veränderungen auf lange Sicht nur zum eigenen Schaden sein können.

Wir sehen also, daß Zufälle in der Natur die Ausnahme sind, Störungen aufgrund innerer genetisch bedingter Veränderungen. Nur das Normale, das Natürliche kann sich einfügen in den permanenten Kreislauf von Weiter- und Höherentwicklung. Lebewesen und Umwelt sind aufeinander angewiesen. Ohne natürliche Nahrung, ohne den entsprechenden Lebensraum sterben die einzelnen Arten aus.

Sie lesen und hören fast täglich, wie immer mehr Tiere und Pflanzen aussterben, für immer von der Erde verschwinden, weil ihr Lebensraum verändert wurde und sie damit automatisch im Gesamtsystem keine Funktion, keine Existenzberechtigung, mehr haben. Und wie sieht es beim Menschen aus? Welche Existenzberechtigung hat er - außer seinem Leben einen Sinn zu geben? Der Zufall kann zwar Impulse auslösen, ähnlich einer Mutation in der Natur. Doch wenn auf diesen Impuls nichts folgt, geschieht auch nichts. Vieles, was der Mensch erfunden hat, mag zwar zufällig entstanden sein. Was aber letzten Endes diesen Erfindungen zum Durchbruch verhalf, war die Systematik, mit der sie betrieben und publik gemacht wurden.

Es wird häufig behauptet, daß Edison durch Zufall auf die Idee kam, elektrische Energie in Licht umzusetzen. Doch nur jahrelange Experimente, verbunden mit vielen Rückschlägen, führten letztendlich zur Erfindung der Glühbirne und zum Erfolg.

Ganz am Anfang einer jeden Erfindung steht immer die Idee. Wird diese nicht systematisch aufgebaut, kann sie nicht weiter entwickelt werden und wird dadurch sinnlos. Wie mächtig Ideen werden können, zeigt auf einer ganz anderen Ebene die Religion. Alle, auch die heute wichtigsten Religionen, haben ja einmal "klein angefangen"; die Philosophie oder der Glaube wurden durch systematische Verbreitung der Idee auf der ganzen Welt bekannt. Um beim Beispiel von Edison zu bleiben, könnte man über seine Entdeckung vom darwinistischen Ansatz her sagen: Das menschliche Wesen war in seiner Entwicklung so weit, daß es das elektrische Licht als Grundlage für die Weiterentwicklung brauchte, um wieder einen neuen Lebenssinn zu erhalten.

Mag sein, daß diese These gewagt ist: Aber haben Sie sich einmal gefragt, warum im 20. Jahrhundert, also in einem einzigen Jahrhundert, eine so große Anzahl von technischen, physikalischen, medizinischen, chemischen Erfindungen gemacht wurde, während in allen Jahrhunderten und Jahrtausenden zuvor offensichtlich überhaupt nichts wirklich Revolutionäres entwickelt wurde? Waren die Menschen denn früher so viel dümmer? Im 20. Jahrhundert wurden das Fahrrad, das Auto, die Eisenbahn, Flugzeuge und Weltraumraketen erfunden, während man sich bis etwa zur Jahrhundertwende damit zufrieden gab, sich per Pedes oder per Pferd fortzubewegen. Kernspaltung und EKG-Gerät, Penicillin und Chemiefaser, Schutzimpfung und Relativitätstheorie - alles Zufall? Oder konnte sich die Genialität, die zu bahnbrechenden Erfindungen und Entdeckungen führte, nur in diesem Jahrhundert entwickeln?

Es gab sie schon immer, die großen Erfinder und Genies. Und sie waren ihrer Zeit weit voraus - ein Merkmal, das alle Erfinder gemeinsam haben, egal in welcher Zeit sie auch lebten. Ihr Pech war nur, daß zu ihrer Zeit kein Bedarf an ihren Ideen bestand. Schon im 15. Jahrhundert hatte Leonardo da Vinci die Vorstellung von einem "Fluggerät". Fast hundert Jahre vor der ersten Landung auf dem Mond konzipierte Jules Verne bereits Raketen.

Es waren immer starke Persönlichkeiten, denen wir Entdeckung und Erfindung zu verdanken haben. Nicht nur die Idee war nötig, sondern auch die Kraft, diese Idee durchzusetzen - gegen den Zeitgeist, gegen die Bequemlichkeit, gegen Vorurteile. Es handelte sich immer um Menschen, die nicht daran glaubten, daß es der Zufall ist, der das Leben bestimmt. Die Akzeptanz des Unabwendbaren, das Schicksalhafte, war nie Triebfeder für ihr Handeln. Sie waren besessen von ihrer Idee. Diese Überzeugung von der Richtigkeit ihres Tuns war wiederum die Motivation, alle nur erdenklichen Energien einzusetzen, um ihre Ziele zu erreichen. Erinnern wir uns einmal an den Arzt Semmelweis. Verleumdung, Lügen, gesellschaftliche Isolation prägten sein Leben. Trotzdem - die enormen Schwierigkeiten konnten ihn nicht davon abhalten, alles zu tun, um das Kindbettfieber wirksam zu bekämpfen.

Wenn wir davon ausgehen, daß die Gesetze der Natur auf der Weiterentwicklung basieren, hat der Mensch dann nicht die Pflicht, sich diesem Gesetz unterzuordnen? Sollte oder darf man sein Leben dem Zufall überlassen, oder folgt alles im Leben einer systematischen Ordnung?

Wollen auch Sie, lieber Leser, liebe Leserin, wirklich Ihr ganzes Leben dem Zufall überlassen, oder möchten Sie selbst mitbestimmen? Eine Entscheidung müssen Sie auf jeden Fall treffen. Es ist nämlich ein Irrtum zu glauben, daß es keine Entscheidung ist, alles dem Zufall zu überlassen. Mit diesem Entschluß geben Sie lediglich Ihr Mit- und Selbstbestimmungsrecht ab, lassen sich bestimmen von anderen Menschen, von Umständen. Ihr Lebensweg geht dann nicht stetig voran, sondern eher in Zickzacklinien, in wilden Schleifen, oder Sie drehen sich immer wieder im Kreis. Wer sich dem Zufall überläßt, ist wie ein hilflos treibendes Stück Holz auf dem Wasser, allen Strömungen und Strudeln ausgeliefert.

Der systematisch denkende und handelnde Mensch läßt sich nicht treiben. Er hält das Steuerrad seines Bootes fest in der Hand, nutzt die Strömung zum Vorwärtskommen, bestimmt die

Richtung und setzt sowohl seine Fähigkeiten wie auch seine Kräfte ein, um sein Ziel zu erreichen. Der erfolgreiche Mensch ist ein freier Mensch, der sein Leben selbst bestimmt.

Dieses Buch gibt Ihnen Beispiele dafür, daß Erfolg keine Sache des Zufalls ist, sondern auf systematischer Planung, auf klaren Zielen, auf bewußter Nutzung der eigenen Fähigkeiten und der äußeren Umstände basiert. Am Beispiel erfolgreicher Menschen können Sie sehen, daß Systematik notwendig ist, um die Lebensaufgabe zu erfüllen.

Unser Gedanke des Erfolgs-Systems geht nicht davon aus, daß der Mensch ein vorgefertigtes Schicksal hat, denn alles, was wir so gern als "Schicksal" bezeichnen, verursachen wir maßgeblich durch unser Handeln - oder Nicht-Handeln.

Der Zufall gibt uns die Möglichkeit, Chancen zu nutzen oder sie auszuschlagen, er gibt uns die Möglichkeit, uns für den Erfolg oder das Gegenteil zu entscheiden. Es ist auch kein Zufall, daß Sie dieses Kapitel gerade jetzt lesen. Vielleicht stehen Sie gerade in diesem Moment wieder an einer Kreuzung auf Ihrem Lebensweg, tendieren dazu, Ihre Situation dem Zufall zuzuschreiben. Machen Sie sich bewußt, daß der Zufall nur Mittel zum Zweck ist und Ihnen letztlich nur zu-fällt, wofür Sie irgendwann und irgendwo einmal den Grundstein gesetzt haben. Der Zufall ermöglich es Ihnen nun, den besseren Weg einzuschlagen. Um Ihnen dies bewußt zu machen, hat der Zufall Sie an diese Stelle des Buches geführt. Nutzen Sie diesen "Zufall" zu Ihrem Vorteil.

Die Frage des Charakters

An erster Stelle in diesem Kapitel steht die Frage: Was wollen Sie? Wollen Sie einer von vielen sein, untergehen in der grauen Masse, die sich treiben läßt? Oder wollen Sie zu den Menschen gehören, die etwas bewirken, die Positives schaffen, etwas machen aus ihrem Leben? Sie gehören sicherlich zu der zweiten Gruppe, denn sonst hätten Sie mich nicht bis hierher begleitet. Und Sie wollen etwas tun. Der Mensch ist ein Werdender, und so beginnt die Arbeit an der Persönlichkeit mit der Erkenntnis des 2. Grundgesetzes der Lebensentfaltung:

> Am Anfang jeder Tat steht die Idee. Nur was gedacht wurde, existiert.

Wer nun behauptet, Herkunft, Armut, Krankheit, Mangel an Wissen und Fähigkeiten sind schuld daran, daß er nicht erfolgreich ist, der unternimmt lediglich den traurigen Versuch, die eigene Liederlichkeit zu bemänteln. Er erklärt sich selbst für unfähig.

Den folgenden Gedanken von Gottfried Keller können Sie sich leicht einprägen und auch zu Ihrem Motto machen: "Wer heute einen Gedanken sät, erntet morgen die Tat, übermorgen die Gewohnheit, danach den Charakter und endlich sein Schicksal."

Nichts verändert den Menschen mehr als eine Reihe von Erfolgen oder Mißerfolgen. Der Mißerfolg hat Mißtrauen, Enttäuschung, Zweifel, Unsicherheit, Vorsicht, Angst, Bedenken und - als äußerste Konsequenz - sogar Krankheit zur Folge. Der Mißerfolg kann also nicht das Prinzip der Schöpfung sein. Jeder Mißerfolg verunsichert, löst unter Umständen eine Kette negativer Reaktionen aus, die - im schlimmsten Fall - bis zum Tod führen können. Erfolg hingegen ist nur ein anderes Wort für Leben, für Freude, Erfüllung, Ansehen, Zufriedenheit, Glück, Reichtum. Erfolg äußert sich in einer stabilen Gesundheit. Und nur wem das Leben Freude macht, kann seine Mitmenschen mit dieser Freude anstecken, kann sie begeistern und dazu motivieren, ihr eigenes Leben ebenfalls erfolgreich zu gestalten. Und damit setzt er eine Folge von positiven Aktionen in Gang.

Kürzlich rief mich eine Frau an und bat um Rat. Sie berichtete:

"Das Verhalten meines Mannes gefällt mir seit einiger Zeit überhaupt nicht mehr. Was soll ich tun?"

Ich wollte wissen, ob ihr Mann denn noch unsere Übungen praktiziere.

"Ich glaube kaum", war ihre Antwort.

Darauf ich: "Üben Sie denn nach unserem System?"

Ihre Antwort war erschreckend:"Aber, Herr Enkelmann, das habe *ich* doch nicht nötig!"

Beurteilen Sie selbst, ob das eine kluge oder eine arrogante Antwort war. Viele Menschen möchten gerne gesund und erfolgreich sein, und all das ohne ihr eigenes Dazutun, ohne eigene Aktivität. Dieser Dame habe ich dann die provozierende Fragc gestellt: "Ihre Zähne putzen Sie dann sicher auch nicht?"

Für den Körper etwas zu tun, ist für den gepflegten Menschen von heute selbstverständlich. Aber für seine Persönlichkeit etwas zu tun, scheint unnatürlich zu sein. Autopflege ja, Charakterpflege nein danke! Seine positiven Anlagen zu pflegen und zu verstärken, sich weiterzuentwickeln, das sollte eine der wichtigsten Lebensaufgaben eines kultivierten Menschen sein.

Stillstand bedeutet Rückentwicklung

Wenn wir von dem Gedanken ausgehen, daß der Erfolg das Grundprinzip des Lebens ist und wir lernen wollen, immer erfolgreicher zu werden, dann sollten wir unsere Einstellung und unser persönliches Verhalten genau überdenken. Jede Aktion bewirkt eine Re-aktion. Auch Erfolg ist eigentlich nur eine Frage des Verhaltens, eine Konsequenz aus Aktion und Reaktion.

Sicher kennen auch Sie Menschen, die - meist ab einem bestimmten Alter - von sich behaupten, daß sie erfolgreich waren und alles erreicht haben. Es liegt mir nichts daran, diese Aussagen anzuzweifeln, denn überall gibt es ja viele erfolgreiche Menschen. Nur - und das ist jetzt die wichtigste Frage - was passiert, wenn man glaubt, man habe ein Recht, sich auszuruhen, es sich endlich einmal bequem zu machen? Was passiert in und mit dem Menschen, der glaubt, er könne nun die Hände in den Schoß legen?

Vielleicht haben Sie diese Erfahrung schon einmal gemacht. Was geschieht? Körper und Seele erschlaffen, der Mensch wird kränklich; er hat kaum noch Erfolgserlebnisse, aber trotzdem das Bedürfnis nach Streicheleinheiten. Er fühlt sich immer unwohler und beginnt - zuerst nur insgeheim, später dann auch laut - zu klagen und zu jammern. "Ja, früher war alles ganz anders." Und damit hat er recht. Früher war er aktiv, hat sich seinen Aufgaben gestellt, seine Erfahrungen gemacht und seine Erfolge errungen. Jetzt fehlt ihm dieser Antriebsmotor. Er wollte sich auf vermeintlichen Lorbeeren ausruhen und merkt nun, daß ihm das gar nicht gut bekommt, weil er sich unnütz und nicht gebraucht fühlt. Das macht ihn schwach, lebensunlustig.

Vergleichen wir diesen Vorgang einmal mit einem unbenutzten Muskel. Kommt beispielsweise ein gebrochener Arm aus dem Gips, so sind die Muskeln erschlafft, die Muskulatur ist sichtbar geschrumpft. Das ist das Resultat wochenlanger Ruhigstellung. So wie die Muskeln schwinden, reduzieren sich auch alle geistigen Fähigkeiten, wenn sie nicht benutzt werden. Ob Muskeln oder Geist - ständige Bewegung, ständiges Training hält fit, gibt seelische Ausgeglichenheit und erhält die Gesundheit. Ruhe ist gleichbedeutend mit Stagnation und somit der Anfang vom Ende.

Vergessen Sie deshalb nie: Der Mensch braucht sein Leben lang Ziele, damit in Körper und Seele die Spannkraft erhalten bleibt. Leben und arbeiten wir dann noch im Einklang mit den Naturgesetzen und dem Unterbewußtsein, helfen die Kräfte der Natur, uns Stufe um Stufe höher- und weiterzubringen.

Damit Sie optimalen Nutzen von unsem Training haben, ist es von großer Wichtigkeit, um die Bedeutung und die Arbeitsweise des Gehirns und des Unterbewußtseins zu wissen. Machen Sie sich darum bewußt: Das Verhalten des Tieres wird vom Instinkt bestimmt. Der Instinkt sagt dem Tier, wie es zu reagieren hat, damit es selbst und seine Art überlebt. Dieser tierische Instinkt hat sich in Jahrtausenden durch Erfahrung zum Vorteil des Tieres entwickelt und wird von Generation zu Generation weitergegeben. Diese wichtige Kunst des Überlebens wird beim Menschen nicht vererbt, sondern muß in jeder Generation neu erworben werden. Denn der Mensch ist ein Werdender.

Beim Menschen übernimmt das Unterbewußtsein die Aufgabe, Entscheidungen zu treffen und auszuführen. Diese Fähigkeit basiert auf persönlicher Erfahrung, Gewohnheit und vererbter Veranlagung. All dies verankert sich im Unterbewußtsein, das unsere Denk-Zentrale ist. Hier entscheidet sich, wie wir agieren und reagieren.

Das Unterbewußtsein ist für Entscheidungen verantwortlich, vor die der Mensch plötzlich gestellt wird. Wobei nicht für jede neue Handlung ein neuer bewußter Akt des Abwägens erforderlich ist. Außerdem werden im Unterbewußtsein Informationen und Werte selektiert und gespeichert.

Wissenschaftlichen Erkenntnissen zufolge ist das Gehirn ein Organ, das sich selbst organisiert und programmiert, und zwar durch die Informationen, die es erhält. Das Gehirn empfängt ständig Informationen, speichert und verrechnet sie und reagiert dann darauf. Auf diese Aktion reagiert wiederum die Umwelt. So entsteht ein Kreislauf von Aktionen und Reaktionen - eine positive oder negative Kettenreaktion. Das Gehirn wächst, bis es mit 13 Milliarden Zellen die Grundlage für das individuelle Programm eines Menschen bildet.

Wir leben und handeln nach der Erkenntnis, daß der Mensch nicht nur ein agierendes oder reagierendes Wesen ist, sondern daß er auch über gestalterische Fähigkeiten verfügt. Sie, lieber Leser, liebe Leserin, wollen sicher Ihr Leben nicht dem Zufall überlassen. Deshalb ist die Arbeit an sich selbst - mit dem Ziel alle in Ihnen steckenden Fähigkeiten zu aktivieren - der Hauptbestandteil der Philosophie des Erfolgreichen Weges.

Der Erfolgscharakter führt zum Erfolg

Wer die 14 Grundgesetze der Lebensentfaltung kennt und versteht, der weiß, daß es einen Weg zur Höher- und Weiterentwicklung gibt. Alles Große ist einfach, aber oft benötige ich Tage, um einen komplizierten Sachverhalt zu vereinfachen. Die Vereinfachung hat den großen Vorteil, daß Zusammenhänge klarer werden. Einfache Dinge sind eher verständlich, können nicht so leicht falsch interpretiert werden. Unser Gehirn ist also ein Empfänger von Informationen. Der Satz "Wissen ist Macht" ist nur die halbe Wahrheit und verleitet manch einen Menschen zu einem falschen Verhalten. Versuchen wir also, der ganzen Wahrheit etwas näher zu kommen. Wer zuhört oder liest, weiß mehr. Wer übt und trainiert, kann mehr. Und so formulierte es schon Goethe treffend: "Wissen ist wenig, Können ist König."

Die Philosophie des Erfolgreichen Weges will Ihnen helfen, tüchtiger, fähiger zu werden, sie will Ihnen helfen, ein Könner zu werden. Das "Wissen" können Sie durch Training, das "Können" durch Wiederholung erwerben. Die Welt benötigt nicht Besserwisser, sondern wirkliche Könner.

Wir alle, die wir dem Erfolg verpflichtet sind, wissen es: *Erfolge sind gelöste Probleme.* Voraussetzung dafür ist der Erfolgscharakter, d.h. Sie sollten erst einmal ganz genau wissen, was Sie wollen - sollten Ihr Ziel kennen. Wer nach Rom fahren will, muß zuerst wissen, wo Rom liegt, damit er eine ideale Reiseroute herausfinden kann.

Aber wie kann man sich einen Erfolgscharakter aneignen, wenn man gar nicht weiß, aus wievielen Mosaiksteinen ein erfolgreicher Mensch geformt ist?

Um dieser Frage auf den Grund zu gehen, habe ich in meinem Seminar *"Der Erfolgreiche Weg"* ein Brainstorming angesetzt zu der Frage:

Welche Eigenschaften und Fähigkeiten sollte eine erfolgreiche und sympathische Persönlichkeit besitzen?

Jeder Teilnehmer beginnt Charaktermerkmale aufzuschreiben, meist kommt er auf etwa sechs bis zehn verschiedene Eigenschaften. Alle Teilnehmer zusammen finden aber in zehn Minuten bis zu 60 Merkmale. An diesem kleinen Beispiel sehen wir deutlich: Kein einzelner Mensch ist so klug wie alle zusammen. Nachdem also eine Fülle von Eigenschaften gefunden wurde, empfehle ich den Teilnehmern, Ordnung in ihre Aufstellung zu bringen, dann alles mit der besten Handschrift abzuschreiben. Und noch besser ist es, sie daraus ein wirksames Plakat - sozusagen ein Arbeitspaket - entwickeln zu lassen.

Das alles ist anstrengend, kostet Überwindung, Konzentration, Mühe und Zeit. Aber diese Übung ist sehr wirkungsvoll, denn sie trainiert und programmiert zugleich Ihr Unterbewußtsein. Versuchen Sie es einmal. Hängen Sie das persönlich gestaltete Plakat in Ihr Schlafzimmer, an den Spiegel im Badezimmer oder in Ihr Arbeitszimmer. Auf jeden Fall an einen Ort, an dem Sie es so oft wie möglich sehen - oder sehen müssen. Ganz wichtig: Dieses Plakat ist *nur für Sie* bestimmt und sonst für niemanden. Es dient dazu, an sich zu arbeiten, es dient nicht der Angabe oder der Steigerung der Eitelkeit.

Gedanken sind Kräfte

Sie kennen die Gesetzmäßigkeit der Gedanken, wissen also, daß Gedanken Energien sind, daß geschehen kann, was Sie denken. An erster Stelle steht die Bewußtseinserweiterung. Erfolg beginnt mit der Erweiterung des Bewußtseins und damit des Blickwinkels. Wie stark die Kräfte sind, sehen Sie an der Tatsache, daß Denken ein bioelektrischer Prozeß ist, wobei eine Stromleistung von 35 Hz erreicht werden kann. Glauben Sie nicht, daß Gedankenkraft so viel Energie enthält, um uns und unsere Umwelt maßgeblich verändern zu können?

Beachtung bringt Verstärkung

Sie verspüren in sich den Wunsch, sich weiterzuentwickeln, mehr zu erfahren, Sinnvolles zu tun. Da Ihr Blick täglich mehrfach auf Ihr Plakat mit den angestrebten Eigenschaften fällt, werden Sie eine interessante Feststellung machen können: Entsprechend der Situation, in der Sie sich gerade befinden, beachten Sie einmal das eine und ein andermal das andere stärker.

Gedanken sind Kräfte, Gedanken sind Saatkörner, die sich im Inneren des Menschen nach und nach ausbreiten. Wenn sich im Inneren des Menschen ein Gedanke - also eine Kraft - entwickelt und zu verdichten beginnt, dann wächst der Mensch ganz langsam von innen nach außen. Wenn Sie Ihr Plakat mit den positiven Eigenschaften aus der Distanz betrachten: Fällt Ihnen auf, wie gering die Bedeutung des Fachwissens ist? Untersuchungen haben an den Tag gebracht, daß für die Besetzung eines Arbeitsplatzes das Werteverhältnis bei 30 Prozent Fachwissen, aber 70 Prozent Persönlichkeit liegt - in den USA ist der Satz sogar noch höher: Er liegt bei 85 Prozent Persönlichkeit! Merken Sie, daß es die Persönlichkeit des Menschen ist, die entscheidet? Ob es der Fachmann, der nur über Fachkenntnisse verfügt, zu etwas bringen mag? Wie oft höre ich Personalchefs klagen: "Fachlich war der Mitarbeiter sehr gut, aber menschlich ..."

"Ich lebe bewußt und gestalte mein Leben"

Was den einen Menschen von einem anderen unterscheidet, was ihn einzigartig macht, sind nicht seine Argumente, sondern es ist die Persönlichkeit, die individuelle Ausstrahlung.

Im nächsten Absatz finden Sie sieben äußerst wichtige Suggestionen zur Stärkung Ihres Charakters. Jeden Satz schreiben Sie mehrmals auf kleine Kärtchen, die Sie dann an verschiedene Stellen in Ihrem Haus verteilen. Am besten ist es, wenn Sie möglichst häufig Ihre Kärtchen sehen oder sie mit den Fingerspitzen berühren. Denn jeder Denkvorgang ist ein bioelektrischer Prozeß - denken Sie an die große Energie, die Sie erzeugen können. Und bei jedem bewußten oder unbewußten Kontakt mit Ihrem Kärtchen wird Ihr Gehirn an der entsprechenden Stelle aktiviert und die Information gespeichert.

Nehmen Sie sich jede Woche eine Suggestion intensiv vor. Die Suggestion verankert sich in Ihrem Langzeitgedächtnis und wird dadurch immer stärker zu einem positiven Impuls, der Sie lenkt und leitet. So machen Sie es auch mit der nächsten Suggestion in der folgenden Woche. Sie kommen auf diese Art und

Weise jede Woche einen Schritt voran. Anschließend können Sie sich selbst eine Formel entwickeln und entsprechend damit arbeiten. Die folgenden sieben Suggestionen sind so gewählt, daß Sie bei regelmäßiger Anwendung den größten Nutzen haben.

1. Ich lebe bewußt und gestalte mein Leben.
2. Ich entzünde in mir das Feuer der Begeisterung.
3. Ich erlebe mich in meiner Energie und Begeisterung.
4. Meine Ausstrahlung wird immer positiver.
5. Konzentration und Gelassenheit verstärken meine Ausstrahlung.
6. Meine Begeisterung wirkt ansteckend.
7. Meine Erfolge stärken mein Selbstbewußtsein und meine Ausdauer.

Beginnen Sie also jetzt mit der Suggestion, die für die erste Woche bestimmt ist: "Ich lebe bewußt und gestalte mein Leben." Fertigen Sie mit diesem Text noch zehn weitere Kärtchen an. In der nächsten Woche verfahren Sie dann mit der zweiten Suggestion ebenso.

Um das Leben verantwortungsbewußt führen zu können und um erfolgreich zu sein, kommen wir nicht umhin, die Passivität abzulegen und aktiv zu werden. Wir müssen dem Phlegma entsagen und unsere Charakteranlagen festigen - einen Weg beschreiten, der uns zu einer gereiften Persönlichkeit macht: Wir müssen an uns selbst arbeiten.

Meine Anleitung zur Arbeit am eigenen Charakter dient aber nicht nur Ihnen persönlich, sondern macht Sie auch zu einer Bereicherung für Ihre Umwelt. In Ihrem eigenen Interesse möchte ich Ihnen eine so starke Motivationskraft wünschen, daß Sie nicht nur über den erfolgreichen Weg nachdenken, sondern die Übungen auch voller Freude praktizieren.

Die Vervollkommnung des Charakters bereitet Mühe und Arbeit. Vielleicht fragen Sie sich jetzt: Lohnt es sich überhaupt, einen guten Charakter zu erwerben? Erst wenn uns bewußt ist, daß unser Lebenserfolg und unser Lebensglück allein von uns selbst - also von unserer Persönlichkeit und unserem Charakter - abhängig sind, kann die Anstrengung nicht groß genug sein.

Das Leben führen, nicht führen lassen

Die Arbeit an sich, an seinem Charakter, ist nie vergeudet, nie nutzlos. Dieses Tun kommt ganz allein uns und unserer Umwelt zugute. Die Verbesserung positiver Eigenschaften stärkt die eigene Kraft und ist Grundlage für unser Vorwärtskommen, für unseren Erfolg im Leben.

Vielen Menschen mangelt es wirklich an nichts, was die äußeren Werte betrifft. Was aber vielen fehlt, ist der innere Reichtum. Glück ist nun einmal nicht zu kaufen. Wer stolz auf sich selbst sein kann, wer einen positiven Charakter hat, der fördert innere Zufriedenheit und schafft damit die Voraussetzung zu allem Lebensglück.

Keine Macht der Erde kann Ihnen das nehmen, was Sie sich erarbeitet haben. Die tiefste Befriedigung empfinden wir, wenn wir das Leben auch in schweren Zeiten meistern. Dann können wir stolz auf unsere Leistungen und vor allem auf uns selbst sein. Ein starker Wille befähigt zu großen Leistungen, gibt die Kraft und die Fähigkeit zur Entscheidung im rechten Augenblick.

Wann kann ich stolz auf mich sein? Wenn *ich* mein Leben in der Hand habe, es gut und erfolgreich führe - wenn ich nicht vom Leben geführt werde.

Der Mensch, der sich treiben läßt und sein Leben verbummelt, meint möglicherweise, die große Freiheit für sich erreicht zu haben. In Wirklichkeit treibt er dahin und verpaßt das Leben, verpaßt die Chancen, die ihm das Leben bieten kann. Nur die beharrliche Hingabe an eine Aufgabe bewahrt dem Menschen die jugendliche Kraft und schenkt ihm Zeit für echte Lebensfreude und Erholung. Der Wunsch, an sich arbeiten zu wollen, muß feste Wurzeln schlagen. Mit dieser Einstellung begegnen wir den großen Problemen unserer Zeit, heben uns ab von der Masse und legen in uns selbst den Grundstein für eine glückliche und erfolgreiche Zukunft.

2.
Die Grundeinstellung ist entscheidend

Jeder Mensch braucht Zukunft

Ein New Yorker will einem Gast aus China eine Sehenswürdigkeit am Rande der Stadt zeigen. Sie fahren mit dem Zug, steigen aus und schicken sich an, die letzten fünfhundert Meter zu Fuß zu gehen. Da kommt ein Bus. Der Amerikaner ruft: "Kommen Sie rasch, wir gewinnen drei Minuten!" Der Asiate rührt sich nicht, sondern fragt ruhig: "Und was tun wir mit den gewonnenen drei Minuten?"

Diese Frage ist unsere große Lebensfrage. Was machen wir aus unserer Zeit? Was machen wir aus unserem Leben? Was tun wir mit der Zeit, die wir zur Verfügung haben bzw. die wir gewonnen haben? Können wir überhaupt mit solchen gewonnenen Minuten - oder anders ausgedrückt: den zusätzlichen Chancen und Möglichkeiten - etwas anfangen?

Zeit ist Leben! Doch viele Menschen gehen damit um, als hätten sie unbegrenzt viel davon - als wäre die zur Verfügung stehende Zeit endlos, als seien sie selbst unsterblich. Die einen verschenken und vergeuden ihre Zeit - und bestehlen sich damit nur selbst. Andere wiederum sind stets in Eile und Hektik, haben anscheinend nie Zeit. Weder für Dinge, die ihnen Freude machen, noch für Menschen, die ihnen nahestehen. Sie sind "Workaholics", Menschen, die süchtig nach Streß sind, sich zum Sklaven ihrer selbst machen, um sich bedeutend zu fühlen.

Manche lernen den Wert der Zeit erst schätzen, wenn der Arzt ihnen eine unheilbare Krankheit diagnostiziert. Es ist traurig, aber wahr. Mit den Worten: "Sie haben noch ein Jahr zu leben", beginnt für viele erst das wirkliche Leben. Sie tun in diesem einen Jahr mehr als in all den 30, 40 oder 50 Jahren zuvor. Möglicherweise schreiben sie endlich das Buch, das sie schon seit Jahren geplant hatten, vielleicht lernen sie endlich wirkliche Freundschaft kennen, weil sie sich nun Zeit für Menschen nehmen - also endlich stets auf die lange Bank geschobene Ziele verwirklichen. Endlich beginnen sie, ihre Träume zu realisieren. Todgeweihte Workaholics erkennen auf einmal den Wert des Lebens. Zu guter Letzt nehmen sie sich endlich Zeit. Jetzt da diese begrenzter ist als jemals zuvor. Und nun, im Angesicht des Todes, erkennen sie den wahren Sinn des Lebens. Viele unheilbar Kranke haben dies bestätigt, haben kurz vor dem Tod berichtet, daß das Leben für sie nie so wertvoll war, wie von dem Moment an, als ihnen klar wurde, daß es begrenzt ist. Brauchen wir erst den Tod vor Augen, um den Wert des Lebens, den Wert der Zeit, ermessen zu können?

Wir alle befinden uns auf dem Wege. Auf dem Weg, der aus der Vergangenheit über die Gegenwart in die Zukunft führt. Auf diesem Weg gibt es kein Zurück, auch die Gegenwart ist schon morgen Vergangenheit. Selbst wer vor der Zukunft die Augen verschließt und behauptet, allein die Gegenwart zähle, kann seiner Zukunft nicht entgehen. Was für ein Geschenk ist doch das Leben, welche Chancen bietet die Zukunft demjenigen, der sich Ziele setzt!

Wie sieht das bei Ihnen aus? Wo stehen Sie jetzt? Was machen Sie aus Ihrem Leben? Wie nutzen Sie Ihre Zeit? Haben Sie Ziele?

Es ist an der Zeit, den eigenen Standort zu bestimmen. Das geht am besten, wenn Sie sich erst einmal von höherer Warte einen allgemeinen Überblick verschaffen, bevor Sie sich konkret Ihrem eigenen Leben zuwenden.

Es begann mit dem Urknall

Zum besseren Verständnis für die Zukunft möchte ich ganz am Anfang - nämlich bei der Schöpfung - beginnen und in wenigen Sätzen die Evolution des Kosmos darstellen. Die Entwicklung vom Mineral über Pflanze, Tier bis hin zum Menschen vollzog sich äußerst langsam, aber stetig, ohne jeglichen Stillstand.

Leben auf der Erde begann schon vor mehr als drei bis vier Milliarden Jahren. Der Mensch existiert aber erst seit schätzungsweise 300.000 Jahren. Die Entstehung der Menschheit liegt also noch gar nicht so lange zurück, und verglichen mit der Gesamtevolution befindet sich der Mensch noch in einem embryonalen Zustand. Wenn wir die Geschichte des Kosmos im Ablauf eines Jahres darstellen wollten, so fände die Geburt des Menschen wenige Sekunden vor 24.00 Uhr am 31. Dezember statt. Der Mensch ist also das vorläufige Endergebnis eines unfaßbar langen und kontinuierlichen Prozesses. Nur der Tatsache, daß die Entwicklung immer voranschritt, ist die Entstehung des Menschen zu verdanken.

Es gab nie Stillstand, sondern eine ständige Weiterentwicklung, und das obwohl alle Lebewesen zu jeder Zeit absolut lebensfähig waren. So schreitet auch heute noch die Evolution des Menschen ständig fort - im Wachsen des Geistes und des Bewußtseins. Unser Jahrhundert steht für die enorme geistige Entwicklung des Menschen. Obwohl er seit 300.000 Jahre existiert, ist er erst seit etwa einhundert Jahren zu revolutionären technischen Erfindungen in der Lage. Denken wir nur an die Eisenbahn, das Automobil, die Atombombe, die Raumfahrt, das Telefon, den Computer...

Es hat Jahrtausende gedauert, bis der Mensch seine Wohnstätte in den Höhlen verlassen hat und eigene Hütten bauen konnte. Betrachten wir unsere heutige Zeit, so müssen wir akzeptieren - ob wir wollen oder nicht: Der Mensch befindet sich mitten in einem rasanten Entwicklungsprozeß. Und so ist auch die Zukunft nicht aufzuhalten. Doch der Mensch allein hat die unermeßliche Chance, diese nach seinen Vorstellungen zu gestalten.

Im Laufe der Jahrtausende sind die Lebewesen und Organismen immer differenzierter geworden. Das zunächst nur scheinbar vorhandene Bewußtsein des Menschen erweiterte sich fortwährend und entwickelte unwahrscheinliche Fähigkeiten. Geistige Freiheit ist Evolution. Inzwischen weiß man, daß der Mensch nur einen Bruchteil seines geistigen Potentials ausschöpft. Unser Gehirn bietet enorme Möglichkeiten der geistigen Entfaltung, von der wir uns heute noch gar keine Vorstellung machen können. Das Gehirn ist für die Zukunft angelegt. Es geht uns heute ähnlich wie seinerzeit den Steinzeitmenschen, die sich nicht einmal in ihrer kühnsten Phantasie vorstellen konnten, was beispielsweise wir - also spätere Generationen - einmal zu leisten, zu denken und zu entwickeln in der Lage sind. Sogar wir können heute noch nicht einmal erahnen, zu welchen Leistungen und geistigen Errungenschaften unsere Enkel und Urenkel fähig sein werden.

Zwischen Stillstand und Weiterentwicklung

Der Beginn der Menschheit war der Tag, an dem das Lebewesen von der Stufe des Tieres emporgehoben wurde und wußte, daß der *Mensch* "weiß". Heute ist das erwachte Bewußtsein stark genug, um aus dem Wissen um das Wissen ein gesteuertes Handeln machen zu können. Der Mensch weiß, daß er handeln kann, und er weiß, daß er handeln muß. Er weiß um die Bedeutung seines Tuns. Aber er weiß oft nicht, was er tun und wie er handeln soll! Er ist genötigt, zum Schöpfer seiner eigenen, persönlichen Evolution zu werden. Und die heutige Evolution zeigt deutlich, daß der Mensch noch nicht im geringsten an seine

Grenzen stößt, die Schöpfung, die Entwicklung also immer noch weitergeht.

Im Rahmen dieser Entwicklung ist der erste und entscheidende Schritt die Aktivierung des Bewußtseins. Jeder einzelne hat die Pflicht, aktiv zu werden, bewußt zu leben. Wir müssen aufwachen, müssen wissende Menschen werden, um wirklich Mensch zu sein. Wir müssen zum Bewußtsein unseres Selbst gelangen, müssen ein Bewußtsein für unsere Lebensaufgabe entwickeln. Erst dann können wir unser Leben in den Dimensionen von Raum und Zeit begreifen und gestalten.

Jeder Mensch braucht Zukunft, und jeder Mensch hat Zukunft. Gäbe es keine Zukunft, wäre das Ende der Evolution und damit das Ende jeglicher Existenz erreicht. Das gesamte Universum würde mit einem erneuten ungeheuren Knall in sich zusammenfallen.

Die Angst des Menschen vor der Zukunft ist im Grunde die Angst vor dem Unbekannten. Es ist die Angst, sich neuen Situationen stellen zu müssen, die Angst vor der Verantwortung für die Zukunft und die Angst, Aufgaben nicht meistern zu können. Der Angst können wir aber nicht dadurch entfliehen, daß wir einfach unser Bewußtsein ausschalten und einen Schritt zurückgehen - also auf die Stufe des Unbewußten. Kein Entwicklungsprozeß ist rückgängig zu machen. Das ist unser Schicksal - aber auch unsere Chance.

Denken Sie voraus - trainieren Sie die Kunst des Denkens in die Zukunft

Leben heißt, seine Aufgaben zu erkennen und sich ihnen bewußt zu stellen. Es ist die Aufgabe des Menschen, seine Möglichkeiten zu nutzen, seine Fähigkeiten zu entfalten. Der Sinn unseres Daseins liegt im Handeln. Nichtstun verursacht Unruhe und bewirkt ein Gefühl der Unzufriedenheit. Nur der aktive, der schaffende Mensch lebt wirklich.

Das Leben gibt uns jeden Tag die Chance, unsere Aufgabe zu erfüllen und dadurch unserem Dasein Wert und Sinn zu verleihen. Aus diesem Grunde sollte das 1. Grundgesetz der Lebensentfaltung immer vor unserem geistigen Auge stehen:

> Nur der Mensch hat die Kraft bewußt zu denken,
> zu planen und zu gestalten.
> Nur er kann sich selbst und damit sein Schicksal
> und seine Zukunft gezielt beeinflussen.

Um unserer Aufgabe gerecht zu werden, müssen wir lernen, mit den Fähigkeiten unseres Gehirns richtig umzugehen. Oder, um es anders auszudrücken: Das "Ich" muß lernen, das Gehirn bewußt zu steuern.

Der Mensch kann sein Gehirn "einschalten", es nutzen zum Denken. Er kann immer wieder dasselbe denken, kann nachdenken, überdenken und kann in die Zukunft - also voraus-denken. Am wichtigsten ist die Kunst des Vorausdenkens, die jeder durch Training erlernen kann.

Zahlreiche Menschen verstehen die Bezeichnung für unser Institut nicht auf Anhieb. "Institut für Zukunftsgestaltung", was soll das bedeuten? Wir wollen mit diesem Namen ausdrücken, daß es bei unserer Instituts- und Seminararbeit um die individuelle Planung und Gestaltung der Zukunft geht. Die Erfahrung in der täglichen Praxis zeigt, daß nur der Mensch, der an die Zukunft glaubt, auch geneigt ist, diese bewußt zu gestalten. Und dazu muß er sich selbst, seine Möglichkeiten sowie seine Ziele kennen.

Das Leben in unserer modernen Massengesellschaft läßt die schöpferischen Fähigkeiten, die in jedem Menschen ruhen, bei den meisten verkümmern. Schon in der Schule wird den Kindern beigebracht, daß es wichtiger ist, sich Wissen anzueignen, als die individuellen Talente und kreativen Fähigkeiten zielgerichtet auszubauen und zu nutzen. Entsprechend ist der Unterricht angelegt. Fachwissen wird gepaukt, die Entwicklung der Persönlichkeit vernachlässigt.

Wir müssen unsere wichtigsten Fähigkeiten erst entdecken, damit wir sie weiterentwickeln können. Die Gestaltung des Lebens nach den individuellen Fähigkeiten entspricht dem Ur-Gesetz des Lebens, der Evolution. Nur Menschen, die dies wissen, bejahen die Zukunft mit all ihren Gefahren, aber auch all ihren Chancen. Sie sehen darin eine Herausforderung zur Weiterentwicklung.

Ja zu Hoffnung und Zuversicht - Nein zur Angst

Manche psychologischen Richtungen konzentrieren sich ausschließlich auf die Vergangenheit, vernachlässigen oder ignorieren jedoch darüber die Bedeutung der Zukunft. Je bewußter wir in der Gegenwart leben und sie nach unseren Vorstellungen gestalten, desto besser sind wir für den weiteren Lebensweg gewappnet. Denn: *Heute ist morgen schon gestern!*

Angst blockiert alles - auch den Weg in die Zukunft. Angst ist deshalb der schlechteste Ratgeber überhaupt. Aber wie entsteht Angst überhaupt? Ein Mensch, der seinen Weg in die Zukunft nicht plant und vorbereitet, weiß nicht, was auf ihn zukommt. Diese Ungewißheit macht ihn unsicher, das Nicht-Wissen verursacht Ängste. Die Befürchtung wird zu seinem ständigen Begleiter, und die Klage ist sein Wanderstab.

Ein Mensch, der nicht weiß, was er will, muß weiterleben - genauso wie derjenige, der genau weiß, was er will. Im Vergleich zu diesem jedoch besitzt er weder Kompaß noch Steuerrad, ist so den Strömungen und Hindernissen des Lebens hilflos ausgeliefert. Stehenbleiben oder gar zurückgehen kann niemand.

Ob wir allerdings unseren Weg selbst bestimmen und uns gut vorbereiten, oder ob wir uns zum Spielball des Lebens machen lassen - das ist eine Entscheidung, die jeder von uns zu treffen hat.

Angst muß nicht sein. Mit dem Wissen um die eigenen Fähigkeiten, Möglichkeiten und auch Grenzen, wachsen die Gewißheit und die Kraft und geben damit Unsicherheit und Angst keine Chance. Und spätestens jetzt sehen Sie auch, wie wichtig die Beantwortung dieser drei Fragen für Sie ist:

1. Wer bin ich?
2. Was bin ich?
3. Was will ich?

Wir nehmen uns für so viele Dinge, die noch dazu oft ganz unwichtig sind, viel Zeit. Aber wenn es um die Beantwortung dieser drei Elementarfragen geht, finden viele Menschen gern und ständig Ausflüchte, haben keine Zeit, keine Lust und wollen sich nicht auf das Wesentliche konzentrieren. Dabei entsteht doch die Zukunft zuerst in den Gedanken, im Gehirn. Nur die gedankliche Beschäftigung mit der Zukunft, das Denken nach vorn - also das Vorausdenken - sowie der Glaube, seine Ziele auch erreichen zu können, schaffen die Voraussetzung für ein erfolgreiches Leben.

Und wie sieht das bei Ihnen aus? Haben Sie sich diese Fragen schon gestellt? Und auch beantwortet? Schreiben Sie mindestens fünf Aussagen auf:

1. Ich bin ein Mensch, der ______________________ ist.
2. Ich bin ein Mensch, der ______________________ ist.
3. Ich bin ein Mensch, der ______________________ will.
4. Ich bin ein Mensch, der ______________________ .
5. Ich bin ein Mensch, der ______________________ .

Viele Menschen sind so stolz auf ihre Freiheit und wissen doch gar nicht, was Freiheit tatsächlich bedeutet. Solche sogenannten "freiheitsliebenden" Menschen lassen sich treiben, leben in den Tag, sind dabei aber keineswegs frei. Sie nutzen nämlich in keiner Weise die Möglichkeiten, die sie haben - vielleicht ist ihnen dies aber gar nicht bewußt. Wirkliche Freiheit beginnt mit der Nutzung der Möglichkeiten, mit der Fähigkeit, Entscheidungen zu treffen. Wofür aber soll sich ein Mensch überhaupt entscheiden, wenn er sich erst gar nicht mit sich, seinem Talenten, Wünschen, Bedürfnissen und Vorstellungen beschäftigt? Viele, zu viele verzichten - oftmals unbewußt, oftmals aber auch aus geistiger Trägheit - auf diese Freiheit, die entscheidend ist für die Zukunft und damit für den Verlauf ihres Lebens. Diese Menschen sind fremdbestimmt, überlassen es anderen oder dem Zufall, ihr Leben zu gestalten. Schuld hat dann das Schicksal, wenn die Dinge bzw. ihr Leben sich nicht nach ihren Wünschen entwickeln.

Auf dem Weg in die Zukunft brauchen wir zwei Gefährten als ständige Begleiter: Hoffnung und Zuversicht. Und nur der Glaube an die Zukunft gibt Kraft für die Gegenwart. Mit dieser Kraft können wir mit den täglichen Schwierigkeiten fertig werden und uns weiterentwickeln.

Wer den Glauben an sich und seine Aufgabe verliert, reduziert die eigenen Kräfte

Für den Menschen, der seine Aufgaben kennt, sich ihnen stellt und an sich arbeitet, ist die Zukunft nicht unberechenbar. Ganz im Gegenteil! Er trägt seine Zukunft bereits in sich, denn in seiner Gedankenwelt ist sie ja schon vorhanden.

Aufbau statt Zerstörung

Wer die Kunst des Vorausdenkens beherrscht, gewinnt Freiheit. Er vergeudet nicht seine wertvolle Zeit, indem er einmal dieses und einmal jenes ausprobiert, ohne sich vorher über alle Konsequenzen im klaren zu sein; er investiert nicht umsonst seine Energie und auch nicht sein Geld. Vielmehr bleibt er vertrauensvoll und unbeirrbar auf dem Weg, den er sich erarbeitet hat und der ihn seinem Ziel näherbringt. Nicht der wird eine Persönlichkeit, der eine Persönlichkeit sein will, sondern derjenige, der sich seiner Aufgabe stellt. Dazu ist es nötig, alle Fähigkeiten zu aktivieren. Wir alle kennen solche Gedanken, aber wer setzt sie auch wirklich konsequent in die Praxis um? Ohne Leistung ist kein Fortschritt denkbar. Und aus der Leistung erwächst das Gefühl für den eigenen Wert - das Selbstwertgefühl.

Leben ist Kraft, ist Energie. Diese Kraft sollte jedoch immer nur für positive Zwecke eingesetzt werden, niemals zur Zerstörung. Sich selbst verwirklichen, das heißt, alle positiven Eigenschaften zu stärken und zu versuchen, das Gute zu erreichen. Wir sollten nicht bei jeder Gelegenheit nur von der Selbstverwirklichung sprechen - dies sollte ja eine der natürlichsten Sachen der Welt sein -, sondern lieber aktiv werden. Schließlich haben wir die Freiheit der Entscheidung, wie wir die Kräfte und Energien einsetzen. Die Zukunft liegt im Aufbau, im Wachsen und im Fortschritt; deshalb kann Zerstörung kein Mittel zu einem gesunden Selbstwertgefühl sein.

Das tägliche Suggestiv-Training ist der schnellste und sicherste Weg, das Gehirn so zu trainieren, daß es automatisch unsere Zukunft und unsere Aufgabe in den Mittelpunkt des Denkens stellt. So wie ein Architekt ein genaues Bild von dem Haus hat, das er bauen will. Das Haus entsteht zuerst im Kopf des Architekten. Ohne diese Vorausarbeit wäre ein Bau gar nicht möglich. Jeder der ein klares Bild von der Zukunft hat, ist ein Baumeister der Gedanken, sozusagen ein "Zukunfts-Baumeister". Er kennt

Mittel und Wege, die ihm seine Aufgabe erleichtern. Er überläßt die Zukunft nicht dem Zufall, er hat ein konkretes Konzept. Er weiß, daß ohne dieses Konzept seine Zukunft gefährdet wäre, daß er in unverantwortlicher Weise den Verlust all seiner Chancen in Kauf nehmen würde. Ganz sicher ist, daß sein Leben unkontrolliert, chaotisch verlaufen würde.

Aufbau bedeutet, Verantwortung zu übernehmen für das eigene, aber auch für das Leben anderer Menschen. Verliert ein einzelner Mensch seine Zukunftschancen, so betrifft dies nicht nur ihn allein, sondern auch seine Familie, seine Kollegen und Geschäftspartner, seine Freunde und Bekannten.

Die Bundesrepublik Deutschland verfügt über ein dichtes soziales System und gibt viel Geld aus für kaputte Existenzen, was jedoch nichts anderes bedeutet, als daß jeder von uns für jede kaputte Zukunft bezahlt. Wer seine Zukunft bewußt plant und aufbaut, statt sie der Gefahr der Zerstörung auszuliefern, handelt verantwortlich im Sinne der Evolution und zu seinem eigenen Nutzen. Unser Motto lautet deshalb:

Wir arbeiten für die Zukunft, weil wir in ihr leben werden.

Wer nicht für die Zukunft lebt, wird sich eines Tages in einer Welt befinden, in der es ihm nicht mehr gefällt. Schneller als je zuvor ändert und entwickelt sich unsere Welt. Wir werden im eigenen Land Fremde sein, wenn wir nicht an der Gestaltung der Zukunft, an der Gestaltung der Welt, aktiv mitwirken.

Energiequelle Liebe

Wir haben uns mit Glaube und Hoffnung befaßt. Aber was wäre all dies ohne Liebe? Ohne Liebe geht nämlich gar nichts. Die Liebe ist die treibende Kraft, die unser Leben lebenswert macht.

Sie gibt unserem Leben Sinn, macht uns glücklich und zufrieden. Die wirkliche Liebe umfaßt das ganze Sein. Alles, was wir tun, wird von der Liebe zum Leben, zu den Menschen, zur Welt bestimmt. Und alles, was wir geben, kehrt zu uns zurück. Liebe ist die große, schöpferische Energie, die alle Kräfte in uns um ein Vielfaches verstärken kann. Und so sollte es nicht zu schwer sein, diese Kraft zum Aufbau unserer Zukunft zu nutzen! Heute ist der erste Tag Ihrer Zukunft - es liegt an Ihnen, ob Sie ihn ungenutzt verstreichen lassen oder ob Sie aus sogenannten "gewonnenen Minuten", einen echten Gewinn für sich ziehen können.

Planen Sie Ihre Zukunft, und fangen Sie jetzt damit an!

Die Bedeutung der Motivation

Jeden Tag und bei vielen Gelegenheiten kommen wir mit dem Wort Motivation in Berührung. Aber haben wir auch die Gelegenheit, die Wirkung der Motivation zu erfahren? Viel häufiger nämlich werden wir mit der Wirkung der De-motivation konfrontiert. Folglich ist die Anzahl der demotivierten Menschen wesentlich größer als die der motivierten.

Natürlich kann man alles dem Zufall überlassen oder auf Wunder warten, aber ein solcher Fatalismus paßt nicht zu unserer Philosophie des Erfolgreichen Weges.

Mehr denn je benötigt die Welt Menschen mit klaren Zielvorstellungen, mit einem Blick für die Zukunft. Überall auf der Welt werden Menschen gebraucht, die aufgrund ihrer Vorstellungen und ihrer Ideale wissen, was sie wollen. Unsere Philosophie des Erfolgreichen Weges ist darum nichts für Menschen, die ihren Glauben an die Zukunft verloren haben. Unsere Philosophie ist auch nichts für Menschen, die sich aufgegeben haben, denen das ganze Leben im Grunde sinnlos erscheint.

Eine negative Einstellung wirkt sich auf das gesamte Leben aus

Vor vielen Jahren machte ein Professor folgendes Experiment: In Hypnose suggerierte er einer Gruppe von Menschen, daß sie weder begabt noch talentiert und im Leben gescheitert seien. Dann ließ er diese Gruppe 14 Tage beobachten. Wir wissen, daß es kein Wunder ist, daß diese Personen massive psychosomatische Krankheitsbilder aufwiesen. Sie waren schlapp, antriebslos, depressiv, hatten Schlafstörungen und Probleme mit dem Blutdruck - um nur einige Erscheinungen zu nennen.

Ein paar Wochen später suggerierte er denselben Menschen sie seien begabt, talentiert, sie hätten große Ziele und beste Chancen, diese auch zu erreichen. Sofort änderte sich das Bild. Die Menschen waren frisch und munter, der Gang elastisch, die Haltung gerade; sie hatten Dynamik, waren gesund und voller Tatendrang.

Dieses Experiment beweist eindrucksvoll, wie wichtig eine positive Einstellung zu sich und zum Leben ist. Wir sehen aber auch deutlich, wie verheerend eine negative Einstellung sich auswirken kann.

Überall benötigen wir Menschen, die an sich und an die Zukunft glauben. Optimisten werden dringend gebraucht, denn der Optimist ist der einzige Realist. Er - und nur er - erkennt die Chancen einer Verbesserung der Lebensqualität und der Weiterentwicklung.

Gesucht: Menschen mit Motivationskraft

Überall werden Menschen mit dieser Einstellung gesucht: In Firmen, bei Vereinen und Verbänden, karitativen Einrichtungen und natürlich auch in der Familie. Überall benötigen wir den positiv denkenden Menschen - den Menschen, der Hoffnung macht, der motiviert, die Zukunft zu gestalten. Denn das Schlimmste, ganz gleich wo man lebt, ist Resignation.

Motivation aber ist ohne einen Motivator nicht möglich. Wir sollten uns daher viel intensiver mit der Bedeutung des Motivators beschäftigen. Wir sollten uns zum Beispiel fragen: Was macht den Motivator aus, was zeichnet ihn aus, welche Charaktereigenschaften befähigen ihn, so wirksam zu sein?

Jede Woche lesen wir im Sportteil unserer Zeitung über Siege und Mißerfolge, über Motivation und Demotivation. Jeder Sportinteressierte weiß um die Motivationskraft eines Spitzentrainers. Wie oft werden Trainer ausgewechselt, weil sie ihre Motivationskraft verloren haben. Sportler wissen, was auch jeder Chef wissen sollte: "Marschieren kann man befehlen, Weltrekorde nicht."

Vielleicht sind Sie bereit und schreiben jetzt gleich einmal drei Namen auf von Menschen, die Ihrer Meinung nach eine starke Motivationskraft besitzen:

1. ______________________________

2. ______________________________

3. ______________________________

Motivation ist nicht im luftleeren Raum möglich

Diese Zeilen schreibe ich für Menschen, die positive Veränderungen einleiten und durchsetzen wollen.

Wenn Kriminalbeamte einen Täter suchen, dann fragen sie zunächst nach den möglichen Motiven einer Tat. Motivation im luftleeren Raum ist nicht möglich. Das Motiv also ist das Mittel, einen Menschen in einen Motivator zu verwandeln. In meinen Seminaren wiederhole ich immer wieder: "Das Gehirn ist nicht nur ein Gefäß, das gefüllt werden muß. Es muß entzündet werden." Das Entzünden ist der auslösende Vorgang für die Genialität.

Keiner würde Auto fahren ohne den Zündschlüssel, mit dem die Zündung ausgelöst wird. Sicherlich wissen Sie auch, wie viele Zündkerzen Ihr Auto benötigt. Wieviele Zündkerzen besitzt aber Ihr Unternehmen? Von einem Automechaniker erfuhr ich, daß eine Zündkerze bis zu 6.000 Mal in der Minute zünden muß, um das Auto in Bewegung zu bringen.

Zu gern wüßte ich jetzt, was in Ihrem Kopf vorgeht. Vielleicht gehen Ihnen gleich mehrere Lichter auf. Motivation - auf deutsch Begeisterungsfähigkeit - ist eine Fähigkeit, die nicht angeboren, sondern erworben wird. Haben Sie gelernt, Menschen zu motivieren, zu mobilisieren? Wenn ja, wann und von wem?

Erfolg durch Motivation

Dieses Kapitel soll ein leidenschaftlicher Appell an Sie sein, nicht nur ein immer besserer Fachmann zu werden, nicht nur Ihre Pflicht zu tun, sondern auch als Mensch, als Persönlichkeit zu wachsen. Als Persönlichkeit, die Menschen in die Zukunft führen kann, sie motivieren will und kann. Denn wichtig ist nicht der Umgang mit den Dingen, mit den Sachen, wichtig ist immer der Umgang mit den Menschen.

Vor vielen Jahren lernte ich einen jungen ehrgeizigen Mann aus der Bekleidungsindustrie kennen. Nennen wir ihn Herrn Widersich. Er hatte einen Chef, der alles konnte, nur nicht Danke sagen. Da aber jeder Mensch Anerkennung benötigt, strengte sich Herr Widersich an, um noch bessere Leistungen zu erbringen. Nur einen Dank bekam er nie! Er ging daraufhin in den Außendienst, um dem Chef nicht jeden Tag zu begegnen. Kam er nun am Freitag von seiner Verkaufsreise zurück, bekam er die größten Vorwürfe zu hören, weil er nicht noch mehr verkauft hatte. Herr Widersich strengte sich noch mehr an und wurde immer verkrampfter. Die Verkaufszahlen begannen zu sinken, aber auch sein Körpergewicht begann zu sinken. Eines Morgens sagte seine Frau sehr entschlossen: "Entweder du kündigst, oder ich lasse mich scheiden. Ich kann es nicht ertragen, wie du zugrunde gehst."

Er hörte auf die Worte seiner Frau und kündigte. Daraufhin ging er zu einer Firma nach Goslar. Sein Chef dort war das genaue Gegenteil des ersten Chefs. Wenn er am Freitag von seiner Verkaufsreise zurückkam - es war in der Krisenzeit der Textilindustrie - reagierte der Chef folgendermaßen: "Wenn Sie wüßten, Herr Widersich, wie oft mir das schon passiert ist. Machen Sie sich keine Sorgen, ich habe Vertrauen zu Ihnen. Ich hoffe, Sie spüren das. Machen Sie sich ein schönes Wochenende, gehen Sie heute abend mit Ihrer Frau aus, trinken Sie mit ihr eine gute Flasche Wein, machen Sie sich keine Sorgen. Am Montag geht es voller Schwung wieder los." Herr Widersich nahm langsam wieder zu, er wurde weicher, verbindlicher, seine Ausstrahlung wurde freundlicher und überzeugender. Der Erfolg stellte sich prompt wieder ein.

Jeder Mensch wirkt auf andere

Die Moral von der Geschicht: Der erste Chef hatte einen guten Mitarbeiter zerstört, der zweite Chef hatte ihn wieder zu einer Persönlichkeit gemacht. Sicherlich kennen Sie selbst viele ähnliche Beispiele.

Es gibt Menschen, die einen "grünen Daumen" für Blumen haben, warum sollte es nicht auch Menschen geben, die einen "grünen Daumen" für Menschen haben, zum Besten der Menschheit.

Nicht zur Zerstörung der Schöpfung, zur Weiterentwicklung sind wir geboren. Ja, es ist wichtig, daß Menschen miteinander sprechen können, aber noch wichtiger ist das *Wie*. Wir sollten positiv miteinander sprechen können. Was wir benötigen, sind Könner, positive Vorbilder in allen Lebensbereichen. Und da nichts so bleibt wie es ist, wird sich alles weiter und höher entwickeln. Daher ist die Philosophie des Erfolgreichen Weges, die Kunst, Probleme auf allen nur denkbaren Gebieten zu lösen und noch erfolgreicher zu werden. Wichtig auf dem Weg in eine glückliche Zukunft ist die Selbsterkenntnis, ist das Wissen, daß jeder Mensch auf andere wirkt - bewußt und unbewußt. In vielen Seminaren lernt man heute, wie man Computer erfolgreich programmiert, doch beim Umgang mit dem Menschen unterliegt man einem gefährlichen Trugschluß, wenn man glaubt, die Fähigkeit, positiv mit Menschen umzugehen, sei angeboren. Keine Fähigkeit wirkt sich im Verlauf des Lebens so segensreich aus wie die Fähigkeit der positiven Motivation.

Positiver Umgang mit Menschen

In diesem Bereich, das spüren Sie hoffentlich, liegen die großen Chancen für die Zukunft. Beim Sport erleben Sie am deutlichsten die Bedeutung des Motivators. Wie oft dreht sich das Trainerkarussell? Wir erleben es an jedem Wochenende: Über Erfolg und Mißerfolg entscheidet zuletzt die Motivation.

Zunächst ist es wichtig, ein Bewußtsein für das eigene Verhalten zu erlangen. Wie stark ist der Motivator in mir schon entwickelt?

Bitte beobachten Sie einmal ganz genau andere Personen, Chefs - Mitarbeiter - Partner - Freunde. Und beobachten Sie diese in den verschiedensten Rollen. Andere zu beobachten, macht Selbsterkenntnis leichter. Was können Sie erkennen?

Der Chef bemüht sich um den Kunden, tut alles, um ihn zu gewinnen. Doch wie geht er mit seinen Mitarbeitern um? Wie freundlich geht der Mitarbeiter mit seinem Chef um, wie geht der gleiche Mitarbeiter mit seinen Kollegen um? Wie freundlich gehen z.B. Ehepaare mit Besuch um? Doch wie gehen sie miteinander um?

Sie merken, worauf ich Sie aufmerksam machen möchte. Sie selbst werden leicht weitere Beispiele finden. Wir sollten, wenn wir Meister in der Motivation anderer Menschen und uns selbst werden möchten, nicht nur manchmal, sondern *immer* positiv mit Menschen umgehen.

Was eine Firma von der anderen unterscheidet, sind nicht die Produkte, sondern die Qualität der Menschen. Was eine Familie von der anderen unterscheidet, ist die Art und Weise, wie Eltern und Kinder miteinander umgehen.

Deshalb ist unser Ziel:
Meister werden in der Kunst der Motivation.

Warum verschenken Sie Ihre Motivationskraft?

Motivieren ist die Fähigkeit, die Energie zur Entfaltung und zur Befreiung zu nutzen

Vor vielen Jahren hörte ich von folgender Begebenheit: Bei einem Schiffsausflug passierte eine Katastrophe, das Schiff kenterte und viele Ausflügler ertranken. Einem jungen Mann gelang es, 17 Personen zu retten. Bei seinem 18. Rettungsversuch wurde er selbst schwer verletzt und war seitdem bettlägerig. Als dieser junge Mann 20 Jahre später von einem Journalisten nach seinem tiefsten Lebenseindruck gefragt wurde, antwortete er, daß sich keiner der 17 Geretteten jemals bedankt hatte.

Meine lieben Leser, gern wüßte ich jetzt, was Sie in diesem Augenblick denken und empfinden. Erinnern auch Sie sich an Situationen - möglicherweise sogar viele - in Ihrem Leben, in denen undankbare Menschen Sie gekränkt oder demotiviert haben?

Undank tötet die gestalterischen Kräfte im Menschen, tötet die Kreativität, tötet die Unternehmungslust. Deshalb ist Undankbarkeit der größte Demotivationsfaktor.

Loben und Danken:

Sehr oft stelle ich in unseren Seminaren die Frage: "Wer von Ihnen hat oft das Gefühl, zu viel gelobt zu werden?" Die Reaktion auf diese Frage ist fast immer die gleiche: ein langes, betretenes Schweigen. In Ausnahmefällen meldet sich zaghaft eine Person, die glaubt, zu viel gelobt zu werden. Sie sehen daran ganz deutlich, daß wir alle - unsere Partner, unsere Kinder, unsere Mitarbeiter, unsere Chefs - an einem beträchtlichen Defizit leiden.

In unserem Unterbewußtsein haben sich im Verlauf unseres Lebens eine Menge unterschiedlicher Denkmuster verankert. Die negativen Erfahrungen und Gedanken wirken sich als Blockaden aus und können einen Menschen massiv behindern.

Es ist nicht leicht, solche Blockaden zu überwinden, aber durchaus möglich - vorausgesetzt, Sie wollen dies wirklich. Ein Schritt dazu ist Ihr persönliches Aktionsprogramm, das Sie sich nach folgenden Anregungen selbst zusammenstellen und dann konsequent anwenden können. Nutzen Sie das Bedürfnis des Menschen nach Lob und Dank - setzen Sie positive Impulse. Beginnen Sie möglichst viele Sätze mit einer positiven Bemerkung, wie zum Beispiel:

* "Es gefällt mir ..."
  Beispiel: "Es gefällt mir, daß Sie dieses Buch sehr intensiv studieren" ... "unsere Ratschläge erfolgreich anwenden".
* "Es ist schön...."
  Beispiel: "Es ist schön, daß Sie so zuverlässig arbeiten."
* "Ich freue mich..."
  Beispiel: "Ich freue mich über Ihr Engagement für unsere Firma."

Immer wenn Sie einen solchen Satz aussprechen, werden Sie eine positive Reaktion bei Ihrem Gesprächspartner bemerken können.

Das Leben sollte Freude bereiten, sollte lebens-wert sein. Tragen Sie dazu bei. Vergessen Sie nie:

* Jeder Mensch - auch der erfolgreiche - kann sich plötzlich unsicher fühlen. Wir alle benötigen immer Anerkennung, Liebe, Zustimmung und neuen Auftrieb.
* Jeder Mensch - unabhängig davon, ob reich, glücklich, intelligent - wächst durch Lob über sich hinaus.
* Lob ist das wirksamste Mittel, das Ihnen zur Verfügung steht.
* Lob muß fundiert sein.
* Lob schenkt dem Menschen neuen Glauben an sich selbst.
* Das Bedürfnis nach Anerkennung und der Wunsch nach Zustimmung können nur durch Lob gestillt werden.
* Lob muß aufrichtig sein - nichts ist schlimmer als eine falsche Belobigung.
* Wer andere lobt, wird selbst gelobt und ist deshalb erfolgreicher.
* Niemand kann jemals genug Lob erhalten.

Und noch etwas: Beherzigen Sie die drei nachfolgenden Regeln, und achten Sie auf die Auswirkungen, die Sie dadurch erfahren:

1. Loben Sie einen Menschen, wenn Sie mit ihm allein sind, und er wird Ihr Freund werden.
2. Loben Sie ihn in der Öffentlichkeit, und er wird Ihnen gegenüber doppelt so loyal sein.
3. Erwähnen Sie vor anderen Menschen seine Fähigkeiten, und er wird Sie überall empfehlen und Sie gegen alles verteidigen.

In unserem technisch orientierten Leben werden Gefühle oft achtlos beiseite geschoben als wären sie zweitrangig. Erfolg basiert aber immer auf dem Einsatz aller menschlichen Fähigkeiten

- also auf Verstand, Intuition und Emotion. Bei allem, was wir tun, sollten wir immer berücksichtigen, daß unser Verhalten nicht nur vom Verstand her bestimmt wird. Ein wesentlicher Faktor für den Mißerfolg ist deshalb auf emotionaler Ebene, nämlich in der Undankbarkeit, zu suchen.

Warum aber sind wir eigentlich so undankbar? Haben wir wirklich einen Grund für Undankbarkeit? Sind die Menschen oder die Zeiten so schlecht? Oder haben wir es nicht mehr nötig, uns zu bedanken? Warum kritisieren die Menschen so oft und so gern? Sicherlich haben Sie auch schon nach einer plausiblen Erklärung für dieses Phänomen gesucht.

Was in Asien jedermann weiß und berücksichtigt, ist bei uns entweder verlorengegangen oder aber hat sich noch nicht durchgesetzt: Dankbarkeit für alles, was man erhält.

In Thailand beispielsweise werden den Göttern bei einem Wunsch Blumen, Kerzen, Früchte geopfert. Gleichzeitig verpflichtet sich der Wünschende, bei Erfüllung des Wunsches seine Dankbarkeit zu zeigen, indem er beispielsweise zu Ehren der Gottheit Tänzerinnen für einen Tempeltanz bestellt. Das Glück wohnt niemals bei den Undankbaren. Auch auf Sri Lanka opfern Gläubige ihrem Glücksgott jeden Tag eine Kerze - als Dank für die glücklichen Momente und gleichzeitig als Bitte für einen guten neuen Tag.

Es gibt Menschen, denen es schwerfällt, ein nettes Wort zu sagen, wobei doch das schönste Kompliment nur fünf Buchstaben hat:

DANKE!

Und wieviele Menschen gibt es, die zwar viele Fremdsprachen beherrschen, nur das kleine, einfache Wort "danke" können sie nicht aussprechen. Denken Sie also immer daran:

Dank ist die beste Investition in Ihre Mitmenschen.

Dank ist besser als jedes Geschenk.

Wer dankbar ist, bleibt unvergessen.

Dank ist ein liebenswertes Kompliment.

Aufrichtige Dankbarkeit zeigt menschliche Größe.

Dank ist eine positive Suggestion.

Durch Dank machen Sie Ihre Mitmenschen zu "Wiederholungstätern".

Positiv gegen negative Grundüberzeugung

Eine negative Grundhaltung ist in unserem Land weit verbreitet. Wo immer man hinhört und hinsieht, wird geklagt. Anstatt zu erkennen, wie gut es uns geht - im Vergleich zum Rest der Welt, anstatt sich zu bemühen, Mängel abzubauen, wird lieber kritisiert, denn dies ist ja auch bequemer, als selbst tätig zu werden, Dinge zu verändern, etwas zu verbessern. Das meiste im Leben liegt an der Grundeinstellung: Der positive Mensch sieht das Glas halbvoll, für den negativ eingestellten ist es halbleer. Sie verbessern nicht nur Ihre Lebensqualität, sondern auch Ihre Erfolgschancen, wenn Sie sich die folgenden Überzeugungen zu eigen machen:

Erste positive Grundüberzeugung:

Noch nie ging die Zeit so schnell voran wie heute. Unsere Zeit ist nicht die Zeit der Zauderer, sondern die Zeit der Gestalter.

Zweite positive Grundüberzeugung:

Menschen sind immer ein Spiegel ihrer Zeit. Verändert sich die Welt oder die Situation, so ist auch der Mensch davon betroffen.

Dritte positive Grundüberzeugung:

Von allen Lebewesen ist der Mensch das am einfachsten zu beeinflußende Wesen. Kein Lebewesen ist so stark und gleichzeitig so leicht beeinflußbar wie der Mensch - zu seinem Vorteil, aber auch zu seinem Nachteil.

Leben ist Dynamik

Alles, was existiert, ist Energie. Wir finden Energie in der Natur in Form von Blitz und Donner, aber auch in jedem einzelnen Menschen. Diese Energie kann entweder zur Entfaltung oder zur Zerstörung eingesetzt werden. Deshalb sollte jeder verantwortungsbewußte Mensch lernen, seine Kräfte für die weitere Entfaltung zu nutzen.

Leben ist Dynamik. Und die Gesetze des Lebens, die Gesetze des Erfolges verändern sich im Prinzip nicht, sie sind und bleiben immer die gleichen. Ein wesentlicher Faktor ist die Kraft der Motivation. Es ist bedauerlich, daß nur so wenige Menschen über dieses Wissen verfügen und es nutzen und anwenden. So vieles könnte leicht zum Positiven verändert werden, wenn die Gesetzmäßigkeiten berücksichtigt würden. Warum verschenken so viele Menschen ihre Motivationskraft?

Ein Blick in die Vergangenheit zeigt, daß viele positive Ansätze in dem Augenblick stagnierten, als den Verantwortlichen die Motivationskraft verloren ging.

Motivation und Motivator

Motivation ist ohne einen Motivator nicht möglich. Genauso unmöglich ist es für jemanden, der selbst keine Motivation besitzt, andere Menschen zu motivieren. Sie sehen ganz deutlich, daß hier die Ursachen für viele Schwierigkeiten liegen, mit denen es Führungskräfte zu tun haben. Die Bedeutung des 2. Grundgesetzes der Lebensentfaltung wird in diesem Zusammenhang besonders wichtig:

Am Anfang jeder Tat steht die Idee.
Nur was gedacht wurde, existiert.

Wir wissen, daß das Wichtigste die Idee ist, das Ziel, die Vorstellung, das Ideal. Das Geheimnis erfolgreicher Menschen liegt in ihrer Zielklarheit, denn wie sollte man sich für eine Aufgabe begeistern, wenn man sie gar nicht genau kennt. Es ist erstaunlich, wie viele Menschen davon sprechen, daß sie andere motivieren wollen, dabei wissen sie selbst nicht, was ihr Ziel ist. Diese Ziellosigkeit löst in der Regel nur wilde Hektik aus, ist ein nutzloser Verbrauch von Energie und endet meist in herber Enttäuschung.

Oft hört man ja auch, daß die Arbeit oder die Firma die Angestellten krank und depressiv macht. Wissenschaftliche Untersuchungen haben genaue Daten erbracht, und es wurde festgestellt, daß ein direkter Zusammenhang zwischen Unzufriedenheit mit der Arbeit und der Anzahl der Krankheitstage besteht. Wer jedoch motiviert ist, mit Freude an seine tägliche Arbeit geht, der ist seltener krank und hat genügend Energie, seine Freizeit sinnvoll zu gestalten. Er verschleudert seine Energien nicht nutzlos, quält sich nicht ab, sondern geht mit einer positiven Einstellung an die Dinge heran. Und das untermauert wiederum unsere These: Nicht die Last der Arbeit zerstört den Menschen, sondern die bewußte und unbewußte Demotivation.

Menschen begeistern

Menschen, die von einer Sache, von ihren Aufgaben, begeistert sind, bringen es zu Spitzenleistungen in allen Bereichen - im Sport, in der Firma, in der Familie. Nicht mehr Geld steht an erster Stelle, sondern die Frage nach dem Sinn der Aufgabe, nach dem Sinn des Lebens. Sinn-lose Aufgaben zu erledigen, erzeugt Streß, belastet und macht krank. Eine echte, das heißt eine sinnvolle Aufgabe macht Freude, erhält die Gesundheit und steigert die Motivation. Haben Sie schon einmal Menschen auf einem Volksfest beobachtet? Haben Sie die Begeisterung gesehen, mit der sie sich von den verrücktesten Karussells durcheinander schütteln und im wahrsten Sinne des Wortes auf den Kopf stellen lassen? Würde ein Arbeitgeber nur Ähnliches von seinen Mitarbeitern verlangen, hätte er sofort einen Arbeitsprozeß am Hals. Auf jedem Volksfest können wir erkennen, was der Mensch alles tut und erträgt, solange es ihm Freude bereitet. Wir sehen, die Grenzen der Belastbarkeit sind abhängig von der Begeisterung.

Wer motivieren kann, kann Wunder vollbringen!

Begeisterung - eine Kraft, die alles möglich macht

Begeisterung ist die Energie, die uns antreibt. Sie läßt ungeahnte Fähigkeiten und Kräfte entstehen und gibt einer Sache, einem Ziel oder einer Idee überhaupt erst Leben. Die Kraft, etwas Unerreichbares zu realisieren, entspringt der Begeisterung - das bedeutet, wir benötigen Begeisterung, um Ziele erreichen zu können. So kann sogar die kleinste Flamme zum lodernden Feuer werden, wenn Begeisterung sie am Brennen hält.

Wie Freude, Harmonie und Liebe ist Begeisterung weder greifbar, noch künstlich zu erzeugen. Ist keine Begeisterung vorhanden, wird jede Aufgabe schwer, jede Arbeit mühsam und man kommt nicht so recht weiter. Es fehlt ganz einfach der zündende Funke. Nichts kann deshalb so richtig funktionieren. Statt Elan gibt es Schwerfälligkeit. Alles bleibt sachlich, beherrscht von Ratio - ohne Emotion, ohne die Dynamik des Lebens. So wie der Kamin nicht durch bloßes Ansehen zum Brennen kommt, so braucht auch die Begeisterung einen Funken.

Ein großes Ziel ist nur mit Begeisterung zu erreichen. Wenn sich diese Begeisterung auf andere Menschen überträgt, dann kann wirklich Großes geschaffen werden. So war es bisher und so wird es auch in Zukunft bleiben - es hilft uns hier keine noch so moderne Technik.

Begeisterung ist immer ein eindeutiges Bekenntnis *zu* einer Sache, einem Menschen, einer Leistung, einem Ziel oder einer Idee. Willensstärke in Verbindung mit Begeisterung ist die Basis für die ganz großen Erfolge.

Denken Sie einmal, wie begeistert Kinder sein können, wenn ihnen ein Wunsch erfüllt wird. Die Stimme überschlägt sich, die Augen funkeln, Körper und Gestik drücken Freude aus. In diesem Augenblick interessieren sie sich für nichts anderes auf dieser Welt.

Wann waren Sie das letzte Mal so voller Begeisterung? Es gilt in unserer Zeit fast schon als normal, Gefühle zu unterdrücken, distanziert und immer kontrolliert zu sein. Ausnahmen von derartigen Verhaltensmustern sieht man oft nur bei Veranstaltungen, wie beispielsweise einer Fußball-Weltmeisterschaft oder dem Tennis-World-Cup - da darf man sich noch begeistern, darf Emotionen zeigen und kann auch einmal das kontrollierte Verhalten beiseite schieben. Doch diese Begeisterung entspringt nicht der eigenen Leistung und hält deshalb nur kurz an.

Werden Sie ein erfolgreicher Mensch! Entwickeln Sie Begeisterungsfähigkeit, lernen Sie, sich diese Begeisterungsfähigkeit ein Leben lang zu erhalten und auf Ihre Mitmenschen - im privaten wie beruflichen Bereich - zu übertragen. Sie werden davon profitieren und ein Meister im Umgang mit anderen Menschen werden.

Begeisterung kann man lernen wie Klavierspielen oder Tennis, wenn eine gewisse Grundvoraussetzung vorhanden ist. Und sie muß genauso ständig geübt und trainiert werden, wie alles andere, was man perfektionieren will. Alles, was mit Begeisterung gemacht wird, kommt an. Kein Sportler, Künstler, Sänger, Schauspieler oder Artist würde Sie je begeistern können, wäre seine Anstrengung nicht von Begeisterung beseelt. Nicht nur die Leistung wirkt auf den Betrachter, im gleichem Maße gilt das auch für die Begeisterung, mit der eine Leistung vollbracht wird.

Haben Sie Ihre Lebensaufgabe und Ihren Lebensinhalt noch nicht gefunden? Fehlt Ihnen ein Objekt oder ein Motiv, für das Sie sich begeistern können? Beginnen Sie doch einfach einmal damit, sich für die Schönheit einer Blume, die Anmut eines Menschen, die Vollkommenheit eines Kunstwerks, die Harmonie eines Musikstückes zu interessieren. Je mehr Sie sich mit einer Sache befassen, desto mehr erkennen, sehen Sie und desto einfacher fällt es Ihnen, sich wirklich zu begeistern. Und lernen Sie Ihre Begeisterung besonders für die alltäglichen Dinge zu entdecken, dann erwerben Sie ein anderes Bewußtsein, sehen Dinge aus einem anderen Blickwinkel. Sie erarbeiten sich einen Vollkommenheitsanspruch, mit dem Sie selbst jede Arbeit bewußt und mit dem Einsatz all Ihrer Fähigkeiten erledigen. Dadurch werden Ihre Leistungen immer besser. Eine Kettenreaktion wird eingeleitet: Sie haben Erfolg, die Begeisterung wird größer, und damit wächst wiederum die Motivation, Ihr Bestes zu geben.

Dabei ist es völlig unerheblich, welche Tätigkeit Sie ausüben oder welchen Beruf Sie haben. Wer Tun wie Nichtstun und Nichtstun wie Tun betreibt, der ist ein wahrer Lebenskünstler.

Stimmen Sie mir zu, lieber Leser, liebe Leserin? Haben Sie nicht auch schon derartige Erfahrungen gemacht?

Sie kommen in ein Geschäft mit herrlichen Auslagen und verlockenden Angeboten. Die Verkäuferin ist ebenso hübsch wie cool und desinteressiert. Zwei Straßen weiter betreten Sie ein kleines, unscheinbares Geschäft, aus dem Lagerraum kommt eine etwas unaufgeräumt aussehende ältere Frau. In dem Moment, in dem sie Sie erblickt, beginnt sie zu strahlen und zeigt Ihnen voller Begeisterung die Waren, wobei sie Ihre Wünsche berücksichtigt. Wo werden Sie wohl kaufen?

Erfolg kann nur haben, wer Positives ausstrahlt. Damit schafft er von vornherein eine angenehme Atmosphäre, in der einfacher verhandelt und bessere Abschlüsse getätigt werden können. Begeisterung wirkt anziehend - ebenso wie Charme, eine faszinierende Stimme oder ein Lächeln. Begeisterung ist ansteckender als ein Grippevirus. Gehen Sie auf andere Menschen begeistert zu, so werden Sie selten auf Ablehnung stoßen - und sollte das doch einmal der Fall sein, dann sollten Sie entweder weiter trainieren oder Ihr Gegenüber ist ein überzeugter Pessimist, und den brauchen Sie nicht.

1. Begeisterung ist Glaube an die eigenen Fähigkeiten:

Ein Mensch, der begeistert ist, glaubt vorbehaltlos an sich und seine Ziele. Er erweckt deshalb in anderen Menschen Gefühle, spricht nicht nur den Verstand an.

2. Begeisterung macht aktiv:

Begeisterung gibt den Mut, sich an Aufgaben heranzuwagen, die man zunächst für undurchführbar hält.

3. Begeisterung hilft durchzuhalten, die Ziele zu erreichen:

Begeisterung hilft, Schwierigkeiten zu überstehen und Durststrecken zu überwinden, weil sie Kraft und Ausdauer gibt.

4. Begeisterung verändert das Leben:

Ohne Begeisterung könnten neue Ideen nicht realisiert werden, positive Impulse nichts Neues bewirken, immaterielle Gedanken nicht in die Tat umgesetzt werden. Kunst und Kultur würden aussterben.

5. Begeisterung überwindet das Negative:

Chancen und Lösungsmöglichkeiten erscheinen klarer und deutlicher.

6. Begeisterung zieht an:

Wer von Begeisterung durchdrungen ist, wirkt nicht allein durch Worte, sondern oft mehr durch die Ausstrahlung.

7. Begeisterung vergrößert Begeisterung:

Sind Sie von einer Sache begeistert, dann ist es nicht schwer, andere ebenfalls mitzureißen, sie für Ihre Ziele zu begeistern.

8. Begeisterung ist der Schlüssel, der Ihnen Türen öffnet:

Nicht der Fachmann ist auf Dauer der Erfolgreiche, sondern der Mensch, der von einer Idee begeistert ist. Begeisterung ist eine Kraft, die ansteckend wirkt, mehr und langfristiger überzeugt als reines Fachwissen.

9. Begeisterung reißt Menschen mit:

Nur im Team können große Ziele erreicht werden. Gruppen brauchen Führung. Begeisterung gibt eine natürliche, automatische Autorität.

10. Begeisterung zeigt Ihre Persönlichkeit:

Begeisterung hat zur Folge, daß Sie sich ganz für eine Sache einsetzen. Dadurch werden Ihre wertvollsten Charaktereigenschaften für jeden sichtbar.

11. Wer andere Menschen begeistern kann, dem werden sie gern und freiwillig folgen:

Je mehr Menschen sich für eine Sache begeistern, desto mehr Energie entsteht, desto schneller kommt man ans Ziel.

12. Begeisterung ist wie ein Schneeball:

Begeisterung wird mit jedem Menschen, der sich davon anstecken läßt, größer - so wie aus einem kleinen Schneeball eine große Lawine entstehen kann.

13. Begeisterung läßt keine Langeweile aufkommen:

Der von einer Sache begeisterte Mensch wird nicht müde, weil er einen inneren Antriebsmotor hat. Wer Ziele erreichen will, für den gibt es keine Trennung zwischen privatem und geschäftlichen Engagement.

14. Begeisterung verleiht Ihnen Glanz:

Sie heben sich von der Masse ab, Sie sind nicht wie alle anderen Menschen.

15. Begeisterung ist wie der Venusstern: klar, hell, deutlich sichtbar:

Blumen blühen nicht im Schatten. Erfolg ist ohne Begeisterung nicht möglich. Begeisterung strahlt aus - ist von Ferne sichtbar.

Begeisterung macht aus einem Menschen den erfolgreichen Motivator. Werfen Sie einen Blick in die Vergangenheit; betrachten Sie Ihr Leben. Wie fühlten Sie sich, als Sie von einer Idee wirklich begeistert, besessen waren? Haben Sie nicht auch bemerkt, daß Begeisterung wie ein Jungbrunnen wirkt? Nervöse Spannungen lösen sich auf; der Blutdruck stabilisiert sich, Sie fühlen sich besser und sind dynamisch. Kurz: Sie sind topfit!

* Begeisterung verschafft Seelenruhe.
* Begeisterung macht erfolgreich.
* Begeisterung erfüllt Sie mit einem Glücksgefühl.
* Begeisterung vertieft das Selbstbewußtsein und macht Mut.
* Begeisterung macht Sie zum Sieger.

Machen Sie sich bewußt, was es bedeutet, Begeisterung zu entwickeln. Begeisterung ist eng verbunden mit Emotionen und mit Ehrlichkeit. Wie könnte jemand auf Dauer Begeisterung heucheln? Das ist unmöglich, denn Begeisterung, die nicht aus dem Herzen kommt, läßt sich nicht lange erhalten. Die Ausstrahlung, das Feuer fehlt - und jeder würde dies sehr schnell merken.

Begeisterung kann nur spontan und ehrlich gezeigt werden. Emotionen werden nicht hinter einer glatten Fassade verborgen, sondern ausgelebt in einer Energie, die tief von innen kommt. Und so können Sie Begeisterung wecken:

* Geben Sie sich positiv und liebenswürdig.
* Strahlen Sie Verständnis und Toleranz aus.
* Reagieren Sie mit Humor.
* Streiten Sie nicht, auch wenn Sie anderer Meinung sind.
* Gewinnen Sie allem die besten Seiten ab.
* Überbringen Sie keine negativen Botschaften.
* Hören Sie mit Begeisterung zu.

Inspiration ist Motivation

Wer andere begeistert, macht sie zu Siegern

Eine bekannte Journalistin hatte einmal bei einem Staatsbankett den britischen Premierminister William Edwart Gladstone als Tischnachbarn. Am gleichen Abend war sie zu einer Sitzung mit Benjamin Disraeli, ebenfalls einer der britischen Premierminister, geladen. Nach dem ereignisreichen Abend wurde die Journalistin nach ihrer Meinung über diese beiden großen Staatsmänner befragt. "Als ich mich mit Gladstone unterhielt", antwortete sie, "war ich davon überzeugt, daß er einer der charmantesten Männer sei, die ich je getroffen habe, eines der intelligentesten und bestinformierten menschlichen Wesen auf dieser Welt. Ich war fest davon überzeugt, daß er ein absolutes Genie sei." Und Disraeli? "Als ich den Abend mit ihm verbrachte, war ich davon überzeugt, daß *ich* eine der intelligentesten, bestinformierten und gründlichsten Personen überhaupt sei."

Benjamin Disreali hatte nicht sich selbst zum Mittelpunkt gemacht, sondern seine Begleiterin aufgewertet. Durch dieses Verhalten hat er sie beeindruckt und inspiriert. Gladstone wurde bewundert, Disraeli wurde nicht nur bewundert, sondern auch geliebt und verehrt.

Es gibt nur wenige Menschen, die andere wirklich faszinieren und begeistern können. Wer jedoch diese Kunst beherrscht, kann sie zu seinen Verbündeten machen. Wer faszinieren kann, benötigt keinen Zwang. Er ist ein Inspirator, ein Motivator - kein Diktator oder Bezwinger.

Was in Sportlerkreisen schon lange bekannt ist, sollte sich endlich auch in allen anderen Bereichen des Lebens durchsetzen: Arbeiten kann man befehlen, Erfolge nicht. Ein schlechter Trainer kann selbst hochtalentierte Sportler nicht zum großen Erfolg führen, während ein guter Trainer seinem Team das Gefühl gibt, die beste Mannschaft zu sein und nicht den besten Trainer zu haben.

Der Chef, der die besten Mitarbeiter haben will, die mehr leisten sollen als andere, wird sich ihnen nicht als bester Vorgesetzter präsentieren, sondern seine Mitarbeiter als die Besten bezeichnen. Ein Inspirator ist eine Führungspersönlichkeit, die andere höher hebt als sie sind, die sie so macht, *wie sie sein könnten*. Sie sehen: Inspiration ist eine wichtige Basis für den Erfolg.

Deshalb ist Inspiration eine der wichtigsten Führungstechniken in erfolgreichen Unternehmen - es ist *die* Führungstechnik der Zukunft. Begeisterung hervorzurufen ist eine absolute Notwendigkeit, um Spitzenleistungen zu erzielen, egal ob im Sport oder im Beruf. Der Sportler, der sich ohne Motivation abmüht, wird genauso unter seinem Leistungsvermögen bleiben wie der Mitarbeiter, der keine Freude an seiner Arbeit hat oder der Schüler, der kein Ziel sieht.

Umfragen in Firmen zeigen immer wieder, daß der Sinn und die Erfüllung in der Arbeit wichtiger sind als eine Gehaltserhöhung. "Ich mache den Job nur wegen des Geldes", ist eine der negativsten Aussagen. Wer nur wegen des Geldes arbeitet, ist nicht begeistert, hat keine Freude, sieht keinen Sinn in seiner Tätigkeit - er wartet nur auf die allmonatliche "Entschädigung" für die unbefriedigende Arbeit.

Sich etwas leisten zu können wird wichtiger als etwas zu leisten. Doch der Preis für einen solchen Luxus ist hoch: Man bezahlt mit Lebensfreude, denn wer den Großteil des Tages unzufrieden ist, der hat auch an der Freizeit wenig Spaß. Für ein Unternehmen sind solche Mitarbeiter eine Fehlinvestition.

Wir benötigen Menschen, die an die Zukunft glauben, Führungspersönlichkeiten, die an ihre Mitarbeiter glauben, sie aufbauen und begeistern. Wir brauchen Visionäre, die an ihre Ideale glauben und diesen Glauben anderen vermitteln können.

Wohin wir auch blicken: Es gibt überall - zu allen Zeiten, in allen Bereichen und auf der ganzen Welt - genügend Beispiele.

Stark motiviert waren sie alle, die Menschen, die etwas besonderes geleistet oder bewirkt haben: Hannibal, Marco Polo oder Kolumbus; Nelson Mandela und viele andere mehr.

Beachten Sie auch einmal die Werbung genauer: In unserer konsumorientierten Zeit mit dem riesigen Warenangebot, dem starken Wettbewerb, ist der Kampf um den Kunden besonders hart. Es geht letztlich auch gar nicht mehr um das Produkt, sondern darum, wie man den Käufer gewinnt. Die Produkte sind oft qualitativ gleichwertig, und so muß die Werbung dort ansetzen, wo sie am besten den potentiellen Käufer erreicht: bei der Motivation. Man spricht also die Gefühle an. Stimmungsvolle Sonnenuntergänge, schöne Menschen und ein weißer Strand lassen Lust auf einen Drink entstehen. Ein solches Motiv soll zum Kauf motivieren. Sie sehen, Inspiration ist eine schöpferische Kunst. Motivation ist ohne einen Motivator nicht möglich. Was aber zeichnet nun den Motivator aus, welche Charaktereigenschaften muß er haben, damit er andere inspirieren kann?

Wir zählen eine Reihe von Begriffen auf. Finden Sie die heraus, die Sie für sich selbst in Anspruch nehmen können. Wir würden uns freuen, lieber Leser, liebe Leserin, wenn es uns inzwischen gelungen wäre, in Ihnen den Wunsch zu wecken, selbst zu einem Motivator zu werden.

Der Inspirator ist:

Lenker - Leiter -
Meister - Lotse - Anreger -
Schrittmacher - Bahnbrecher - Reformer -
Pionier - Wegweiser - Initiator -
Motivator - Planer - Organisator -
Manager - Lehrer - Ratgeber -
Mentor - Berater - Vorbild

Sie erkennen an dieser Liste deutlich, daß es sich hier um Fähigkeiten handelt, die nicht angeboren sind, sondern vielmehr erworben, hart erarbeitet und ständig trainiert werden müssen. Jeder Mensch hat die Möglichkeit, zu einem Inspirator zu werden. Voraussetzung ist das Wissen um die eigene Wirkung auf andere Menschen.

Sehen wir uns unsere Sprache einmal genauer an: Nicht umsonst spricht man von der "zündenden" Idee, der "ansteckenden" Begeisterung, die eine "flammende" Rede auslösen kann.

Sicher fallen Ihnen Menschen ein, die die Fähigkeit beherrsch(t)en, andere mit ihrer Begeisterung "anzustecken". Notieren Sie die Namen dieser Enthusiasten und was sie bewirkt haben.

1. ______________________________

2. ______________________________

3. ______________________________

4. ______________________________

Die Menschen, deren Namen Sie notiert haben, gelang es, ihre Mitmenschen zu begeistern, in ihnen einen Funken zu setzen und daraus ein loderndes Feuer zu entzünden. Erfolgreiche Manager scheuen sich auch nicht zuzugeben, daß ein großer Teil ihrer Erfolge darauf basiert, andere Menschen zu inspirieren, sie zu begeistern und zu motivieren.

Wir lernen heute zwar immer mehr Tätigkeiten, wir lernen, Computer zu programmieren und zu benutzen, mit den kompliziertesten technischen Apparaten umzugehen. Doch wie man positiv mit Menschen umgeht, sie motiviert, sie zum Erfolg führt, das lernen wir nirgends. Deshalb ist es so wichtig zu wissen, daß wir an uns, an unserer Persönlichkeit arbeiten müssen, um die Kunst zu erlernen, wie Probleme zu lösen, Menschen zu führen und Fähigkeiten zu aktivieren sind. Kurz: Im Arbeitsleben müssen wir erfolgreich Mitarbeiter führen, um unseren eigenen Erfolg zu vergrößern.

In unserer Philosophie des Erfolgreichen Weges gehen wir davon aus, daß das Wissen um die Wirkung, die jeder von uns auf seine Mitmenschen hat, von immenser Bedeutung ist. Wir sollten nicht nur danach streben, immer klüger zu werden, mehr und mehr Wissen zu erwerben, sondern unser Hauptziel sollte sein, ein Könner und ein Vorbild in *allen* Lebensbereichen zu werden. Die Klugen beeindrucken zwar, aber die Könner überzeugen und faszinieren. Trainieren Sie deshalb die Fähigkeit, andere zu überzeugen und zu faszinieren. Werden Sie ein Vorbild für andere, entzünden Sie in ihnen das Feuer der Begeisterung. Sie werden erkennen, wie leicht der Weg nach oben ist, wenn Sie die Kunst der Inspiration erwerben.

Eine zerstörerische Kraft: Pessimismus

Jede Negativmeldung bleibt haften

Es gibt kaum einen Tag, an dem man nicht in der Presse von katastrophalen Voraussagen hört. Schlagzeilen wie: "Wir sind am Ende", "die Wirtschaft stagniert", "die Preise steigen", "die Erde wird in einigen Jahren durch den Treibhauseffekt überhitzt sein", prägen unseren Alltag. Die meisten solcher Prophezeiungen haben sich bisher als Irrtum erwiesen. Spurlos sind sie trotzdem nicht an uns vorbeigegangen. Von jeder Negativmeldung bleibt ein wenig haften, es bleibt eine Verunsicherung zurück, die dann bei der nächsten Katastrophennachricht verstärkt wird. Dieser Prozeß geht unabhängig davon vonstatten, ob die Prophezeiung eintrifft oder nicht. Denken Sie nur an die Schlagzeilen bei Unfällen. Um möglichst spektakuläre Informationen liefern zu können, scheuen sich viele Journalisten nicht, die Zahl der Opfer doppelt und dreifach so hoch anzusetzen als sie tatsächlich ist.

Angst vor der Zukunft und Entmutigung prägen unser Denken und Handeln mehr denn je - und das, obwohl es den Europäern noch nie so gut gegangen ist wie heute. Katastrophen- und Endzeitstimmung scheinen eine wichtigere Rolle zu spielen als ein positiver Blick nach vorn, in die Zukunft. Ich bin geneigt, hier von einer geistigen Umweltverschmutzung zu sprechen, die ebenso gefährlich ist wie die Verschmutzung in der Natur.

Nach und nach kommt man zu der Ansicht, daß in Deutschland die größe Gefahr für die Zukunft im Hang zum übertriebenen Pessimismus liegt. Jeder kennt ja die Wirkung der sich selbst erfüllenden Prophezeiung. Danach tritt genau das ein, was man befürchtet oder auf was man sich freut. Die Ängste der Menschen beschäftigen Politiker, Geschäftsleute und natürlich die

Medien. Das Spiel mit der Angst sichert höhere Auflagen, bessere Einschaltquoten und mehr Wählerstimmen. Wer Unheil verkündet, wird beachtet, steht im Rampenlicht. Angst hat einen hohen Stellenwert: Angst vor Arbeitsplatzverlust, Angst vor Drogenabhängigkeit der Kinder, Angst vor Verbrechen, Angst vor Überfremdung, Angst vor Krankheit, Angst vor allem und jedem. Und gibt es nicht genügend angstauslösende Meldungen, dann suchen wir uns Epidemien in fernen Kontinenten, vor denen wir uns dann richtig ängstigen können.

Alles fließt!

Eine negative Haltung lähmt und entmutigt. Aus diesem destruktiven Gefühl kann Angst noch leichter entstehen. Dabei benötigen wir gerade in einer Zeit rascher Veränderungen Mut, Zuversicht und einen festen Glauben an die Zukunft - wir brauchen Menschen, die eine positive Einstellung haben, um Zögerern und Zauderern, die es schon immer gegeben hat und die es auch immer geben wird, Einhalt zu gebieten.

Panterai - alles fließt. Das wußten schon die alten Griechen, uns scheint diese Erkenntnis verloren gegangen sein, denn sonst könnten wir uns wohl kaum über Fehlschläge so aufregen. Es ist das Natürlichste der Welt, daß es mal auf und mal ab geht. Das ist der Kreislauf in der Natur und auch in unserem Leben. Hoffnung und Zweifel, Zuversicht und Angst, Wachstum und Stillstand - das ist das Leben. Derjenige kann gut leben, der ein Ziel hat, der einen Sinn in seinem Leben sieht und an sich glaubt. Wer keinen Glauben hat, hat auch keine Zukunft.

Nihilismus als Lebensgrundlage?

Der Nihilismus, die Philosophie von der absoluten Sinnlosigkeit der menschlichen Existenz, ist gleichbedeutend mit einem Nein zum Leben. Doch woher die Kraft nehmen für die Lösung der anstehenden Probleme? Der Glaube gibt uns die Kraft, mit den täglichen Schwierigkeiten fertig zu werden - ja, er versetzt bekanntlich sogar Berge! Ohne den Glauben an sich und seine Aufgabe, reduzieren sich die für das Leben notwendigen Antriebskräfte - vergleichbar mit einer Batterie, die nicht aufgeladen wird.

Die sich selbsterfüllende Prophezeiung im negativen Sinn, der Mißerfolg, wird zum ständigen Begleiter des Pessimisten; schließlich wartet er ja auch darauf. Wer nicht mehr an den Erfolg glaubt, dem bleibt automatisch der Mißerfolg, die Niederlage, das Versagen. Pessimismus ist deshalb nicht nur eine Umweltverschmutzung im Geist, sondern auch eine gefährliche, schleichende und zerstörerische Krankheit. Das Denken bestimmt das Handeln. Was du denkst, das bist du. Psychiater wissen: Wer alle denkbaren Gefahren ernst nimmt und sich ständig damit befaßt, wird auf Dauer verrückt. Ärzte wissen, daß Patienten, die Angst vor Krebs haben, wirklich Krebs bekommen, weil sie sich überwiegend mit dieser Krankheit befassen. Das pessimistische Denken, das Befassen mit Problemen, löst keine Probleme. Im Gegenteil. Diese negative Art zu denken zerstört die Kraft, die nötig ist, damit die tatsächlichen Probleme gemeistert werden können.

Im philosophischen Lexikon heißt es zum Stichwort "Pessimismus": "Die Weltanschauung, die die Dinge von ihrer negativen Seite betrachtet." Pessimismus ist also weit mehr als nur eine Denkweise - er ist eine Weltanschauung. Mit anderen Worten: Der Pessimist sieht die Welt mit seinen Augen - also nicht so, wie sie ist. Er unterliegt seinem individuellen Denkmuster, das auf Hoffnungslosigkeit basiert. Der Pessimist sieht keinen Sinn, erkennt keine Werte. Diese destruktive Einstellung wirkt hemmend auf alle Lebensbereiche. Pessimismus - das bedeutet Stillstand, ja er kann sogar zu einer Rückentwicklung führen. Die Vergangenheit hat reichlich Beweise dafür, daß keinem Pessimisten irgendein Fortschritt zu verdanken war.

Es waren immer die Ängstlichen, die in allem Neuen eine Bedrohung sahen und lieber dem Alten, Gewohnten verhaftet blieben - selbst wenn dies ein unbequemer Zustand war. Ein negativ eingestellter Mensch kann in jeder Situation nur die Gefahr und sonst nichts erkennen. Aber: Jede Gefahr bietet gleichzeitig eine Chance.

Pessimismus ist ein Gift mit gravierenden Folgen - mal wirkt es schnell, mal merkt man die Wirkung erst viel später. Ein Politiker, der glaubt, daß er die Wahl sowieso nicht gewinnen kann, wird weder Wähler mobilisieren noch Mitstreiter motivieren können. Die sich selbst erfüllende Prophezeiung wird zur Realität. Der Wähler möchte auf der Seite des Siegers stehen. Der Kampf lohnt sich nicht, wozu also mehr tun als unbedingt nötig?

Ein Lehrer, der nicht an seine Schüler glaubt, nimmt ihnen den Glauben an sich und ihre Zukunft. Der Pessimist wirkt auf andere, vergiftet die Atmosphäre. Allein schon deshalb ist die Krankheit Pessimismus so gefährlich.

Nicht pessimistisch zu denken heißt noch lange nicht, Probleme nicht zu erkennen. Ignoranz ist nämlich nicht das Gegenteil von Pessimismus. Es ist schade, daß Pessimismus als ein Merkmal für Qualifikation und ein Zeichen von Kompetenz zu gelten scheint. Je negativer die Nachrichten, je düsterer die Zukunftsprognosen, desto publikumswirksamer, desto bekannter wird der Berichterstatter. Die Aufgabe der Presse ist es, Informationen neutral weiterzugeben. Dieser Anspruch ist schon lange nicht mehr gültig. Aber wenn schon Meinungsmache, warum nicht positiv? Sicher ist es nicht die Aufgabe der Medien, Schlimmes zu beschönigen. Aber die Medien könnten dazu beitragen, Mut zu machen, Lösungen zu entwickeln, Menschen zu motivieren, die großen Aufgaben und Herausforderungen anzunehmen. Wie irrational Pessimismus sein kann, belegt eine Umfrage aus dem Jahr 1994 über die Ängste der Deutschen. In Hamburg etwa, so wurde festgestellt, wo Straßenraub im Vergleich zum restlichen Bundesgebiet am häufigsten vorkommt, haben die wenigsten Menschen Angst davor, Opfer eines Raubüberfalls zu werden. In Sachsen und Brandenburg dagegen, wo weit weniger geraubt wird, sind die Ängste am größten. Dies beweist, daß eine pessimistische Haltung nicht im kausalen Zusammenhang zu einer wirklich vorhandenen Gefahr stehen muß, sondern vielmehr Ausdruck einer inneren Einstellung zu möglichen Gefahren ist. Die Sachsen und Brandenburger, die Meldungen über Raubüberfälle fast nur aus den Medien kennen, fühlen sich infolge ständiger negativer Berichterstattung von einer latenten Gefahr mehr bedroht als die Hamburger von einer tatsächlichen. Sie sehen, wie wirksam das Gift des Pessimismus ist!

Hier nur einige Gedanken zu den negativen Auswirkungen des Pessimismus:

Pessimismus lähmt - Optimismus befreit.
Pessimismus macht Angst - Optimismus macht Mut.
Pessimismus schafft Probleme - Optimismus löst Probleme.
Pessimismus ist zerstörerisch - Optimismus ist schöpferisch.
Pessimismus führt zum Mißerfolg - Optimismus führt zum Erfolg.

Sie sehen an diesen Beispielen, daß Pessimismus wie eine schwere Krankheit ist, von der wir uns befreien müssen. Auch ein Optimist weiß um die Fehlschläge im Leben, weiß, daß es immer wieder einmal Mißerfolge gibt. Der optimistische Mensch weiß, daß Niederlagen notwendig sind zur Weiterentwicklung, so wie eine leichte Grippe für die Stärkung des Immunsystems gut ist. Entscheidend ist, daß eine kurzfristige Enttäuschung nicht zu einer Entmutigung wird. Denn nicht in der Enttäuschung - vor der wir uns nicht immer schützen können - liegt die

Gefahr, sondern in der Entmutigung. Nichts ist für das Gemeinwohl, die Gesellschaft fataler als die Vielzahl entmutigter Menschen: Menschen, die sich aufgegeben haben, die keinen Glauben mehr haben.

Was der Mensch tut, ist entscheidend

Einen äußerst hilfreichen Beitrag, wie das Leben bewältigt werden kann, verdanken wir dem großen Psychologen Viktor E. Frankl. Wie bereits ausführlich erwähnt, entwickelte er seine Philosophie im Konzentrationslager, im Angesicht der Gaskammern. Können Sie sich eine schwierigere und hoffnungslosere Situation vorstellen? Aus seiner eigenen Erfahrung entstand seine wunderbare Grundhaltung, auch in schwierigen und scheinbar aussichtslosen Situationen trotzdem "Ja" zum Leben zu sagen. Das ist keineswegs einfach, aber es ist ein Weg, der jedem Menschen freisteht, wenn er sich dafür entscheidet und bereit ist, an sich zu arbeiten. Dann nämlich lernt er die eigenen grenzenlosen Kräfte kennen, die jeder Mensch besitzt und die ihn zu außergewöhnlichen Leistungen befähigen.

Und hier liegt auch die tiefere Bedeutung der Philosophie des Erfolgreichen Weges: Wir wollen durch Training und gemeinsame Arbeit Mut machen, Kraftreserven aufzeigen, damit Sie sich nicht nur in guten Zeiten behaupten, sondern auch Krisen erfolgreich meistern können. Wer den Sinn in seinem Leben erkennt, ist weniger anfällig für zerstörerischen Pessimismus, ist geistig und seelisch gesund.

Es ist entscheidend, wie der Mensch mit seinem Leben, mit seiner Verantwortung für sich und für andere umgeht, ob er danach strebt, aus jeder Situation das Beste zu machen, oder ob er sich lieber über das böse Schicksal beklagt. Zu den wichtigsten Fragen im Leben gehört nicht nur, was wir vom Leben erwarten, sondern auch: Was erwartet das Leben von uns? Sind wir bereit, unseren Beitrag zu leisten, oder ziehen wir es vor zu kapitulieren? Wir sind davon überzeugt, daß ein Mensch, der seine Talente und Fähigkeiten nicht entfaltet und nutzt, im hohen Maße unsozial lebt.

Pessimismus macht krank, kann sogar tödlich sein. Wer den Pessimismus zuläßt, läßt die Hoffnungslosigkeit und Mutlosigkeit triumphieren. Glauben Sie nicht, daß der Optimist weniger Probleme hat als der Pessimist! Letzterer sieht in jedem Problem eine unüberwindbare Hürde, eine Bestätigung seiner negativen Denkweise. Der Optimist hingegen betrachtet jedes Problem als Herausforderung, die ihn weiterbringt.

Fazit

Optimismus ist Fortschritt, Pessimismus ist Stillstand. Der von seinem Erfolg überzeugte Mensch erkennt in jeder Lebenslage die positiven Möglichkeiten, sieht neue Chancen und lernt anders, und zwar schöpferisch zu denken - und nicht nach alten, starren Mustern. Er läßt sich von seinen Problemen nicht besiegen, sondern siegt über seine Probleme. Ein Problem - jedes Problem - ist ja nichts anderes als eine ungelöste Aufgabe, die es zu lösen gilt. Der Pessimist fürchtet sich vor den Problemen, der Optimist ist auf Schwierigkeiten innerlich vorbereitet, kann sie deshalb meistern. Damit ist er geistig besser gerüstet.

Notwendiger denn je: Optimismus

Optimisten - die modernen Alchemisten

Die Alchemisten des Mittelalters hatten es sich zur Aufgabe gemacht, unedle Metalle in Gold zu verwandeln. Der Gedanke, daß dies möglich sein könnte, beflügelte sie und motivierte sie, sich ganz für ihre Idee einzusetzen. Wir wissen heute, daß es ihnen nicht gelungen ist.

Die moderne Variante der Alchemie ist der Optimismus: Einst wie heute lassen sich die Optimisten in ihrem Glauben an die Erreichbarkeit ihrer Ziele nicht beirren, weder durch Hohn und Spott noch durch Kritik und Feindseligkeit. Nicht umsonst heißt es "unerschütterlicher Optimismus". Der Optimist wird geleitet von Zuversicht und Hoffnung, mutig und selbstbewußt trotzt er Widerständen und Hindernissen, läßt sich von nichts und niemandem erschüttern.

Wir möchten Sie nun zu einem kleinen Spaziergang einladen: Durchforschen Sie einmal Ihr Gedächtnis, holen Sie Ihre Erinnerungen hervor. Können Sie sich an Situationen in Ihrem Leben erinnern, die nur mit Optimismus und Zuversicht zu meistern waren? Sie erinnern sich? Dann notieren Sie gleich die vier wichtigsten Situationen, in denen Sie es geschafft haben, sich mit einer optimistischen Einstellung durchzusetzen:

1. ______________________________

2. ______________________________

3. ______________________________

4. ______________________________

Ihre Aufstellung zeigt Ihnen, was Sie alles bewirken können, wenn der Glaube Sie unerschütterlich gemacht hat. Ich gratuliere Ihnen dazu! Ist das nicht auch für Sie eine gute Ausgangsbasis, künftig noch mehr und noch bewußter in jede Situation - und sei sie noch so schwierig oder noch so aussichtslos - mit einer positiven Einstellung zu gehen?

Was den Menschen vom Tier unterscheidet, ist die Fähigkeit, die Gegenwart, aber vor allem die Zukunft nach eigenen Vorstellungen zu gestalten. Das Tier lebt nur im Hier und Heute. Der Fuchs wird auch in 100 Jahren seinen Bau noch genauso bauen wie vor 100 Jahren. Die Katze wird noch in 100 Jahren Mäuse fangen, die Lachse ihre Laichstelle gegen die Strömung des Flusses aufsuchen. Der Mensch aber kann sich, sofern er will, jetzt sofort, morgen oder wann immer verändern.

Darum ist das 1. Grundgesetz der Lebensentfaltung so wichtig:

Nur der Mensch hat die Kraft, bewußt zu denken, zu planen und zu gestalten.
Nur er kann sich selbst und damit sein Schicksal und seine Zukunft gezielt beeinflussen.

Im Gegensatz zum Tier hat der Mensch die Chance, Schöpfer seiner Zukunft zu sein, weil alle schöpferischen Fähigkeiten in ihm angelegt sind. Sie müssen nur erkannt und gezielt eingesetzt werden.

Jeder Mensch sollte sich bewußt zum Schöpfer seiner Zukunft machen, sich intensiv mit der Frage beschäftigen, wie Wünschenswertes in der Zukunft vorbereitet beziehungsweise Bedrohliches vermieden werden kann. Es ist bekannt, daß Gedankenbilder, bildhafte Vorstellungen von Wünschen und Zielen und Visionen sich viel eher erfüllen als Gedanken ohne Bilder.

Nehmen Sie sich Zeit und erarbeiten Sie sich ein ideales, ein vollkommenes Bild Ihrer Zukunft - Ihrer Partnerschaft, Ihrem Beruf, Ihrer Gesundheit, Ihren Lebensumständen. Wie sieht Ihre

Wunschvorstellung aus? Seien Sie nicht zu bescheiden, streben Sie nach dem Äußersten, damit Sie das Mögliche erreichen können. Wer nicht höhere Ziele anstrebt, seine Ideale zu realisieren, bleibt immer unter dem Niveau seiner Möglichkeiten.

Herbert von Karajan sagte einmal: "Wer behauptet, alles erreicht zu haben, hat sich nie große Ziele gesteckt." Große Ziele führen zu großen Erfolgen. Notieren Sie doch einmal Ihre ganz persönlichen Ziele für die Zukunft, kurz-, mittel- und langfristig. Schreiben Sie neben jedes Ziel auch das Bild, die Vision auf, mit der Sie Ihr Ziel beleben:

1. Kurzfristige Ziele (vier Wochen) ______________________

____
____
____
____
____

2. Mittelfristige Ziele (ein Jahr) ______________________

____
____
____
____
____

3. Langfristige Ziele (fünf Jahre) ______________________

____
____
____
____
____

Der Optimist beschäftigt sich genau und viel mit seiner Zukunft - er arbeitet an seiner Zukunft. Auch wir haben den Schwerpunkt unserer Arbeit auf die Zukunftsplanung gelegt. Nicht umsonst trägt unser wichtigstes Seminar den Namen "Der Erfolgreiche Weg". Unser Leben ist vergleichbar mit einem Weg, der von der Vergangenheit über die Gegenwart in die Zukunft führt, aus dem Gestern über das Heute hin zu einem Morgen. Ganz gleich, was gestern war, ob unsere Vergangenheit aus Enttäuschungen und Entbehrungen bestand, ganz gleich, wie trüb der heutige Tag auch sein mag - das Leben geht weiter. Niemand kann die Zeit anhalten, niemand die Uhr zurückdrehen, doch jeder von uns hat die Chance, die Richtung selbst zu bestimmen und nach seinen Vorstellungen zu verändern. Und zwar von dem Moment an, in dem er sich über die Zusammenhänge und Konsequenzen wirklich bewußt ist. Nämlich: *jetzt* - sofort in diesem Augenblick.

Optimisten sind die Gestalter der Zukunft

Leider vergeuden die meisten Menschen viel Zeit, indem sie sich ständig mit ihrer Vergangenheit oder mit der Gegenwart beschäftigen. Dahinter steckt nur die Angst vor der Ungewißheit. Diese Furcht zeigt sich in ihrer Einstellung: Warum sollte ich mich mit der Zukunft beschäftigen? Ich weiß ja sowieso nicht, was kommt. Die Vergangenheit ist aber nicht mehr zu ändern. Die Gegenwart haben wir in der Vergangenheit angelegt, können nur noch wenig verändern. Die große Chance liegt in der Zukunft.

Sicher hat auch jeder von Ihnen in der Vergangenheit Erfahrungen gemacht, die nicht so angenehm waren. Doch auch bitterste Enttäuschungen sind für jeden von uns notwendig, um zu lernen und entsprechende Veränderungen vornehmen, Konsequenzen ziehen zu können - um besser für die Zukunft gewappnet zu sein. Jeder muß mit Fehlschlägen, Trennung und Verlusten zu leben lernen, aber in jeder Schwierigkeit sollte man die Chance entdecken. Sie haben immer die Wahl: entweder an der

Vergangenheit zu zerbrechen oder an der Zukunft zu wachsen. Keine Frage, daß die Antwort *für* die Zukunft ausfallen muß - auch wenn die Vergangenheit schmerzt oder die gegenwärtige Lage nicht rosig erscheint.

Optimisten sind Gestalter ihrer Zukunft, sie sind kreative Erneuerer, schöpferische Eroberer und innovative Planer in ihrer Zeit. Schon deshalb ist Optimismus zwangsläufig eng verbunden mit Mut und Selbstvertrauen. Wir müßten auch einmal das gängige Vorurteil abbauen, daß der Optimist ein Beschöniger, ein naiver Gutgläubiger und ein blauäugiger Weltfremder sei. Optimismus hat viel mehr mit analytischer Nüchternheit zu tun. Der Optimist sieht die Welt, wie sie sein könnte, und er ist bereit, sich dafür einzusetzen, um sie nach dieser Vision zu gestalten. Damit verbunden ist nicht allein eine prinzipielle Bejahung der Welt und des Lebens, sondern auch die Kraft, sich zu behaupten. Man benötigt Selbstbewußtsein und Mut, muß gegebenenfalls alle Reserven mobilisieren, um die großen Projekte der Zukunft richtig anzupacken. Wer an die Zukunft glaubt, kann die Zukunft auch gewinnen. Die Philosophie des Erfolgreichen Weges zeigt den Weg dazu.

Wir glauben an die Möglichkeit der Höher- und Weiterentwicklung.
Wir glauben an einen ständigen Wandel.
Wir glauben, daß man Unglück in Glück verwandeln kann.
Wir glauben, daß man Krankheit in Gesundheit verwandeln kann.
Wir glauben, daß man Armut in Reichtum verwandeln kann.
Wir glauben, daß man lernen kann, ein glückliches und erfolgreiches Leben zu führen.
Wir glauben, daß der Mensch und unsere Erde eine große Zukunft haben.
Wir glauben, daß der Mensch zu jeder Zeit Schwierigkeiten meistern wird.

Es ist der Glaube, der Berge versetzen kann. Wir sprechen oft von Chancen, Möglichkeiten oder der Freiheit zu entscheiden. Setzen Sie sich doch einmal mit diesen Begriffen auseinander. Die folgende Frageliste möge Ihnen dabei behilflich sein.

* Will ich meine Freiheit verschenken?
* Will ich meine Chancen verstreichen lassen?
* Will ich meine Zeit nutzen?
* Was will ich sehen?
* Was kann ich verursachen?
* Welche Menschen möchte ich kennenlernen?
* Welche Nutzen möchte ich anderen bringen?

Organisation - der erste Schritt zum Selbstmanagement

Mit der Beschäftigung dieser Fragen haben Sie, lieber Leser und liebe Leserin, schon etwas ganz Wichtiges getan: Sie haben begonnen, sich - Ihr Leben - zu organisieren. Sie haben den ersten Schritt zum Selbstmanagement gemacht. Erkennen Sie, daß Sie Ihr Leben Schritt für Schritt planen müssen, daß es nicht damit getan ist, nur gespannt zu warten, was das Schicksal bringen wird.

Sie selbst sind Ihr Schicksal! Sie sind völlig frei in Ihrer Entscheidung, ob Sie Ihr Leben, Ihre Zukunft selbst bestimmen oder sich von anderen Menschen oder gar von Umständen bestimmen lassen wollen. Wer sich entscheidet, sein Leben in die Hand zu nehmen, seine Zukunft selbst zu organisieren und zu gestalten, wird der Steuermann seines Schicksals. Selbstmanagement bedeutet, die Frage nach dem Sinn seines Lebens beantwortet, die Richtung festgelegt und das Ruder fest in der Hand zu haben.

Jeder Mensch hat 24 Stunden jeden Tag zur Verfügung - nicht mehr und nicht weniger. Das gilt für den Tippelbruder wie auch für den Aufsichtsratsvorsitzenden. Es liegt an jedem einzelnen, was er mit der ihm zur Verfügung stehenden Zeit anfängt. Sie können wählen und entscheiden, was Sie mit jeder Stunde, jeder Minute anfangen wollen. Sie haben genügend Zeit, es kommt nur darauf an, wie Sie diese Zeit einteilen.

Zeit bewußt zu planen, bedeutet sein Leben sinnvoll zu gestalten entsprechend der persönlichen Wünsche, Bedürfnisse und Möglichkeiten. Planen Sie Ihre Zukunft genau, und handeln Sie nach diesem Plan. Das bedeutet in keiner Weise, daß Sie immer aktiv sein müßten. Alles zu seiner Zeit: Ruhe oder Aktion, Spannung oder Entspannung. Vergeuden Sie keine Zeit.

Gehören Sie etwa zu den Personen, die nie Zeit haben? Dann machen Sie etwas falsch - Sie wissen ja, jeder hat 24 Stunden pro Tag. Wenn Sie damit nicht auskommen, dann haben Sie sich zu viele Aufgaben aufgebürdet - delegieren Sie. Oder Sie befassen sich zu viel mit Unwichtigem - bringen Sie Ordnung in Ihren Tagesablauf. Oder Sie wollen zu viel auf einmal - setzen Sie Prioritäten.

Ermitteln Sie doch einmal, woran es liegen könnte, daß Sie so wenig Zeit haben bzw. was Sie hindert, Ihre Zeit besser zu nutzen. Schreiben Sie gleich zu jeder der folgenden Fragen jeweils mindestens fünf Erklärungen auf:

1. Ich habe zuwenig Zeit, weil ______________________
   ____
   ____
   ____
   ____
   ____

2. Ich hätte mehr Zeit, wenn ______________________
   ____
   ____
   ____
   ____
   ____

3. Ich vergeude zuviel Zeit, weil ______________________
____
____
____
____
____

4. Ich habe zuwenig Einfluß auf meine Zeitplanung, weil _____
____
____
____
____
____

Vielleicht ist es Ihnen jetzt eher möglich, Ihre inneren Blockaden und festgefahrenen Verhaltensweisen zu erkennen. Wer an die Zukunft glaubt, hat die besseren Chancen und gewinnt in der Gegenwart, wer die Zukunft plant, gewinnt die Zukunft. Mit einer positiven Haltung übernehmen wir auch die Verantwortung für die Zukunft. Es gibt immer Probleme zu lösen - persönliche Probleme, berufliche, wirtschaftliche und politische. Und mit unserem Wissen um die Kraft, um den Glauben und die Liebe können wir uns daran machen, unser Potential wirklich zu nutzen.

Ein bekannter Futurologe sagte einmal: "Die guten Jahre kommen erst!" Ein Pessimist kann über diese Aussage nur den Kopf schütteln - der Optimist freut sich auf die kommenden Jahre. Wir glauben, daß Sie sich nicht nur freuen können, sondern auch gleich damit beginnen, aktiv die Zukunft zu planen und Details genau zu organisieren. Sie wissen: Optimismus ist unerläßlich. Und was glauben Sie, lieber Leser, liebe Leserin?

FÜR etwas sein - nicht GEGEN alles ankämpfen

Wie werde ich eine starke Persönlichkeit?

Eine starke Persönlichkeit sein - das ist für viele Menschen ein großes Ideal. Die Nachschlagewerke sind voll mit Namen von Persönlichkeiten. Bekannt zu sein, ist also keine Seltenheit. Aber bedenken Sie: Kein Mensch wurde schon als gereifte Persönlichkeit geboren. Persönlichkeit muß erarbeitet werden, muß wachsen - Sie wissen, der Mensch ist ein "Werdender".

Aber wie kann man zu einer Persönlichkeit werden? Neulich führte ich ein langes Gespräch mit einem Unternehmer. Er erklärte mir, mit welcher Kraft er seit Jahren gegen seine Ängste ankämpfe. Er versuchte es mit Psychoanalyse, mit Alkohol, mit Tabletten. Nichts konnte ihm nachhaltig helfen. Es war eine Geschichte von tausend großen und kleinen Kämpfen und da er noch lebte, hatte er seine Kämpfe gewonnen. Aber durch die gewaltigen Kraftakte war er mal wieder - wie schon so oft - am Ende. Er war leer, seine Kraft war verbraucht.

Warum erzähle ich Ihnen diese traurige Geschichte? Ich möchte Ihnen zeigen, wohin es führt, wenn man seine Energien in die falsche, nämlich in eine negative Richtung lenkt.

Wohin fließen unsere Energien?

Die Philosophie des Erfolgreichen Weges basiert auf dem Gedanken, daß die Macht des Positiven das Negative überwindet.

Sehen wir nicht täglich Opfer, die auf der Strecke bleiben, weil sie dieses Bewußtsein nicht haben? Denken Sie nur an die hohe Zahl von Selbstmorden, an die große Anzahl von Firmen, die in Konkurs gehen, an all die Mißerfolge. Dies ist das Resultat des Kampfes gegen das Negative.

Manche Menschen scheinen ihre Kraft nur dann spüren zu können, wenn sie *gegen* etwas ankämpfen. Ihr ganzes Leben ist Kampf. Ohne Kampf fehlt ihnen scheinbar das Gefühl zu leben. Und gibt es wirklich einmal nichts zu kämpfen, dann schaffen sie sich künstliche Feindbilder. Glauben Sie ja nicht, daß es das nur in der Politik gibt. Auch das tägliche Leben ist voller Feindbilder. Schauen Sie sich nur um und Sie sehen, wieviel sinnlose Kämpfe es gibt.

Leben ist Energie. Und eine lebensentscheidende Frage ist: Wohin fließen unsere Energien? In welche Kanäle - in positive oder negative?

Mißerfolg: Falscher Einsatz unserer Energien

Erfolgreiche Menschen sind voller Energien, wohlgemerkt *positiver* Energien, sie haben eine positive Ausstrahlung, verbreiten eine angenehme Atmosphäre, in der sich jeder wohlfühlt. Diese Menschen sind erfolgreich und glücklich - im Beruf, in der Familie, im Freundeskreis, bei Hobby und Sport.

Es ist auch kein Wunder, daß positive Menschen gesund und vital sind. Betrachten Sie Ihre Mitmenschen einmal genauer. Es gibt Menschen, die sehen mit 50 aus, als wären sie 40. Andere sehen mit 50 aus, als wären sie bereits 60. Alter ist keine Frage der Jahre, viel entscheidender ist die grundsätzliche Lebenseinstellung, die Art und Weise, wie und wohin man seine Energien lenkt. Wer seine Kräfte in nutzlosen Kämpfen verbraucht, hat keine Erfolgserlebnisse, die ihn aufbauen, ihm Energie geben. Die Negativdenker altern viel schneller, weil ihre Kräfte sich verbraucht haben und sie keine positiven Impulse erhalten, um ihre Energien wieder zu mobilisieren.

Wer die Gesetzmäßigkeiten kennt, kann sein Leben schnell in andere Bahnen lenken. Mißerfolge beruhen in der Regel nicht auf mangelnder Intelligenz, sondern auf einer Fehlsteuerung der Energien. Versager sind oft sogar intelligenter als Erfolgreiche, aber sie nutzen ihre Energien falsch. Je weniger ihnen dieser Mechanismus bewußt ist - desto schlimmer ist es: Sie sehen nur im Kampf die Lösung, verbrauchen ihre Energie und sich selbst.

Kennen Sie auch Menschen, die nichts anderes tun in ihrem Leben als kämpfen und darauf stolz sind, ohne zu bemerken, daß sie ihre Kräfte vergeuden und ihre Chancen zu einem wirklichen Erfolg übersehen?

Erfolg: Abschied von negativen Gewohnheiten

Natürlich ist es nicht einfach, sich von Gewohnheiten zu lösen, und negative Angewohnheiten sitzen meist besonders fest. Aber es bleibt Ihnen nichts anderes übrig, als die Konsequenzen zu ziehen und eine große Entscheidung zu treffen, wenn Sie destruktives Verhalten ablegen möchten. Wenn Sie das tun, dann haben Sie einen entscheidenden Schritt gemacht: Ein positives Leben kann beginnen!

Zögern Sie nicht.
Fällen Sie *jetzt* die Entscheidung, die längst fällig ist und Ihr Leben grundsätzlich verändern wird:
"Ab sofort lebe ich noch positiver."

Lernen Sie ganz bewußt, noch konstruktiver zu denken und lassen Sie uns gleich damit beginnen. Suchen Sie sich fünf gute Vorsätze, die Sie wie folgt aufschreiben: "Es ist nicht leicht - trotzdem werde ich ..."

1. ____
____
____

2. ____
____
____

3. ____
____
____

4. ____
____
____

5. ____
____
____

Jeder spricht heute gern von "Selbsterkenntnis". Doch in unseren Seminaren erlebe ich immer wieder, wie erschrocken Menschen sind, wenn sie feststellen: "Ich kenne vieles, nur nicht mich selbst."

Klären Sie deshalb für sich die drei wichtigsten Fragen in Ihrem Leben:

* Wer bin ich?
* Was bin ich?
* Was will ich?

Um sich selber wieder näher zu kommen, gibt es verschiedene Wege. Schreiben Sie einmal auf, was Sie nicht wollen, was Sie vermeiden, verhindern möchten. Sie werden dann nach und nach spüren, wie Sie innerlich frei werden, wie der kreative Teil Ihrer

Persönlichkeit sich mit den Dingen beschäftigt, die Sie sich von Herzen wirklich wünschen. Schreiben Sie wirklich jede dieser Ideen auf; denn auch Ideen können verloren gehen.

1. Ich will nicht: ______________________________
____
____
____
____
____

2. Ich will vermeiden: ______________________________
____
____
____
____
____

3. Ich will verhindern: ______________________________
____
____
____
____
____

Nicht Geld, sondern Ideen sind wichtig

Damit es nicht beim Träumen bleibt, sondern die Träume zur Realität werden, ist es wichtig, daß Sie alles schriftlich fixieren. Das Aufschreiben ist nämlich eine wichtige Realisierungsübung - das Schreiben macht den Geist sichtbar, er wird Materie. Eine weitere gute Übung: Schreiben Sie spontan auf, was Sie tun würden, wenn Sie drei Millionen im Lotto gewännen?

Ich würde: ____

Irgendwann in Ihrem Leben werden Sie feststellen: Nicht das Geld ist das Entscheidende, Ideen und Konzepte sind viel wichtiger. Was Sie benötigen, sind Ideen und Wünsche, die Sie begeistern, von denen Sie überzeugt sind und mit denen Sie sich identifizieren können. Wenn Sie sich mit Liebe an Ihre Aufgaben machen, sind Sie geradewegs auf dem Weg zum Erfolg. Denn die Liebe ist es, die die schöpferischen Kräfte im Unterbewußtsein weckt.

Als Leser oder Leserin dieses Buches sollten Sie die Gesetze der Lebensenfaltung am Anfang dieses Buches gründlich studieren. Denn Sie gehören nicht zu den oberflächlichen Menschen, die von sich behaupten, sie wüßten schon alles - einfach nur, weil sie bequem sind. Bequemlichkeit und Gedankenfaulheit haben noch nie jemanden zum Erfolg verholfen.

Nutzen Sie die Fähigkeiten Ihres Unterbewußtseins!

Gehen wir systematisch unseren Weg in die Zukunft mit dem 4. Grundgesetz:

> Das Unterbewußtsein - die Baustelle des Lebens -
> und der Arbeitsraum der Seele -
> hat die Tendenz, jeden Gedanken zu realisieren.

Sie gehören zu den Menschen, die nicht nur von Fähigkeiten des Unterbewußtseins wissen, sondern sie auch ganz gezielt nutzen. Mit dem 5. Grundgesetz kommt der nächste Schritt:

Aus dem kleinsten Gedankenfunken
kann ein leuchtendes Feuer werden.

Alles - auch das Größte - hat einmal ganz klein angefangen. Immer wieder benötigen wir Mut, um ganz klein und von vorne zu beginnen.

Das 12. Grundgesetz erklärt, warum große Erfolge möglich werden:

Zustimmung aktiviert Kräfte -
Ablehnung vernichtet Lebenskraft.

Wer an seine Ziele glaubt, liebt seine Ziele

Mit diesem Motto können Sie Ihre Ziele leicht lieben lernen: FÜR etwas sein - nicht GEGEN alles ankämpfen!

Und haben Sie nicht schon immer - vielleicht bisher aber nur vage und unbewußt - bemerkt: Wer *für* etwas ist, ist immer der Stärkere. Lernen Sie umzudenken, lernen Sie *nie gegen* etwas zu sein. Diese Erkenntnis zu praktizieren ist ziemlich schwierig, aber nur *mit dieser* positiven Einstellung werden die größten Erfolge überhaupt erst möglich.

Da Sie, lieber Leser, liebe Leserin, nicht nur Anfänger bleiben möchten, sondern Könner werden wollen, verinnerlichen Sie die Bedeutung des 14. Grundgesetzes:

Glaube führt zur Tat.
Konzentration führt zum Erfolg.
Wiederholung führt zur Meisterschaft.

Im täglichen Leben können Sie immer wieder beobachten, daß ein Mensch, der an seine Ziele glaubt, seine Ziele liebt - deshalb aktiv ist, etwas tut, etwas unternimmt. Er ist ein Unter-nehmer, also jemand, der etwas unternimmt, eine positive Veränderung bewirkt. Das führt immer zum Ziel.

Wünsche selbst erfüllen

Im Frühling können Sie mit Pflanzen und Blumen sprechen. Wenn Sie diese Fähigkeit besitzen, werden Sie hören, daß jede Pflanze Ihnen zuruft: "Ich will wachsen, ich will mich entfalten, ich will erblühen, und ich will Früchte tragen." Damit Sie auch für sich diese schöpferischen Impulse nutzen, machen Sie doch jetzt gleich diese wirksame Übung: Vollenden Sie fünfmal den Satz: "Da die Zeit reif ist, werde ich ... "

1. ______________________________

2. ______________________________

3. ______________________________

4. ______________________________

5. ______________________________

Ich wünsche Ihnen von ganzem Herzen, daß Sie heute nacht in dem Bewußtsein einschlafen, daß es nichts Schöneres gibt, als die Zeit seines Lebens zu nutzen, um sich seine Wünsche selbst zu erfüllen.

Vom Teufelsrad zum Glücksrad

Das Leben ist ein Teufelsrad

Auf Rummelplätzen finden die sogenannten Teufelsräder immer großen Zuspruch. Die rotierende Holzscheibe, zur Mitte hin leicht erhöht, dient (zum Vergnügen von Benutzern wie Zuschauern gleichermaßen) dem Ausbalancieren auf einer schiefen Ebene, die sich zudem auch noch ständig in rotierender Bewegung befindet. Dabei muß man bei zunehmender Beschleunigung gegen die Rotationsbewegung laufen, sowie man auf den Rand der Scheibe aufgesprungen ist, bis man irgendwann hinausgeschleudert wird, weil die Kräfte nachlassen. Wer es schafft, bis zur Scheibenmitte zu gelangen, kann dann dem hektischen Treiben am Rand der Scheibe gelassen zuschauen - denn in der Mitte findet man Stabilität. Nur am Außenrand ist man den Rotationsgesetzen mehr oder weniger hilflos ausgeliefert.

Vergleichen Sie einmal das Leben mit einem solchen Teufelsrad. Wer immer nur am Rand balanciert, muß all seine Kräfte aufwenden, um nicht ins Abseits katapultiert zu werden. Wer jedoch die Mitte - seine eigene Mitte - gefunden hat, dem bereitet das Balancehalten keine Schwierigkeiten mehr. Die am Rande müssen sich anstrengen, abhetzen, sie müssen sich vor den drohenden Abgründen in acht nehmen und dürfen sich keine Schwächen leisten. Der Mensch jedoch, der seinen Mittelpunkt gefunden hat, kann sogar noch anderen die Hand reichen, ihnen helfen. Nur der Standfeste, der Souveräne, kann auch andere mitziehen. Wer bemüht ist, selbst Halt zu bewahren, kann anderen keine Hilfe sein.

Vielleicht verstehen Sie nun, warum keine andere Symbolfigur als Yin-Yang unsere Philosophie treffender darstellen könnte. Jener Mensch, der im Spiel der Gegensätze seine Mitte gefunden hat und durch nichts aus der Bahn zu werfen ist, entspricht der Vorstellung vom idealen Menschen. Glücklich ist der Mensch, der seine Daseinsprobleme aus eigener Kraft meistern kann, der nicht zum Spielball seines Schicksals wird, sondern aus innerer Stabilität und Harmonie heraus dem hektischen Treiben in seinem Umfeld gelassen zuschauen kann.

Eine unserer wirksamsten Waffen gegen das rasende Teufelsrad des Alltags ist die Meditation. Mit unserer Technik des suggestiven Kassetten-Trainings lernen Sie, schnell in den Alpha-Zustand zu gelangen, also in den Gleichstrom der Gehirnschwingungen, den Zustand größtmöglicher Entspannung, in dem die Kräfte des Unterbewußtseins zu Ihrem Nutzen aktiviert werden können.

Wir machen das Unterbewußtsein zu unserem besten Mitarbeiter, wir wissen, daß es ein Reflektor all unserer Erlebnisse und Eindrücke ist. Und deshalb versuchen wir, durch die Anwendung unserer Erfolgsphilosophie Positives, Bejahendes, Aufbauendes und Zielstrebiges fest in unserem Unterbewußtsein zu verankern. Mit der Meditation gehen wir neue Wege, finden Ideen und neue Möglichkeiten zur Lösung der persönlichen wie beruflichen Probleme. Probleme aufzubereiten und zu lösen, unsere Sorgen zu beherrschen - das ist das wahre Ziel unserer Methode.

Nicht Wunschlosigkeit streben wir an, sondern Wunscherfüllung - nicht auf Kosten anderer, sondern aus eigener Kraft. An diesem Punkt unterscheiden wir uns von den buddhistischen Entspannungsmethoden. Der Buddhismus negiert, was wir "das Leben" nennen. Er strebt Wunschlosigkeit und das Loslösen von allen Bedürfnissen an. Nicht Interessen und Neigungen verfolgen, nicht Wünsche und Ziele formulieren ist das Ziel der buddhistisch orientierten Methoden, sondern das Ende alles Verlangens als Höchststufe der Glückseligkeit.

Sicher haben die buddhistisch oder hinduistisch fundierten Methoden etwas Faszinierendes. Die Techniken der Yogis beweisen, welche Macht das Bewußtsein über den Körper erlangen kann - und zu welcher geistigen Entfaltung man durch Körperbeherrschung kommen kann. Diese Techniken sind auch für uns anschauliche Beispiele für den Sieg des Geistes über die Materie. Nur wer es lernt, seinem Körper Disziplin und Selbstbeherrschung aufzuerlegen und sich nicht von ihm durch permanente Bedürfnisse oder Krankheiten traktieren zu lassen, kann auch seinen Geist beherrschen.

Leben im Hier und Jetzt

Wer sich allerdings ausschließlich mit Zen oder Meditation beschäftigt, bewirkt zwar eine Ruhigstellung von Körper, Geist und Seele mit dem Ziel der Eins- und Bewußtwerdung mit allem Seienden und dem Schöpfer. Meditation dient somit hier dem Rückzug aus dem Alltag und der Hinwendung zu sich selbst.

Ich bin jedoch der Auffassung, daß sich die menschliche Existenz im Hier und Jetzt abspielt und auch in diesem Leben gemeistert werden muß. Das Leben ist ein "Auftrag", den es zu erfüllen gilt. Sicher ist Entspannung sinnvoll und notwendig, wir alle brauchen neben Phasen der Anspannung auch Phasen der Entspannung. Darin stimmen wir mit den fernöstlichen Weisheitslehren überein. Doch nicht die Abkehr von weltlichen Dingen sollte unser Denken und Handeln bestimmen, sondern vielmehr eine konzentrierte Lenkung auf unser Lebensziel hin. Vorausdenken, Denken in die Zukunft statt Rückzug ist unser Motto.

Den Auftrag des Lebens kann man nur dann erfüllen, wenn man eine klare Zielvorstellung entwickelt und realisiert, trotz aller Probleme und Hindernisse. Unsere Methode basiert auf der Entspannung des Dreiklangs Körper-Seele-Geist, gekoppelt mit dem Wunsch, sich selbst in unserem Lebensraum zu verwirklichen.

In der Erfüllung der Lebenswünsche liegt unserer Meinung nach das Glück, nicht in der Entsagung. Wir sehen in der Erreichung unserer weltlichen Ziele einen wesentlichen Glückszustand, der verbunden ist mit der Erkenntnis des eigenen Ich, des Lebensinhaltes und des Lebenssinns. Werden und Wachsen ist die Aufgabe des Menschen auf Erden - von der Person zur Persönlichkeit werden, vom Menschen zum Individuum. Nicht das bloße Sein ist hierzu maßgeblich, sondern vor allem das Tun.

Der Mensch ist das Ergebnis seines Denkens *und* seines Handelns. Das Nicht-Denken, das die Anhänger asiatischer Philosophien als Gegenmittel für streßbedingte Reiz- und Erschöpfungszustände empfehlen, ist in unserer Kultur kaum zu erreichen. Es ist der Geist, der uns zum Menschen macht. Warum also sollten wir es anstreben, uns vom Denken zu befreien? Mit unserer Methode füllen wir den Geist im Zustand der Entspannung konzentriert mit neuen Ideen und Zukunftsprogrammen, wir nutzen bewußt die Kräfte des Unterbewußtseins statt zu versuchen, sie auszuschalten.

In der Tiefenentspannung wächst in uns die Ruhe und Kraft, die uns befähigt, uns auf die Mitte des Teufelsrades unseres Lebens zuzubewegen und dort zu verharren. Haben wir unseren Stammplatz gefunden, unsere Mitte, dann sind wir den Rotationen nicht mehr hilflos ausgesetzt, dann wird die Drehscheibe, in deren Mitte wir die Balance halten, zum Glücksrad unseres Lebens.

Der Erfolg als Beweis: Reinfried jr. und Andreas Pohl - Motivation nach väterlichem Vorbild, Generalbevollmächtigte der Deutschen Vermögensberatung AG (DVAG)

Auf den ersten Blick könnte man sie für Yuppies halten: Sie sind jung, gutaussehend, und ihre repräsentativen Büros in bester Frankfurter Innenstadtlage zeugen von der Bedeutung ihrer Position. Doch Yuppies sind Reinfried jr. und Andreas Pohl ganz und gar nicht. Dazu fehlt ihnen die glatte Arroganz und die kühle Eitelkeit - sie strahlen zu viel Offenheit aus, um dem klischeehaften Image der dynamischen Jung-Karrieristen zu entsprechen. Vor allem ein Merkmal unterscheidet sie vom unabhängig-flotten Yuppie: ihr ausgeprägter Familiensinn. Beide sind verheiratet und glückliche Familienväter; ihr Verhältnis zu den Eltern ist sehr eng und vor allem überaus harmonisch.

Der Vater, Dr. Reinfried Pohl, gilt als einer der erfolgreichsten Unternehmer Europas. Der Träger des Bundesverdienstkreuzes und weiterer bedeutender Auszeichnungen wurde vom Wirtschaftsmagazin "Cash" gar zum "Manager des Jahrzehnts" gekürt. Für seine Söhne ist er schon immer das absolute Vorbild gewesen, als Vater und Mensch verehrt und geliebt, als Gründer und Vorstand der Allfinanz-Gesellschaft "Deutsche Vermögensberatung AG" bewundert. "Nicht nur von uns", versichern beide, "sondern von jedem, der ihn kennt - menschlich und geschäftlich." Menschliche Wärme und die Gabe der Intuition sind die Wesensmerkmale, die sie an ihrem großenVorbild ganz besonders bewundern.

Der Vater - ein Idol, beinahe schon ein Denkmal - kann das nicht eher Versagensängste bei den Kindern erzeugen als Ansporn sein? Reinfried und Andreas Pohl sehen das ganz anders. Sie sind von Kindheit an im wahrsten Sinne des Wortes in die

Reinfried jr. und Andreas Pohl

Firma "hineingewachsen". Bereits im Schulalter hat sie Dr. Pohl manchmal mitgenommen, sie langsam und behutsam, ohne Druck, aber systematisch mit den Abläufen vertraut gemacht. So wurden Neugier und Interesse geweckt statt Angst vor der Aufgabe erzeugt. Das Ergebnis spricht für die Methode: Beide Söhne nahmen mit Begeisterung die Herausforderung an, in die Fußstapfen des erfolgreichen Vaters zu treten. Inzwischen sind sie gleichberechtigte Generalbevollmächtigte der DVAG und die zukünftigen Vorstände der Gesellschaft.

"Es gab für uns eigentlich keine Alternative zum Eintritt in das Unternehmen", meint Reinfried Pohl jr. - auch wenn er zugibt, daß es sich keinesfalls um eine leichte Aufgabe handelt. Er absolvierte ein Studium der Wirtschaftswissenschaften und schuf damit die Voraussetzung, theoretische Grundlagen und analytische Fähigkeiten zu vereinen. Andreas Pohl hielt es von Anfang an mit der Bodenständigkeit: Er entschied sich für eine praktische Ausbildung als Versicherungskaufmann und wurde somit zu einem Gegenpol zu der wissenschaftlichen Qualifikation seines älteren Bruders.

Überhaupt bekommt man von den Brüdern den Eindruck, daß sie sich hervorragend ergänzen. Gesten der Verständigung, Blickkontakt - der Außenstehende spürt sofort, daß Vertrautheit und Vertrauen im Spiel sind. Rivalität, beteuern beide übereinstimmend, habe es zwischen ihnen nie gegeben. "Wir verstehen uns so gut, daß wir auch über Meinungsverschiedenheiten nie Streit bekommen", sagt Reinfried Pohl.

Sie wurden im Elternhaus zu nichts gedrängt oder gezwungen, in ihren Neigungen und Talenten jedoch unterstützt und gefördert. So gesehen verwundert es nicht, daß sie die Nachfolgefrage im Unternehmen nie ernsthaft gestellt haben, weil sie es nur als natürlich empfanden, sich die Aufgaben paritätisch zu teilen. Reinfried Pohl nachdenklich: "Ich denke, daß es im Hinblick auf die Aufgabe in der Firma notwendig und wichtig ist, daß wir uns so gut verstehen. Es ist eine große Herausforderung, Vaters Nachfolger zu sein."

Auch in ihren Zielvorstellungen harmonieren die Brüder Pohl. Ihnen geht es darum, das Bewährte zu erhalten, die Herausforderungen anzunehmen und sich dem Neuen zu öffnen. Das Bewährte - davon gibt es vieles bei der DVAG. Das Erfolgskonzept zum Beispiel. Bei den inzwischen über 12.000 Vermögensberatern, die in mehr als 150 Direktionen in ganz Deutschland tätig sind, steht die Identifikation mit der Gesellschaft, ihren Zielen und der Führung ganz oben. Wie schafft man es, so viele Menschen, die aus den unterschiedlichsten Berufen und Verhältnissen, mit den verschiedensten Voraussetzungen zur Gesellschaft kamen, zu einem hochmotivierten Team zusammenzuschließen, in dem jeder einzelne den Wunsch und festen Vorsatz in sich trägt, der Beste zu werden?

Für Reinfried und Andreas Pohl ist das Wörtchen Motivation beinahe so etwas wie eine Erfindung ihres Vaters. Zumindest machen sie keinen Hehl aus ihrem Stolz und ihrer Bewunderung für die Glanzleistung Dr. Pohls, aus der DVAG innerhalb von 15 Jahren die unangefochtene Nummer 1 im Allfinanz-Bereich zu machen. Mit dem Slogan: "Wir bieten mehr als Provisionen" hob sich die Gesellschaft von Anfang an von der Konkurrenz ab.

"Unsere Provisionssätze sind nicht die höchsten in der Branche", sagt Andreas Pohl. Es sind andere Faktoren, die die Tätigkeit als Vermögensberater attraktiv machen und dem Großteil der Mitarbeiter zu der Überzeugung verhelfen, nur für diese und für keine andere Gesellschaft arbeiten zu wollen. Natürlich liegt der große Reiz einer freiberuflichen Tätigkeit in der leistungsgerechten und erfolgsorientierten Provisionszahlung. Aber aufgrund seiner jahrzehntelangen Erfahrung im Allfinanz-Bereich weiß Dr. Pohl nur zu gut, daß es gerade auf diesem Gebiet auf die Persönlichkeit der Mitarbeiter ankommt. Auch seine Söhne sind davon überzeugt, daß die Gesellschaft so gut ist wie ihre Mitarbeiter. Umsatzsteigerungen von mindestens 30 Prozent pro Jahr sprechen für sich.

Schon immer hat man bei der DVAG darauf gesetzt, daß die wichtigste Voraussetzung für Erfolg die Entwicklung der Persönlichkeit ist. Deshalb gehören regelmäßige Persönlichkeitsbildungsseminare zum festen Bestandteil des umfassenden Schulungsprogramms für alle Mitarbeiter. Und daß diese Seminare häufig in repräsentativen firmeneigenen Schulungszentren, wie beispielsweise dem märchenhaften Schloß Oberstotzingen bei Ulm oder dem stilvollen Burghotel Dinklage, durchgeführt werden, bestätigt nur, daß für die DVAG die Mitarbeiter vor allem als Menschen wichtig sind. Den Besten muß man das Beste bieten, finden Reinfried und Andreas Pohl.

"Wer zur Leistung bereit ist, verdient und braucht auch Anerkennung, sonst ist die Leistung auf Dauer ohne Sinn", sagte Dr. Reinfried Pohl in seiner Rede anläßlich des DVAG-Deutschland-Treffens 1990. Seine Söhne erwähnen gern die bemerkenswerten Zusatzleistungen für erfolgreiche Mitarbeiter. Die umfangreiche Palette von Sonderprämien reicht von Sachgeschenken wie Autos oder goldenen Uhren über Folgeprovisionen und Reisen bis hin zu einem Familienabsicherungsplan und beispielhafter Alters- und Invaliditätsversorgung - und vieles mehr.

Die Prämien werden auf den jährlichen Deutschlandtreffen überreicht, festliche Großveranstaltungen mit beeindruckenden Show- und Rahmenprogrammen.

Das Prinzip: Die Erfolgreichen erhalten öffentlich die Anerkennung für ihre Leistung - die weniger Erfolgreichen werden motiviert, beim nächsten Mal auch auf der Seite der Gewinner stehen zu wollen. "Man muß Anreize schaffen, um die guten Leute zu bekommen und zu halten", sind sich die Brüder Pohl wieder einmal einig.

Und nebenbei gebe man auch den Lebenspartnern mit dem tollen Fest und der tatsächlichen oder möglichen Ehrung auf der Bühne das Gefühl, daß es auch auf sie und ihre Unterstützung persönlich ankomme. "Wenn die Partner gegen uns arbeiten, weil der Ehemann oder die Ehefrau weniger Zeit hat, viel unterwegs ist", meint Andreas Pohl, "dann können die Mitarbeiter eben nicht mehr die Leistung bringen, die notwendig ist." Auch hier erfülle das Prämiensystem in dieser Form eine wichtige psychologische Funktion. Die begehrteste Prämie ist der sogenannte "Sieger-Adler", der in Gold, Silber oder Bronze den jeweils besten Geschäftsstellenleitern, Hauptgeschäftsstellenleitern, Regionaldirektionsleitern und Direktionsleitern verliehen wird. Diese Trophäe ist innerhalb des Unternehmens die ehrenvollste Auszeichnung mit einem hohen ideellen Wert.

Trotz des Wettbewerbs und der ständigen Konkurrenz, in der sich die Mitarbeiter untereinander befinden, entsteht innerhalb der Gesellschaft kein von Neid und Intrigen vergiftetes Klima. Der Erfolg der einen ist Ansporn für andere und nicht deren Mißerfolg. "Vielleicht liegt das daran", versucht Reinfried Pohl das Phänomen zu erklären, "daß wir von der Spitze auch familiär ein Vorbild sind."

Die ideale, harmonische Familie personifiziert geradezu die Firmenphilosophie: "Unsere Stärke ist die Gemeinschaft." Das Miteinander, nicht das Gegeneinander ist die Basis des gemeinsamen Erfolges. Deshalb ist sowohl in der Familie Pohl wie in der DVAG der Erfolg des einzelnen immer auch der Erfolg aller. "Wir spielen nicht", stellt Reinfried Pohl klar, "wir sind wirklich wie wir sind und tun nicht nur so als ob. Das spüren die Leute, und das wird weitergegeben." Er sagt das ohne einen Anflug von Überheblichkeit, sondern mit dem Selbstbewußtsein eines Mannes, der weiß, daß er die Wahrheit ausspricht.

Es ist wohl noch immer eine Ausnahmeerscheinung im Management, daß ein Unternehmen dieser Größenordnung ein familiäres Klima schaffen konnte und auch erhalten kann. Das erleichtert die Identifikation der Mitarbeiter mit der Führung erheblich - ein wichtiger Motivationsfaktor. Die Brüder Pohl sehen aber, daß es mehrere Faktoren sind, die die DVAG in ihren und in den Augen der Mitarbeiter zum idealen Unternehmen macht. Mit schönen Festen und wertvollen Preisen allein schafft man auf lange Sicht kein Motivationsklima. Sie wissen, daß die Arbeit des Vermögensberaters äußerst anstrengend ist, daß für die Familie wenig Zeit bleibt, daß neben Erfolgen auch Mißerfolge weggesteckt werden müssen. Die Mitarbeiter müssen ständig neu motiviert werden, um die Begeisterung für den Job nicht zu verlieren. Und genau hier klafft bei den meisten Unternehmen eine Lücke. Deshalb spielt bei der DVAG die Familienabsicherung eine ebenso große Rolle wie Motivationsseminare, die grundsätzlich alle Vermögensberater besuchen sollen.

Identifikation mit der Firma, Anreize und Anerkennung, Absicherung der Familie und Seminare zur persönlichen Weiterbildung - mehr kann man eigentlich nicht tun für seine Mitarbeiter. Das finden auch Reinfried und Andreas Pohl. Sie sind nicht nur stolz auf die Leistungen, die die DVAG ihren Mitarbeitern bietet, es freut sie immer wieder, wenn sie positive Resonanz erhalten. "Unsere Leute haben bei uns das Gefühl, etwas Besonderes zu sein", bringt es Andreas Pohl auf den Punkt. Er weiß, daß nur selbstbewußte Menschen, die Anerkennung für ihre Leistung erhalten, Mißerfolge verkraften, an ihnen sogar wachsen können und in der Lage sind, Außergewöhnliches zu leisten. "Viele unserer Mitarbeiter erfahren bei uns zum ersten Mal in ihrem Leben Anerkennung", berichtet er. Es ist für ihn selbstverständlich, daß ein Manager, der Erfolg für sein Unternehmen will, seine Mitarbeiter groß und nicht klein machen soll. Denn mit der Persönlichkeit wächst auch der Erfolg.

Dieses Erfolgskonzept funktioniert durchgehend. Knallharte Ellenbogentypen kommen bei der DVAG nicht weit. Der Aufstieg bis zum Direktionsleiter gelingt im Unternehmen nicht den kühl kalkulierenden Rechnern, die allein auf Effizienz und Umsatz aus sind, sondern den Mitarbeitern, die neben dem Erfolg die besten Führungseigenschaften mitbringen: Menschlichkeit, Charisma, Einfühlungsvermögen, Ausgeglichenheit, Großzügigkeit. Solche Eigenschaften kann man sich nicht in vier Wochen aneignen.

"Unsere Direktionsleiter", erklärt Andreas Pohl die ungewöhnliche Ansammlung außergewöhnlicher Persönlichkeiten auf der höchsten Vermögensberater-Stufe, "wachsen mit der Firma." Wer Erfolg habe, bekomme Anerkennung, wer anerkannt werde, werde immer selbstbewußter und charakterlich gefestigter, wer selbstbewußt sei, habe Erfolg. Diesen langen "Entfaltungskreislauf" haben alle Direktionsleiter hinter sich. "Wer ein Vorbild hat, an dem er sich orientiert, kann auch ein Vorbild für andere werden", formuliert es Reinfried Pohl. Dr. Pohl und die Familie Pohl als Vorbilder für alle - die Direktionsleiter als Vorbilder für die Mitarbeiter. Jeder in der Firma weiß, daß er die Chance hat, ganz nach oben zu kommen, wenn er an seiner Persönlichkeit arbeitet.

Das Wort Gemeinschaft ist im Pohlschen Unternehmen nicht nur eine Floskel. Für Andreas Pohl bedeutet Gemeinschaft, daß jeder für den anderen da ist, daß man sich hilft, gegenseitig unterstützt und fördert. Das schließt auch konkrete Hilfe in Notsituationen ein. Man weiß zu gut, wie Leute aus der Bahn geworfen werden können, wenn sie nach jahrelangen Entbehrungen in ihren bisherigen Berufen plötzlich so viel Geld verdienen wie nie zuvor. Da sei manchmal psychologischer Beistand nötig. Auch dieser Punkt sei ein Grund für die generelle Pflicht zur Teilnahme an Persönlichkeitsbildungsseminaren.

Die Pohl-Brüder finden, daß man in diesem Beruf nicht nur manchmal ein "dickes Fell" brauche, sondern überhaupt charakterlich sehr stabil sein müsse, um den Versuchungen widerstehen zu können, die Wohlstand und Prestige mit sich bringen. "Wer etwas länger bei uns ist", meint Andreas Pohl, "hat solche typischen Aufsteigerprobleme kaum noch." Jedes System habe nun einmal Vor- und Nachteile. Es gelte eben, die Nachteile weitgehend unter Kontrolle zu haben. Dabei hat sich das Direktions-System mit den erfahrenen und gefestigten Direktionsleitern, die zugleich Anleiter, Ratgeber und Vorbild für junge Mitarbeiter sind, bewährt. Manchmal müssen sie sogar väterlicher Freund und einfühlsamer Psychologe sein.

Am Bewährten festhalten - das bedeutet im Unternehmen Pohl schon traditionell niemals Stillstand. Wenn die Mitarbeiter in den firmeneigenen Häusern exklusive und luxuriöse Incentive-Reisen für besondere Leistungen genießen können, dann setzt man bei den neuen Investitionen - wie Reinfried Pohl es formuliert - "noch eins drauf", man steigert sich. Die DVAG schlug mit dem Bau des atemberaubend schönen Feriendorfes "Vila Vita Parc" an der portugiesischen Algarve-Küste zwei Fliegen mit einer Klappe: Zum einen wurde mit der Fünf-Sterne-Luxusanlage, die auch von anspruchsvollen Gästen außerhalb der DVAG gern besucht wird, unternehmenseigenes Kapital sinnvoll angelegt, zum anderen steht den DVAG-Verdienten ein exklusives Feriendomizil und Trainingszentrum zur Verfügung. "Urlaub im eigenen Hotel - das trägt natürlich erheblich zur Identifikation mit der Firma bei", erläutert Andreas Pohl.

Incentives, die Verbindung von Erholung und Verwöhnatmosphäre mit Schulungen, Persönlichkeitstraining und einem abgerundeten Kultur- und Unterhaltungsprogramm, spielen eine große Rolle bei der DVAG. "Alles muß sich ergänzen", findet allerdings Andreas Pohl. Für ihn ergibt es keinen Sinn, teure Reisen zu finanzieren, wenn die Mitarbeiter beispielsweise durch ein unerträgliches Firmenklima zu Hause wieder demotiviert werden. Deshalb sind die Incentive-Prämien nicht losgelöst von der grundsätzlichen Unternehmenskultur - sie bilden eine sinnvolle Abrundung der verschiedenen Motivationsfaktoren und sind von daher weit mehr als nur eine nette Belohnung oder Abwechslung für die Erfolgreichen.

"Motivierte Mitarbeiter sind unbestritten das wertvollste Potential eines Unternehmens." Aus diesen Worten im Reisebüro-Prospekt spricht die positive Erfahrung der Brüder Pohl mit dieser Art von Prämien, die sie mit ihrer "Reisebüro-Idee" auch anderen weitergeben. "Geld verdienen die Besten überall", hat Reinfried Pohl erkannt. "Da muß man heute schon mehr bieten." Bei der Deutschen Vermögensberatung AG will man der Zukunft immer einen Schritt voraus sein. Auf allen Ebenen. Und mit den folgenden Leitlinien, nach denen Reinfried und Andreas Pohl ihr Unternehmen führen, sind sie das auf jeden Fall:

Die Zukunft gehört nicht den ewig Unzufriedenen,
denen, die nur von anderen fordern,
den Egoisten und Neidern,
denen, die sich nur auf den Staat verlassen.

Die Zukunft gehört vielmehr dem Leistungswilligen,
dem Selbständigen,
dem, der Selbsthilfe vor den Ruf nach staatlicher Hilfe stellt,
dem, der anderen Leistungswilligen etwas gönnt
und dem, der schätzt, was er hat,
und nicht zuletzt dem, der weiß,
daß das Wohl der Gemeinschaft
weitgehend mit dem eigenen Wohl identisch ist.

3.
Ausschöpfung der inneren Ressourcen

Das Gehirn als Problemlöser

Rechte und linke Gehirnhälfte - Teile eines Ganzen

Die Ergebnisse der Gehirnforschung können nicht nur zum Verständnis der komplexen menschlichen Natur beitragen - sie können auch von praktischem Nutzen beim Umgang mit Mitarbeitern, Partnern, Kunden sein. Wer die Funktion des Gehirns kennt, weiß, wie sein volles Leistungspotential am besten genutzt werden kann. Das Management der Zukunft gehört den ganzheitlichen Denkern!

In den 60er Jahren wurden in den Vereinigten Staaten Epileptiker mit Hilfe einer spektakulären Operation von ihrem Anfallsleiden befreit. Dabei wurde ihnen der sogenannte Corpus callosum, eine Querfaser zwischen den beiden Hirnhälften, durchtrennt. Die Heilung wurde teuer erkauft, denn fortan war der operierte Mensch eine im wahrsten Sinne des Wortes gespaltene Persönlichkeit. Die rechte und die linke Gehirnhälfte waren außerstande, miteinander zu kommunizieren. Das "Teamwork" der beiden Hemisphären (Gehirnhälften), die Zusammenarbeit war nicht mehr möglich. Entscheidungen der einen Hälfte wurden von der anderen Hälfte nicht wahrgenommen, Gegenstände konnten den entsprechenden Begriffen nicht mehr zugeordnet werden.

Es kam vor, daß eine Hemisphäre hellwach war, während die andere noch schlief, daß also der Mensch sich gleichzeitig im

Wach- und im Schlafzustand befand und nur ein Befehl von außen an die schlafende Hälfte ein völliges Aufwachen ermöglichte. Zum Glück wird diese schaurige Form der Epilepsietherapie heute nicht mehr angewandt, aber die Erfahrungen bewiesen, daß das menschliche Gehirn über zwei Gehirnhälften mit ganz unterschiedlichen Funktionen verfügt. Diese stehen miteinander in Verbindung, und erst durch ihren ständigen Dialog ist ganzheitliches Denken und Handeln möglich. Die linke Hälfte steuert alle Körperfunktionen der rechten Seite und umgekehrt.

Das Sehen auf dem rechten Auge, die Bewegung mit der rechten Hand, das Hören auf dem rechten Ohr wird von der linken Hemisphäre "organisiert". Nach der Durchtrennung des Verbindungsnerves waren die Patienten zwar durchaus in der Lage zu schreiben - sie konnten aber keine Bilder mehr zeichnen oder malen.

Die linke Gehirnhälfte, die für die Funktionen der rechten Hand zuständig ist, ist also der Sitz des analytischen Denkvermögens und bei den meisten - nicht bei allen - Menschen auch der Sitz des Sprachzentrums. Die rechte Hälfte, die keinen Kontakt mehr zu ihrem Pendant aufnehmen konnte und von daher auch keinen Einfluß auf die linke Körperhälfte mehr hatte, ist zuständig für bildhafte Wahrnehmung und deren Umsetzung. Ihr räumlich-visuelles Denkvermögen ermöglicht es dem Menschen, Bilder wahrzunehmen und zu erkennen. Die analytisch denkende linke Hälfte ordnet das Bild dem Begriff zu und kann ihn benennen. Wurde einem operierten Patienten ein Gegenstand gezeigt, konnte er ihn zwar erkennen, aber die Begriffsbestimmung war ihm unmöglich.

Eine spezielle Untersuchungsform ermöglicht ebenfalls Einblick in die Geheimnisse des Gehirns: Eine Gehirnhälfte wird betäubt, um Funktionszentren im Gehirn bestimmen zu können. Weil die linke Hemisphäre Sitz wichtiger Funktionen wie Sprache, Gedächtnis und Zuordnungsfähigkeit ist, wurde sie lange von Neurologen als die wichtigere, die überlegene der beiden Gehirnteile eingestuft. Die rechte dagegen galt als unwichtig, weil sie als das Zentrum räumlicher Fähigkeiten, auch künstlerischer und musikalischer Empfindungen, nicht unbedingt für das Überleben notwendig ist.

War bei diesem Test die rechte Hälfte betäubt, konnte der Patient wohl noch reden und sich erinnern, aber keine Melodie mehr wiedergeben. Bei der Betäubung der linken Hälfte konnte er sich sprachlich nicht mehr ausdrücken, Begriffe nicht mehr zuordnen, und er litt unter Gedächtnisverlust. Solche Ergebnisse legen den Verdacht nahe, daß die Funktionen der linken Seite von existentieller Bedeutung sind.

Das mag auf den ersten Blick zutreffen, denn tatsächlich ist es möglich, daß ein Mensch - zum Beispiel nach einer Unfallverletzung - auch dann noch in der Lage ist, ein einigermaßen unauffälliges Leben zu führen, wenn die rechte Hemisphäre geschädigt ist - sofern sein Sprachzentrum sich in der linken Hälfte befindet. Ist jedoch die linke Hälfte beschädigt, wird er mit Sicherheit große Probleme im Alltag und im Umgang mit anderen Menschen haben, da ihm die Mittel der Sprache und des logischen Denkens fehlen.

Mit der Sprache wird die Welt erklärbar, nahezu alles ist in Worte zu fassen. Niemand muß ein Bild malen oder etwas mit Gesten darstellen, um es einem anderen Menschen begreiflich zu machen. Über die linke Hemisphäre verarbeitet der Mensch Eindrücke von außen analytisch, er zerlegt sie in Einzelteile, kann sie verbal wieder zusammenfügen und äußern. Komplexe Aufgaben können in kleinen, logischen Schritten bewältigt werden. Das rechte Gehirn dagegen nimmt die Gesamtsituation auf und reagiert intuitiv. An zwei einfachen Beispielen - Sie haben ähnliche Situationen sicher schon einmal selbst erlebt - können die unterschiedlichen Funktionen erklärt werden:

Sie stehen auf einem Berg und blicken auf eine wunderschöne Landschaft. Der atemberaubenden Anblick erweckt in Ihnen ein leichtes Glücksgefühl. Sie atmen tiefer durch, nehmen das Bild in sich auf. Diese Situation spielt sich eindeutig in der rechten Hemisphäre ab. Wenn Sie nun gefragt werden: "Was sehen

Sie?", so gibt es zwei Möglichkeiten: Sie können ein zufriedenes "Schön!" flüstern. Damit ist das Sprachzentrum einbezogen. Die Aussage ist aber weder rational noch analytisch, sondern rein emotional und erklärt nur Ihre ganz persönlichen Empfindungen. Die Antwort ist also von der rechten Gehirnhälfte beeinflußt. Sie können jedoch auch antworten: "Ich sehe ein Tal, Bäume, Flüsse, Häuser..." Mit dieser Antwort wurde das aufgenommene Bild in Einzelteile zerlegt, analysiert und in Form einer präzisen Beschreibung wiedergegeben. Diese komplexe Aufgabe wird von der linken Hemisphäre bewältigt.

Die Fähigkeit der linken Gehirnhälfte wird besonders in der Pädagogik deutlich. In der Schule ist es wichtig, daß Kinder rechnen, schreiben und lesen lernen - sich also analytisches und rationales Wissen aneignen. Kinder, die mit Mathematik Schwierigkeiten haben, gelten häufig als "dumm". Kaum Wert gelegt wird an unseren Schulen auf das Training der intuitiven und kreativen Fähigkeiten. Musik, Kunst und Sport gelten häufig immer noch als unwichtige Nebenfächer, und intuitives Denken wird oft als "abweichendes" Denken gewertet und ab-gewertet.

Eine typische Auswirkung dieser Einseitigkeit zeigt sich im Umgang mit der Literatur. Lernziel ist nicht etwa, das Gesamtbild eines literarischen Werkes aufzunehmen und emotional zu erleben, sondern eine künstlerische Schöpfung in seine Einzelteile zu zerlegen, zu analysieren, im Detail zu deuten, zu interpretieren. Nicht die Empfindungen des Künstlers, die Ganzheit und Schönheit eines literarischen Werkes werden als wesentlich erachtet, sondern die Botschaft an den Leser. "Was will uns der Autor damit sagen?" ist eine der häufigsten Fragen im Deutschunterricht.

Die Schule hat es sich zur Aufgabe gemacht, Sprach- und rationales Denkvermögen auszubilden. Damit wird nur ein Teil des Menschen erfaßt, weil die nichtverbale Seite des Wesens ignoriert wird. Diese Einschätzung erklärt, warum Einstein ein schlechter Schüler war. Als genialer Naturwissenschaftler hat er aber immer das Ganzheitliche, also auch das Emotionale, gesehen und sich davon faszinieren lassen. Und das erst macht das Geniale aus. Goethe hat mit Worten gearbeitet und soviel Gefühl hineingelegt, daß seine Werke nicht zu einer reinen Aneinanderreihung von Worten wurden, sondern als ganzheitliches Werk entstanden. In dem Zusammenwirken zweier gleichberechtigter Gehirnhälften liegt nämlich der Schlüssel zum Erfolg. Wenn an den Universitäten nur Wissen gelehrt wird, haben die Absolventen am Ende zwar eine ganze Menge Wissen gespeichert und sie sind vielleicht exzellente Physiker oder Mathematiker - aber Alltagsprobleme lassen sich damit nicht lösen und schon gar nicht der Umgang mit Menschen erlernen.

Ein Jurist mit brillantem Fachwissen kann niemals ein erfolgreicher Rechtsanwalt oder Richter sein, wenn ihm das Gespür für die Menschen fehlt, wenn er keine Intuition und kein Einfühlungsvermögen hat. Auch ein Lehrer mit Prädikatsexamen, aber ohne Intuition wird in seinem Beruf versagen. Ein perfekt ausgebildeter, aber nur rational argumentierender Verkäufer wird mit Sicherheit wesentlich weniger Verkaufserfolg haben als sein vielleicht weniger fachlich qualifizierter Kollege, der es versteht, auf seine Partner einzugehen. Erfolg kann nur erreicht werden, wenn der ganze Mensch - also Verstand und Gefühl - angesprochen werden können.

Sicher fragen Sie sich nun, wie Sie lernen können, beide Gehirnhälften harmonisch zu vereinen und für Ihre Ziele einzusetzen. Mit systematischem Entspannungstraining - zum Beispiel mit Mental-Training, mit Autogenem Training oder mit Kassetten-Training - kann jeder Mensch zu einem ganzheitlichen Denker werden. Er kann Intellekt und Gefühl, analytisches Denkvermögen und Intuition zu einem Ganzen zusammenzufügen und somit zu einem - im wahrsten Sinne des Wortes - ausgeglichenen Menschen werden. Die Probleme der Zukunft sind nicht mehr ohne Kreativität und Phantasie zu bewältigen. Eindimensionale Denker, sachlich-kühle Analytiker, können deshalb nicht die Problemlöser unserer Zeit sein - weder in den Unternehmen noch in den Entscheidungsgremien von Politik und Gesellschaft.

"Phantasie ist wichtiger als Wissen" behauptete schon Einstein. So wie in der Ausbildung das linke Gehirn trainiert wurde, können auch die Fähigkeiten des rechten Gehirns mobilisiert werden. Eine wirkungsvolle Form ist das systematische bildhafte Training in Form von Suggestionen, am besten mit Hilfe von Kassetten. Die Suggestion ist eine Kombination von Sprache und gleichberechtigter Vision. Die effektive Suggestion entwickelt mit Hilfe der Sprache Bilder, also Visionen. Die Intuition kommt aus dem Unterbewußtsein. Die Suggestion erreicht die tiefsten Schichten des menschlichen Unterbewußtseins, spricht verborgene Urbedürfnisse an, wie Ausgeglichenheit, Harmonie, Ruhe, Angstfreiheit - also alles Emotionen, die einen Teil des menschlichen Denkens und Lebens ausmachen. Sie sind in der rechten Hälfte des Gehirns als Urerfahrung gespeichert - so wie sie jeder Mensch erlebt hat: als Embryo im Mutterleib. Mit der gezielten Suggestion wird die Intuition geweckt und gestärkt, die intuitiven werden mit den rationalen Kräften vereint.

Am wirkungsvollsten ist die Suggestion in der Tiefenentspannung. Der entspannte Mensch ist beeinflußbar, weil rationale Blockaden aufgehoben sind. In der Entspannung ist das Unterbewußtsein formbar wie Wachs. Bilder entstehen ohne gedeutet oder erklärt werden zu müssen - ähnlich Träumen. All diese Bilder sind im Gedächtnis gespeichert und können abgerufen werden. Das kann durch Worte geschehen, aber auch durch Töne und Bilder. Eine uralte Form der Suggestion sind die Märchen, in denen Aussagen in einer sehr bildhaften Weise dargestellt werden. Märchen kommen aus der Seele, sie sprechen das Unterbewußtsein, die rechte, emotionale Seite des Gehirns an, weil sie mit Bildern aus dem Inneren wiederum Bilder erzeugen. Märchen sind Visionen aus dem Unterbewußtsein, die sich an das Unterbewußtsein richten. Jede Mutter, die Märchen erzählt, nimmt Einfluß auf das Unterbewußtsein ihres Kindes. Die erste

Form der Suggestion, die die meisten Menschen erfahren, erhalten sie durch Märchen. Jeder trägt diese Bilder in sich.

Ähnlich wie mit den Märchen verhält es sich auch mit den Träumen, die sich in Bildern darstellen. Viele Menschen können sich nach dem Erwachen nicht mehr erinnern, überhaupt geträumt zu haben, andere sind nicht in der Lage, Worte für ihre Traumbilder zu finden, weil sie offensichtlich keine Logik darin erkennen. Wissenschaftler gehen davon aus, daß nur eine geringe Kommunikation zwischen linker und rechter Gehirnhälfte bei Menschen stattfindet, die wenig Traumerinnerung haben. Das sind dann meist intellektuelle, logisch und rational denkende Personen. Wer jedoch lernt, seinen Träumen mehr Aufmerksamkeit zu schenken, kann damit nicht nur den Informationsfluß zwischen rechtem und linkem Gehirn stärken, sondern auch die Intuition und die Kräfte des Unterbewußtseins aktivieren.

Das Gedächtnis der Natur

Jeder Mensch hat in seinem Gehirn das Urwissen der gesamten Menschheitsentwicklung bis zum heutigen Stand gespeichert. In diesem sogenannten "kollektiven Unterbewußtsein" sind Bilder enthalten, die Freude, Ängste, Zorn oder Glück auslösen können. Sie sind in einer eigenen Sprache verschlüsselt, nicht zu vergleichen mit dem, was wir allgemein unter Sprache verstehen. Beim Anblick einer Schlange zum Beispiel empfinden die meisten Menschen ein mehr oder weniger stark ausgeprägtes Angstgefühl, auch wenn sie niemals in ihrem Leben von einer Schlange konkret bedroht waren. Diese Angst basiert nicht auf individueller Erfahrung, sondern auf Übermittlung - zum Beispiel durch Erzählung - und vor allem durch die Erfahrung unserer Vorfahren, die im Urwissen verankert ist. Bilder setzen Assoziationen frei, die ihren Ursprung im Unterbewußtsein haben.

Was einmal im Gedächtnis der Natur eingeprägt wurde, geht niemals verloren. Durch die suggestive Wirkung der Stimme kann dieses in jedem Menschen gespeicherte Urwissen aktiviert werden. Worte können Bilder freisetzen und damit eine Ergänzung, sogar ein Ersatzmittel für Sprache werden. Dies wird oft auch therapeutisch genutzt. Was für seelisch Kranke hilfreich ist, kann auch dem Gesunden von Nutzen sein. Visionen unterstützen das menschliche Urbedürfnis nach Veränderung, das von Ängsten und gesellschaftlichen Schranken reglementiert wird. Botschaften, als "Bilder" verschlüsselt, treten in vielerlei Gestalten, Symbolen oder Begebenheiten auf und werden dennoch verstanden, weil sie in jedem Menschen bereits enthalten sind.

Die Beschäftigung mit einer positiven Vision - mit der Botschaft, daß Probleme lösbar sind, selbst wenn die Situation aussichtslos erscheint - verdrängt Probleme und destruktive Gedanken. Der Geist kann sich damit aus einer Art Erstarrung lösen, die keine neuen Gedanken mehr zuläßt. Erst in dem Moment, in dem man sich von einer rein analytischen, rationalen Denkweise löst und dem Bewußtsein Raum gelassen wird für intuitive und visuelle Eindrücke, kann das Gehirn aus dem kreativen Potential der rechten Gehirnhälfte schöpfen.

Ein Augenblick der inneren Ruhe kann eine Phase systematischer Problemlösungen einleiten. Wer dies weiß, braucht nicht in Verzweiflung zu geraten. Der kreativ denkende Mensch kann über das geistige Loslassen seines Problems zur Lösung zu finden.

Jeder Mensch hat diese Chance, das Unterbewußtsein für die Lösung seiner Probleme einzusetzen. Das Gehirn ist also ein Organ, das Probleme lösen hilft und schöpferisch tätig werden kann - sofern man es läßt. Und dies beginnt in dem Augenblick, in dem die rein rationale Ebene abgelöst wird von der visuellen. Denken Sie, lieber Leser, liebe Leserin, nur an Alexander

Graham Bell, der beim Anblick des menschlichen Ohres auf die Idee kam, das Telefon zu erfinden. Oder Archimedes, der "Heureka" rief (Ich hab's gefunden), als er nach langer Suche ganz plötzlich des Rätsels Lösung fand: die Gesetze vom spezifischen Gewicht.

Wenn Menschen erschöpft, "ausgebrannt" oder seelisch krank werden, hängt dies nicht immer damit zusammen, daß sie die Dinge, die sie krank machen, nicht ausdrücken wollen oder können. Das Wort an sich ist etwas "körperloses Geistiges", wie es eine Sprachtherapeutin einmal formulierte. Es gewinnt seine Bedeutung erst durch die Ganzheitlichkeit, die Vereinigung von rationaler Ausdrucksweise und Emotionen. Nicht das, was man aussprechen kann, macht krank, sondern das, was man erlebt und erlitten hat und was man nicht in Worte fassen kann.

Das Gehirn kann seine enormen Fähigkeiten als Problemlöser-Organ nur dann entfalten, wenn das vernachlässigte Potential der rechten Hemisphäre aktiviert und mobilisiert wird. Die Überbewertung der rationalen linken Gehirnhälfte ist ein fataler Irrtum unserer Gesellschaft und insbesondere unseres Schulsystems. In einer sich ständig verändernden Welt sind mehr denn je Flexibilität und spontane Anpassungsfähigkeit sowie schnelle Reaktion nötig. Die linke Hemisphäre allein kann die komplexen und vielschichtigen Anforderungen unserer Zeit längst nicht erfüllen. Wir benötigen das ganze Gehirn, rationale Fähigkeiten *und* visionäre Vorstellungskräfte gleichermaßen, um die Aufgaben der Zukunft meistern zu können.

Schleichwege ins Unterbewußtsein

Bewußtsein ohne Erinnerung

Neuere Untersuchungen haben ergeben, daß Patienten in Vollnarkose durchaus Vorgänge während einer Operation wahrnehmen und sich zum Teil sogar daran erinnern können. Und dabei sind nicht die Patienten gemeint, die aufgrund zu niedrig dosierter Narkosemittel während des Operationsvorgangs kurz aufwachen, sondern vielmehr jene, die ganz offensichtlich tief und optimal betäubt waren. Sie können sich an jede Einzelheit erinnern - an Gespräche oder Geräusche im Operationssaal. Es wird vermutet, daß solche Wahrnehmungen direkt ins Unterbewußtsein gelangen, ohne das Bewußtsein zu passieren.

Es gibt ein Bewußtsein ohne Erinnerung und umgekehrt. Ein Arzt erzählte seinen Patienten während der Narkose die Geschichte von Robinson Crusoe. Nach dem Aufwachen konnte sich keiner der Patienten an die Erzählung erinnern. Auf die Frage, was ihnen zu dem Wort "Freitag" einfiele, nannten aber die meisten Robinson Crusoe. Das Bewußtsein hatte die Geschichte offensichtlich nicht aufgenommen, die Erinnerung aus dem Unterbewußtsein konnte aber über eine Spontanassoziation abgerufen werden.

Viele Beispiele belegen, daß Sinneseindrücke, selbst wenn das Bewußtsein ausgeschaltet ist, ins Unterbewußtsein gelangen können. Inzwischen geht man davon aus, daß sogar Komapatienten in der Lage sind, ihre Umgebung wahrzunehmen. Viele konnten sich nach dem Aufwachen bruchstückhaft an bestimmte Situationen erinnern. Viele Ärzte achten deshalb darauf, daß in Anwesenheit von Komapatienten grundsätzlich eine zuversichtliche positive Stimmung vorherrscht.

Wissenschaftler gehen davon aus, daß das Gehirn im Zustand der Bewußtlosigkeit und Betäubung mehr Informationen aufnimmt als gemeinhin angenommen wird. Ein Schleichweg ins Unterbewußtsein - förmlich am Bewußtsein vorbei - ist beispielsweise die Hypnose. In völliger Entspannung kann Patienten Schmerzfreiheit und Wohlbefinden suggeriert werden. Selbst Kaiserschnittoperationen können in diesem Entspannungszustand problemlos vorgenommen werden.

Erinnerungen aus dem Unterbewußtsein können allerdings auch in die Irre führen, als Beispiel sei nur der sogenannte Phantomschmerz erwähnt: Das Bewußtsein weiß, daß die Hand amputiert ist, doch der Patient kann noch Jahre nach der Amputation Kälte, Hitze, Schmerzen an der längst nicht mehr vorhandenen Hand physisch empfinden. Auch das sogenannte "Blindsehen" gilt als Zeichen einer abgerufenen Erinnerung aus dem Unterbewußtsein: So wurde bei Menschen, deren Sehrinde im Großhirn bei einem Unfall zerstört wurde, beobachtet, daß sie immer wieder Hindernissen ausweichen. Sie sehen nicht mehr, sind "bewußt" blind, doch die Wahrnehmung mit den Augen über das Unterbewußtsein funktioniert noch immer.

Es wird deutlich, daß das Unterbewußtsein in der Lage ist, in einem Zustand der Bewußtlosigkeit Informationen aufzunehmen und zu verarbeiten. Dieser Prozeß ist nachgewiesenermaßen unabhängig von der bewußten Aufmerksamkeit. Manche Ärzte nutzen dieses Phänomen während Operationen, indem sie auf den Patienten beruhigend einwirken, mit ihm sprechen. Allerdings arbeitet das Unterbewußtsein anders als das Bewußtsein. Es arbeitet selektiv und ist vermutlich nicht in der Lage, komplizierte Sätze zu analysieren. Selbst in einem positiven Zusammenhang benutze negativ besetzte Begriffe wie: "Krise", "Schmerzen", "Gefahr", "Angst" - sollten deshalb vermieden werden. Positiv besetzte Begriffe dagegen sprechen das Unterbewußtsein positiv an - und eröffnen eine Chance, schwierige Patienten systematisch positiv zu beeinflussen.

Das Unterbewußtsein ist immer ansprechbar

Das Unterbewußtsein ist ansprechbar, selbst wenn das Bewußtsein ausgeschaltet ist. Diese Erkenntnis wird in unserem Institut seit über 20 Jahren umgesetzt. Die Suggestivformeln unserer Motivationskassetten erreichen direkt die tiefsten Schichten des Unterbewußtseins. Immer wieder werden wir gefragt, ob unsere Kassetten auch wirksam seien, wenn man beim Hören abschweifende Gedanken nicht "abstellen" könne oder bei Entspannungskassetten einschlafe - und so eigentlich gar nicht wisse, wie der Text auf der Kassette lautet.

Wenn das Unterbewußtsein selbst in tiefster Bewußtlosigkeit Informationen aufnehmen und speichern kann, dann ist es nur plausibel, daß Suggestionen auch bewußte Gedanken passieren können und im Schlaf wirksam sind. Wir raten nie dazu, die Gedanken abzustellen. Im Gegenteil: Vielmehr ermuntern wir die Hörer, ihren Gedanken freien Lauf zu lassen.

Der Mensch ist keine Maschine, die man beliebig an- und ausschalten kann. Die suggestive Wirkung der Kassetten beruht nicht auf einer bewußten Wahrnehmung oder auf der Konzentration auf den Inhalt. Ihr Unterbewußtsein wird auch dann erreicht, wenn Sie an die nächste Steuererklärung oder an ein ungelöstes Problem in der Firma denken. Selbst im Schlaf finden die Worte der Kassette Zugang zu Ihrem Unterbewußtsein. Denn Suggestionen nutzen die Schleichwege ins Unterbewußtsein. Sie entfalten ihre Wirkung, ohne daß sie als bewußte Erinnerung abgerufen werden können.

Das Unterbewußtsein - Quelle der Motivation

Vorstellungskraft ist Schöpferkraft

Das Unterbewußtsein, das individuelle Gedächtnis eines jeden Menschen, beginnt bei der Geburt (wahrscheinlich sogar schon mit der Zeugung), seine ureigene Aufgabe zu erfüllen: Es speichert Informationen. Mit der Zeugung erhält der Mensch die ersten Informationen: Das Erbmaterial von den Eltern ist in allen Zellen enthalten. Diese Grundinformationen bestimmen das Aussehen, die Farbe der Augen und der Haare, die Form der Nase, den Körperbau, aber auch potentielle Talente sowie den Grad der Intelligenz und die psychische Grundstruktur, die charakterlichen Veranlagungen. Das Erbgedächtnis oder Urwissen liefert im genetischen Code bereits alle Erfahrungen der Menschheitsentwicklung mit. Dieser Code ist bei allen Menschen gleich. Durch das gemeinsame Erbgedächtnis sind alle Menschen miteinander verwandt. Die großen Weisheitslehrer sprachen deshalb von einem Bewußtsein der Einheit, des Einsseins. In diesem Bewußtsein ist die Polarität von Gut und Böse angelegt.

Das Gehirn zum Zeitpunkt der Geburt ist vergleichbar mit einer beinahe unbespielten Kassette, einem fast leeren Archiv. Alles ist in der Anlage vorhanden, doch was wir daraus machen, wie das Ergebnis ausfällt, hängt von unseren Entscheidungen ab. Alle Erfahrungen, alles, was wir mit unseren Sinnen wahrnehmen, wird in diesem "Archiv" abgelegt: Negatives und Positives, völlig wertneutral. Je älter wir werden, desto komplexer wird die Informationsverwertung. Neue Eindrücke und Erfahrungen werden mit den alten verglichen, Informationen miteinander verbunden, werden verankert, erneuert und ergänzt. Die Speicherkapazität unseres Gedächtnisses übertrifft jeden Computer - sie ist absolut grenzenlos. Doch nicht alle Informationen bleiben in unserem Bewußtsein. Die meisten gelangen dorthin, wo sie nicht mehr unserem freien Willen und Einfluß unterliegen: in das Unterbewußtsein. Und dort verschwinden sie nicht einfach, sondern sie bleiben gespeichert und prägen unser Verhalten, machen unseren Charakter aus, bestimmen den Umgang mit anderen Menschen sowie unser Verhältnis zu uns selbst. Sie prägen den genetischen Code, den wir an unsere Nachkommen weitergeben: die Sammlung von Erfahrungen, die das Überleben der Spezies Mensch bewirkt hat und noch immer bewirkt. Wenn wir uns diese ergiebige Quelle zunutze machen, um unser Leben bewußt zu bestimmen, wenn es uns gelingt, das Tor zu unserem Unterbewußtsein zu öffnen, dann gelangen wir an die Wurzel unserer starken schöpferischen Kraft.

Das Unterbewußtsein beinhaltet die Summe unserer Möglichkeiten, die uns in Träumen und Phantasien offenbart werden. In der geistigen Vorstellung ist alles möglich, ohne Zensur und ohne realitätsbezogene Kontrollinstanzen - ohne Grenzen und Einschränkungen. Phantasien verleihen dem Geist Flügel, Träume befreien die Seele. Gedanken, Ängste, Gefühle und Vorstellungen beeinflussen nicht nur Seele und Geist, sondern auch den Körper. Gesundheit ist ebenso das Ergebnis unseres Denkens und Fühlens wie Krankheit. Alles, was wir uns vorstellen können, ist möglich. Wer sich immer wieder vorstellt, eine Krankheit zu bekommen oder zu haben, wird eines Tages wirklich krank werden. Gedanken sind unsichtbare, intensive und dynamische Energien. Das Unterbewußtsein materialisiert unsere geistigen Bilder. Die Vorstellungskraft ist mächtiger als die Realität.

Niemand hat diese These überzeugender untermauert als der russische Biologe und Nobelpreisträger Iwan P. Pawlow (1849 - 1936). Beim Füttern eines Schäferhundes beobachtete er, daß das Tier bereits beim Anblick des Futters Verdauungssäfte produzierte. Als er zur Fütterungszeit täglich eine Glocke läutete, bildeten sich im Verdauungstrakt des Hundes nach 28 Tagen bereits Fermente - allein beim Geräusch der Glocke und unabhängig davon, ob der Hund wirklich gefüttert wurde oder nicht. Ein "bedingter Reflex" war entstanden. Der Hund verband das Glockenläuten mit Futter; die körperlichen Funktionen orientierten sich nun nicht mehr an der Realität, sondern an der Vorstellung. Dieses System - erkannte Pawlow - läßt sich auch auf den Menschen übertragen.

Bedingte Reflexe können mit neuen Gewohnheiten verglichen werden, die alte ersetzen können. Jede Gewohnheit kann in durchschnittlich 28 Tagen durch eine andere ersetzt werden. Eine enorme Chance und die einzige Möglichkeit, Mißerfolge und Mißachtung in Erfolg und Achtung zu verwandeln, ist die zielgerichtete Vorstellung von neuen, positiven Gedanken. Wie sinnlos es ist, schlechte Gewohnheiten zu bekämpfen, zeigen die Erfahrungen aus der Suchttherapie. Über 80 Prozent der behandelten Alkoholiker werden erfahrungsgemäß wieder rückfällig, obwohl sie nach einer Entziehungstherapie keinerlei physische Suchtsymptome und eine psychische Stabilisierung erreicht hatten. Viele Therapeuten waren allerdings erfolgreich, wenn sie die Alkoholabhängigkeit durch eine neue Sucht, beispielsweise durch Tabletten, ersetzten. So umstritten diese Ersatzprogramme - denken Sie an das Methadon-Programm für Heroinsüchtige - zu Recht auch sind, so beweisen sie auf jeden Fall, daß die Bekämpfung einer schlechten Gewohnheit wirkungsloser ist als der Ersatz durch eine andere (oft nicht weniger schlechte) Gewohnheit. Viele Selbsthilfegruppen für Suchtgefährdete versuchen deshalb, schlechte Angewohnheiten durch bessere zu ersetzen.

Eine der wirkungsvollsten Methoden, negatives Verhalten durch positives zu ersetzen, ist die Suggestion bzw. die Autosuggestion. Durch immer wiederkehrende Formeln werden Automatismen erzeugt. Nach etwa einem Monat Training mit einer Suggestion können sich so neue Gewohnheiten im Unterbewußtsein verankern. Das neue Programm läuft dann unbewußt und automatisch ab.

Die positive Autosuggestion ist die wirkungsvollste Möglichkeit, unsere Ressourcen auszuschöpfen!

Positives Suggestivtraining: Ausschöpfung der inneren Ressourcen

Im Grunde hat der Mensch eigentlich nur zwei Probleme: den Umgang mit sich selbst und mit anderen Menschen zu erlernen. Die Lösung dieser Problematik hat automatisch die Lösung vieler, wenn nicht gar aller anderen Probleme zur Folge. Der richtige Umgang mit sich selbst bedeutet: sich selbst zu achten, sich zu respektieren und sich seiner Selbst bewußt zu sein. Das bedeutet, seine Stärken zu kennen und diese Stärken zur Erreichung der Ziele zu nutzen und einzusetzen.

Arrogante und überhebliche Menschen mögen zwar auf den ersten Blick selbstbewußt wirken, doch gerade ihnen mangelt es an einem gesunden Selbstbewußtsein; sie versuchen lediglich, ihre Mängel zu vertuschen. Der sich seiner Selbst bewußte Mensch hat es gar nicht nötig, Überlegenheit zur Schau zu stellen - er ruht in sich, weiß, daß er stark ist und muß es nicht beweisen. Seine Ausstrahlung spricht für ihn. Selbstbewußtsein ist die höchste Stufe des positiven Umgangs mit sich selbst und folglich mit anderen Menschen. Wer sich selbst verändert, wirkt nach innen, weil er seine Möglichkeiten, Fähigkeiten und Chancen erkennt und wahrnimmt, und nach außen auf seine Umgebung.

Alles, was wir aussenden, wird von der Umwelt empfangen. Das Leben ist ein Prozeß gegenseitiger Beeinflussung. Die entscheidende Frage ist: Wer beeinflußt wen und in welcher Weise? Alle senden und empfangen, beeinflussen sich und die Umwelt. Wir alle werden beeinflußt, ob wir das wollen oder nicht. Durch unser Denken werden wir zum Gestalter unseres Lebens, unser

Denken wirkt zuerst auf unsere innere Welt, unser Seelenleben. Und je nach dem, wie Sie denken, beeinflussen Sie sich und Ihre Umgebung. Je konzentrierter Sie Ihre Gedankenkraft auf Ihre Ziele richten, desto größer sind Ihre Chancen, diese zu erreichen.

Es gibt zwei Möglichkeiten, die suggestive Wirkung bewußt zu trainieren:

Suggestion und Autosuggestion

Suggestionen sind von anderen Menschen übermittelte Vorstellungen, die unsere Gedanken in eine bestimmte Richtung lenken und unser Verhalten beeinflussen sollen. Eine Suggestion kann sowohl positiv wie auch negativ sein. Wer sich ständig einreden läßt, daß er nichts ist und nichts kann, wird diese Anschauung früher oder später übernehmen und schließlich davon überzeugt sein, daß er eine Null, ein Nichts, ist. Er ist Opfer einer negativen Suggestion, die zu einer Programmierung in seinem Unterbewußtsein wurde. Destruktive Nachrichten aus den Medien, negative Äußerungen unserer Freunde wirken wie negative Suggestionen auf uns und können unser Leben nachhaltig beeinflussen.

Schon Hiob wußte über die Wirkung der sich selbsterfüllenden Prophezeihung: "Herr, was ich befürchtet habe, ist über mich gekommen." Und Luther ergänzt: "Wer an die Hölle glaubt, fährt selbst hinein."

Der Mensch ist das einzige Wesen, das den Verlauf seines Lebens selbst bestimmen und verändern kann. Das 1. Grundgesetz der Lebensentfaltung lautet:

Nur der Mensch hat die Kraft, bewußt zu denken, zu planen und zu gestalten. Nur er kann sich selbst und damit sein Schicksal und seine Zukunft gezielt beeinflussen.
Nichts ändert sich, außer wir ändern uns!

Eine positive Programmierung unseres Unterbewußtseins - beispielsweise mit Hilfe unserer Kassetten - stärkt den Willen und den Glauben an sich selbst. Es ist der Glaube, der Berge versetzt. Und wer an sich glaubt, kann alles erreichen, was er will. Wer nicht an seine Zukunft glaubt, hat auch keine Zukunft. Durch negatives Denken und mangelnden Glauben kreieren wir ein negatives Schicksal.

Die stärkste Kraft im Leben ist der Glaube - der Glaube an sich selbst, an den Sinn des Lebens überhaupt. An Grenzen kann nur derjenige stoßen, der an Grenzen glaubt. Das wirkungsvollste Mittel zur Überwindung der eigenen Grenzen ist die positive Autosuggestion - *die Kunst, sich selbst zu beeinflussen*, seinen Willen, seine Gedanken, in positive Kanäle zu lenken.

Die Praxis der Autosuggestion, also der Selbstbeeinflussung, ist denkbar einfach. Sie sollten sich in tiefe Entspannung versetzen, denn in diesem Zustand ist das Unterbewußtsein aufnahmebereit und äußerst lernfähig. Wenden Sie deshalb die Autosuggestion immer im Zustand der Entspannung an; die Wirkung ist sehr viel größer. Autosuggestion bedeutet: durch Gedankenkraft, negative Energien in positive Energien zu verändern.

Damit Sie diese inneren Vorgänge besser verstehen, vergleichen Sie einmal Ihr Gehirn mit einem Diaprojektor. Sie haben zwar hunderte von Dias, können aber durch den Apparat nur jeweils ein Dia genau betrachten. Und es liegt an Ihnen, ob Sie ein schönes oder ein häßliches Bild auswählen, dem Sie Ihre Aufmerksamkeit schenken. Das Gleiche geschieht mit unserem Denken. In unserem Gehirn haben wir unendlich viele Gedanken gespeichert - ein unerschöpfliches Reservoir an klugen und dummen, positiven und negativen, fröhlichen und traurigen, zärtlichen und grausamen Gedanken. Doch wir können immer nur jeweils einen einzigen Gedanken denken. Autosuggestion ist nichts anderes als Gedankendisziplin und Gedankentraining. Systematisch und gezielt formulieren wir unsere Gedanken und rufen sie so oft wie möglich in unser Gedächtnis. Je mehr wir die Autosuggestion anwenden, je häufiger wir uns bewußt und gezielt mit positiven Gedanken befassen, desto stärker wird die positive Energie in uns und desto schwächer werden die negativen Strukturen.

Wir trainieren somit regelrecht das Abrufen von aufbauenden Gedanken. Sie verhindern, daß negative Gedanken entstehen können - denn: Es kann immer nur ein einziger Gedanke vorherrschen!

Meist beherrschen negative Informationen das Denken und bestimmen folglich das Handeln. Wenn Sie jeden Tag nur Katastrophenmeldungen hören, immer nur Nachrichten über Verbrechen, Krieg und Elend in Ihr Gehirn lassen, so dauert es nicht lange und Sie glauben, daß die Welt eine Hölle und die Menschen allesamt Monster sind. Wie könnten Sie denn jemals an das Gute und Schöne glauben, den Sinn im Leben überhaupt erkennen? Das Warten auf die nächste Unglücksbotschaft wird Ihr Tun bestimmen - und so wird durch Ihre Vorstellung die Katastrophe geradezu heraufbeschworen, so materialisieren sich Ihre Gedanken.

Mit der Autosuggestion können Sie die Welt nicht besser und nicht schlechter machen als sie ist - Sie können nichts schönreden, was schlimm und schrecklich ist. Mit Jammern und Klagen kann man die Welt aber auch nicht verändern. Sie können viel tun, wenn Sie sich aus diesem negativen Kreislauf lösen: Sie können Ihre Wahrnehmung und Ihren Umgang beeinflussen, und zwar durch Ihre Einstellung. Positives Denken heißt nicht, das Negative nicht mehr wahrzunehmen. Es bedeutet lediglich, dem Negativen keine Macht, keinen Raum zu geben, sondern sich lieber auf das Positive zu konzentrieren. *Der Mensch ist, was er denkt.* Er lebt nach seinen eigenen negativen oder positiven Anweisungen.

Um dies zu erreichen, ist Arbeit an sich selbst - Gedankendisziplin - erforderlich. Sie brauchen vor allem viel Geduld, denn nach ein, zwei oder auch zehn Übungen geschieht noch gar nichts. Viele Menschen geben bereits an diesem Punkt enttäuscht auf, glauben nicht an die Wirksamkeit des Suggestivtrainings. Doch denken Sie einmal an einen erfolgreichen Spitzensportler: Glauben Sie, ein Goldmedaillengewinner hätte nur ein paar Trainigsstunden absolviert, bevor er zur Olympiade anreiste? Ein Sportler weiß, daß jahrelanges Training nötig ist, um zu gewinnen, um Spitzenleistungen zu erzielen. Und wenn Sie eine Kopfschmerztablette nehmen, wissen Sie genau, daß es zehn bis zwanzig Minuten dauert, bis die Wirkung einsetzt. Doch von der Autosuggestion erwarten viele eine Spontanheilung, ein Wunder, sie vergessen, daß alles eine Frage der Zeit, der Geduld und der Ausdauer ist.

Jede Wiederholung der Suggestion verstärkt die Wirkung, ein festes Fundament wird in Ihrem Inneren errichtet. Und nach und nach werden Sie merken, daß positive Ereignisse nicht das Ergebnis eines Zufalls sind, sondern das Resultat Ihrer konsequenten Anwendung der Autosuggestion.

Die ersten Veränderungen an sich nehmen Sie selbst vermutlich gar nicht richtig wahr. Aber die Veränderungen in Ihrem Umfeld zeigen Ihnen deutlich, daß Sie sich verändert haben. Der Erfolg wird also erst über die Außenwelt deutlich sichtbar. Ihr Selbstbewußtsein wächst; Sie strahlen Ruhe und Zuversicht aus; Ihre Gedanken sind auf Positives ausgerichtet, negative Eindrücke nehmen Sie immer weniger auf. Jeder Mensch kann durch positive Suggestionen sein Leben selbst bestimmen und durch das Freisetzen seiner Kräfte sein Schicksal und seine Zukunft bewußt beeinflussen. Denken Sie daran:

Suggestion + Autosuggestion = Selbstbewußtsein

Das menschliche Gehirn hat eine Speicherkapazität, die ausreichen würde, um die Informationen aufzunehmen, die ein Mensch in 100.000 Jahren erhält. Sie sehen daran, daß der Mensch das lernfähigste Wesen der Erde ist. Dennoch ist es ihm bis heute nicht möglich, sein gesamtes geistiges Potential zu nutzen. Der moderne Homo sapiens nutzt im Durchschnitt nur zehn Prozent seiner Fähigkeiten und Möglichkeiten. Eine Steigerung um nur zwei Prozent würde ihn zu überdurchschnittlichen Leistungen befähigen.

Doch die wenigsten Menschen sind bereit, an sich zu arbeiten und ihre schöpferischen Kräfte zu mobilisieren. Sie haben sich so an sich und ihre schlechten Gewohnheiten, an ihre geistige Trägheit, gewöhnt, daß sie die Chancen zur Höher- und Weiterentwicklung einfach verstreichen lassen. Doch das Prinzip des Lebens ist Wachstum, ist Bewegung und nicht Stillstand.

Je älter der Mensch wird, desto langsamer teilen sich die Zellen. Altern geht einher mit Verlangsamung - nicht nur im Körper. Wer bis ins hohe Alter seine geistige Vitalität erhalten möchte, muß seinen Geist rege halten. Altsein ist kein Grund, sich einer Aufgabe, einer Herausforderung nicht mehr zu stellen. "Wer rastet, der rostet", heißt es so richtig. Es ist das Prinzip der Natur, daß die Funktionen, die nicht mehr genutzt werden, sich zurückentwickeln und schließlich völlig verkümmern. Eine der Hauptursachen der Alterssenilität liegt in der Schonung, in dem geistigen Stillstand. Nicht die Beanspruchung, die Aktivität läßt den Menschen alt werden, sondern die Passivität, die Schonung seiner geistigen und körperlichen Fähigkeiten. Sich schonen bedeutet, rasten und rosten - bedeutet, schneller zu altern, sich auf den direkten Weg ins Abseits zu begeben.

Ist es nicht so, daß die meisten Menschen lieber eine unangenehme Situation annehmen, sich mit einem traurigen Schicksal abfinden, anstatt nachzudenken und sich zu fragen, ob sie etwas ändern können? Warum ist die Situation so? Was kann man verändern? Die Trägheit der Gedanken, mangelnde Phantasie, Abschied von den Träumen und Hoffnungen - das ist Stillstand, der Anfang vom Ende. Und das führt schnell zu geistig-seelischer Vergreisung. Denn Voraussetzung für ein aktives Leben, ein Leben, in dem eine Höher- und Weiterentwicklung angestrebt wird, ist Bewegung und Beweglichkeit, Flexibilität, Einsatz der eigenen Kräfte und der Glaube an sich selbst. Dieser Glaube ist ein wichtiges Element, denn er aktiviert die Kräfte der Seele, so daß sie sich von den selbstauferlegten Fesseln befreien kann. Aus innerer Freiheit heraus ist dann alles möglich.

Wer etwas ändern will, muß zuerst wissen, *was* er verändern möchte. Er muß seine Ziele formulieren, in Worte fassen und sie als Bilder geistig sehen können. Wer über seine Wünsche spricht, lebt schon heute in seiner Zukunft. Im Wort liegt die magische Kraft, Wünsche und Hoffnungen zu materialisieren.

"Im Anfang war das Wort." So steht es in der Bibel. Das Wort macht aus einer Idee etwas Greifbares. Die Idee kann sich aber nur dann verwirklichen, wenn sie mit Gedanken kraftvoll aufgeladen wird. In vielen Religionen wird dieses Wissen eingesetzt, um Gedanken mit der richtigen Energie zu versehen. Es gibt die unterschiedlichsten Methoden: tibetanische Gebetsmühlen, die Zettel mit Wünschen enthalten, werden lange gedreht oder das Mantra - die ständige Wiederholung einer Formel - im Buddhismus - all dies basiert auf dem Prinzip der Wiederholung. So auch unser 13. Grundgesetz der Lebensenfaltung:

Die ständige Wiederholung einer Idee wird erst zum Glauben, dann zur Überzeugung.

Konzentration führt zum Erfolg,
Wiederholung führt zur Meisterschaft!

Unsere Gedanken und Ziele müssen mit kraftvoller Energie beseelt sein, um mit den Widersachern - den negativen Einflüssen, der Kritik, destruktiven Äußerungen - fertig zu werden. Ohne Konzentration, Kraft und die ständige Wiederholung können die Feinde des Erfolgs, nämlich Zweifel und Mangel an Selbstvertrauen, nicht besiegt werden. Stetes Training, Konsequenz, Geduld und klare Zielvorstellungen bringen Sie jeden Tag ein Stück näher zu Ihrem Ziel.

Sie können lernen, Glück selbst zu verursachen. Glück ist keine Gabe des Himmels, sondern kann erlernt werden. Weiterbildung ist notwendig, Gedankenhygiene und Gedankendisziplin: Leben ist verwirklichtes Denken. Gute Gedanken erwecken neue gute Gedanken. Gedanken an das Starke, an das Positive ziehen automatisch das Starke und Positive an. Das tägliche Training mit der Autosuggestion aktiviert die inneren Kräfte, lenkt die Konzentration auf das Wesentliche und befreit von Zweifel und Minderwertigkeitskomplexen. Die Autosuggestion ist der Weg zum Glück. Sie ist die hohe Schule der Selbstdisziplin, mit deren Hilfe wir den bewußten und unbewußten Willen in uns vereinigen können zu einem kraftvollen Ganzen. Wir lernen, die Sorgen und Zweifel auszuschalten, gehen mit dem Glauben an uns, unseren Erfolg und dem Vertrauen, daß wir Erfolg haben werden, unseren Weg zum Ziel.

Wenn wir uns daran erinnern, daß der Mensch nur ein Zehntel seines geistigen Potentials ausschöpft, begreifen wir, daß nicht Überschätzung, sondern Unterschätzung unser Problem ist. Hinter der Unterschätzung verbirgt sich ein tiefverwurzelter Minderwertigkeitskomplex. Unser Ziel sollte es sein, über uns hinauszuwachsen, Grenzen zu überschreiten, Mut und Selbstvertrauen zu vergrößern, um Fehler zu vermeiden und Niederlagen schneller zu überwinden. Nicht das Scheitern ist verwerflich, sondern die Passivität, die Tatsache, es nicht wenigstens versucht zu haben. Und an seine Grenzen stößt, wie bereits gesagt, nur der, der an seine Grenzen glaubt.

Sicher kennen Sie Menschen, denen alles zu gelingen scheint und Sie sehen andere, die scheinbar vom Pech verfolgt sind. Pechvögel und Glückspilze haben ganz typische Verhaltensmuster. Der Pechvogel zweifelt an sich und seinem Glück. Deshalb riskiert er nichts, weil "sowieso alles schiefgeht". Er macht seine Alpträume durch seine Gedanken zur Realität. Ganz anders der Glückspilz - von Selbstbewußtsein durchdrungen ist für ihn das Wort "scheitern" ein Fremdwort. Er denkt in Erfolg und an Erfolg und folglich hat er Erfolg. Deshalb entwickelt er die Fähigkeit, Chancen zu erkennen und zu nutzen. ist das Ergebnis seines Denkens. Wir sind, was wir aus uns machen. Wir sind nicht von Geburt an mit Glück oder Pech ausgestattet. Alle Menschen haben die gleiche Ausgangsposition. Haben Sie, lieber Leser, liebe Leserin, für sich diese Entscheidung getroffen?

Jeder von uns ist das Endergebnis seiner Entwicklung. Niemand hat eine objektive Sichtweise der Dinge. Jeder Mensch sieht die Welt so, wie sie ihm gerade erscheint und nicht, wie sie wirklich ist. Wer nur Enttäuschungen erlebt hat, wird enttäuscht die Dinge beurteilen. Wer überwiegend glückliche Momente erlebt hat, sieht die Welt positiver. Enttäuschungen haben eine zerstörerische Wirkung, die allein durch positive Erfahrung aufgearbeitet werden kann. Je mehr Sie mit der Autosuggestion arbeiten, desto schneller kommen Sie über Mißerfolge und Enttäuschungen hinweg, weil das Positive gestärkt wird und die negativen Einflüsse immer geringer werden. Jeder Mensch kann selbst entscheiden, wie er sein Schicksal gestaltet, welchen Einflüssen er sich aussetzt: den positiven oder den negativen.

Mit der positiven Autosuggestion lernen wir Bedingungen zu schaffen, um uns selbst zu verwirklichen und uns vor dem Einfluß zerstörerischer Kräfte zu schützen.

Die aktive Autosuggestion - Der Weg zu den Quellen unserer Kraft

Nichts ändert sich, außer wir ändern uns

Indem wir uns ändern, ändert sich unsere Umwelt. Natürlich mit einer gewissen Zeitverzögerung. Der Anfang in diesem vernetzten Prozeß liegt jedoch immer bei uns.

Es gibt viele glückliche und erfolgreiche Menschen. Aber die wenigsten stellen sich die Frage, warum sie glücklich oder unglücklich sind. Zu leichtfertig glauben die meisten Menschen an den Zufall, an Fortuna. Und so warten oder resignieren sie lieber, statt den Zufall aus-zuschalten und sich selbst ein-zuschalten.

Doch bevor Sie an die praktische Anwendung gehen, sollten Sie das, was uns alle lenkt und leitet, genau kennen und verstehen. Wenn ein Baby nach neun Monaten das Licht der Welt erblickt, hat es normalerweise von der Natur alles mitbekommen, was es benötigt, um zu überleben. Es muß natürlich weiter wachsen, es muß lernen und sich entfalten. Das Wort "entfalten" spielt dabei eine besonders wichtige Rolle. Betrachten wir es genau, so heißt Ent-faltung: das entfalten, was vorher eingefaltet war. Das Leben gibt uns die Chance, uns von Stufe zu Stufe zu entfalten, einen Entfaltungsprozeß durchzumachen - solange bis wir unsere positiven Anlagen frei gelegt, ent-faltet haben.

Was bekommt nun ein Baby für seinen Lebensweg mit? Erst einmal einen funktionsfähigen Körper, ein Gehirn, sein Nervensystem, seine Sinnesorgane, das Urwissen und vor allem - ein leeres Gedächtnis. Wir alle waren bei unserer Geburt mit einem fast leeren Speicher ausgestattet, der sich im Lauf der Zeit zu unserem Gedächtnis, also unserem ureigenen Privatarchiv für unsere Erinnerungen, entwickelte.

Das Gehirn des Kleinkindes wird zu einem Empfänger vorgefaßter Meinungen. Es kann nicht anders, als alle Informationen, die es erhält, weiterzuleiten, zu speichern und zu verrechnen. Natürlich völlig unbewußt - ohne jedes persönliche Zutun, ohne die Chance der Wahl. Denn das Kleinkind kann noch nicht entscheiden, was richtig und was falsch, was positiv oder negativ, was aufbauend oder was zerstörerisch ist.

Es will nicht, sondern es *muß* alle Informationen der Umwelt aufnehmen und speichern. Gerade in den ersten Lebensjahren werden die Gleise gelegt, auf denen der Lebenszug weiterfahren wird, sowohl im Positiven wie im Negativen. Jeder von uns repräsentiert heute das Gesamtergebnis seiner individuell gespeicherten Informationen. Vom ersten Atemzug in seinem Leben bis zum heutigen Tag.

Der "Inhalt" unseres Gehirns entwickelt sich erst durch die Erlebnisse nach der Geburt. Diese Erkenntnis ist vor allem für Paare, die ein kleines Kind adoptieren möchten, sehr wichtig. Das Kind hat von seinen Eltern zwar das Gehirn - sozusagen das Gefäß, nicht aber deren Verhaltensmuster - also den Inhalt - geerbt. Was aus einem adoptierten Kleinkind wird, verantworten die Erzieher, nicht die Erzeuger.

Die vielen Erfahrungen, die wir machen, werden im Unterbewußtsein zu Gewohnheiten und Ansichten, prägen den Charakter. Eine Summe von positiven und negativen Antrieben - von der Geburt bis zur Gegenwart. Um sich selbst und die Mechanismen, die unser Leben beeinflussen, besser verstehen zu können, ist es sehr wichtig zu wissen, welchen Einflüssen wir ausgesetzt sind: Eltern, Verwandten, Freunden, Bekannten, Lehrern, Kollegen, Vorgesetzen - praktisch allen Menschen, mit denen wir zu tun haben und hatten. Und dazu kommen heute ganz besonders die Medien: Radio, Zeitschriften, Fernsehen.

Sie sehen, das ganze Leben ist ein Prozeß gegenseitiger Beeinflussung. Sie beeinflussen Ihre Umwelt und werden von Ihrer Umwelt beeinflußt. Wie kann man das Beste aus dieser Situation machen?

1. Sie machen sich die Einflüsse, die von außen kommen, bewußt und lernen, diese zu kontrollieren. Es liegt an Ihnen, was Sie zulassen. Optimal ist es, wenn Sie nur noch Positives auf sich einströmen lassen.
2. Lernen Sie die Kunst der Fremdbeeinflussung. Finden Sie Ihre Ziele, und motivieren Sie andere Menschen, Ihnen zu helfen, diese Ziele zu erreichen.
3. Der Weg zum Ziel: Die hohe Kunst der Rhetorik.

Jeder von uns ist ein Teil des Ganzen. Damit ist er für sich - und für seine Aufgabe im Ganzen - verantwortlich. Deshalb ergeben sich für unseren Lebensweg zwei praktische Möglichkeiten. Die erste: Wir verändern und dominieren unsere Mitmenschen, werden im wahrsten Sinne des Wortes Antreiber und machen uns immer unbeliebter, bis wir uns selbst eines Tages nicht mehr ausstehen können. 70 Prozent der Führungspersönlichkeiten gehen diesen Weg. Ihre Erfolge werden nur durch den Einsatz der Ellenbogen erreicht.

Aber es gibt noch einen anderen Weg: Die Arbeit an sich selbst, an seiner Persönlichkeit und seiner Ausstrahlung. Leben und agieren Sie aus der Erkenntnis heraus:

Nichts ändert sich, außer ich ändere mich.

Unsere positive Wirkung auf die Umwelt leitet immer neue positive Reaktionen ein. Ein Beispiel: Sie werfen einen Stein ins Wasser, der Kreise bildet, die immer größer werden und schließlich die gesamte Oberfläche bedecken.

Mit der Geburt hat der Mensch fünf Sinne erhalten. Diese haben die Aufgabe, alle Informationen von der Außenwelt an die Innenwelt zu geben. Nur durch diese Informationen kann in unserem Inneren ein Bild über die Außenwelt entstehen. Dabei sind zwei Sinne von besonderer Wichtigkeit: Die Augen und die Ohren. Von diesen beiden ist das Ohr der wichtigste Informationskanal.

Die Entscheidungen, das Denken und Handeln sowie die Gestaltung des ganzen Lebensweges ist abhängig von den Informationen, die wir gespeichert haben. Wie wir wissen, werden alle Informationen - positiv oder negativ, bewußt oder unbewußt - im Unterbewußtsein verankert. Das heißt jedoch nicht, daß wir hilflos der Menge der Informationen ausgeliefert sind. Wir sind frei in der Wahl der Informationen, die wir heute und in der Zukunft bewußt speichern wollen.

Unsere Gedanken sind ein enormes Kräftepotential - Energien, die etwas bewegen oder verändern können. Je stärker ein Gedanke ist, um so größer ist seine Energie und um so mehr kann damit bewirkt werden. Angst ist ein Gedanke - ebenso Hoffnung. Es gibt zerstörerische Gedanken, aber Sie können genausogut zuversichtliche Gedanken haben. Das liegt allein an Ihnen. Je stärker der Gedanke, desto größer seine Energie und folglich auch seine Wirkung.

Und mit unseren Gesetzen der Lebensentfaltung können Sie bewußt auf Ihre Gedanken einwirken: Das 2. Gesetz zeigt uns die Möglichkeiten des Denkens:

> Am Anfang jeder Tat steht die Idee.
> Nur was gedacht wurde, existiert.

Und das 10. Gesetz macht unsere Denk-Freiheit deutlich:

> Durch eine gezielte Entscheidung kann die Aufmerksamkeit auf jeden ausgewählten Punkt gelenkt werden.
> Worte sind hörbare Gedanken.
> Jeder Mensch hat die Macht, durch die Kraft seiner Worte unglückliche Zustände zu ändern.

Das 4. Denkgesetz weist uns den Weg zu einer erfolgreichen Praxis:

Das Unterbewußtsein - die Baustelle des Lebens und der Arbeitsraum der Seele - hat die Tendenz, jeden Gedanken zu realisieren.
Alles, was werden soll, was entstehen und was sich entfalten will, benötigt einen Anfang.

Daß alles Große aus dem Kleinsten gewachsen ist, wird uns im 5. Gesetz deutlich:

Aus dem kleinsten Gedankenfunken kann ein leuchtendes Feuer werden.

Die bewußte Autosuggestion ist die beste Methode, Kräfte und Fähigkeiten des Unterbewußtseins zu nutzen und nach unseren Wünschen zu lenken. Eine neue, aktive Programmierung befreit uns von negativen Erlebnissen der Vergangenheit. Unser Unterbewußtsein - die unbespielte "Gedanken-Kassette" - wird neu programmiert.

Wir wissen alle, daß der Glaube Berge versetzen kann, deshalb ist ein unerschütterlicher Glaube notwendig: Der Glaube an sich selbst, seine Chancen und seine Zukunft. Dabei hilft die folgende Programmierung:

Ich kann, was ich will.

Hier geben wir Ihnen Ihre Erfolgsformel, den Text für Ihre positive Autosuggestion:

Ich bin fest entschlossen, meinem Leben Wert und Sinn zu geben; denn ich weiß, was ich will.
Ich habe einen starken Willen und kann mich gut konzentrieren.
Mißerfolge können mich nicht verunsichern;
denn ich kann, was ich will.
Meine Konzentrationskraft vertreibt meine Unruhe. Ich kann mich immer besser auf meine Ziele konzentrieren.
Warum sollte ich nicht mehr erreichen, als andere mir zutrauen.
Ich muß nur an mich glauben,
dann erwachen meine Kräfte, und alles wird leicht.
Ich bin glücklich, denn ich weiß, ich kann, wenn ich will.

Durch regelmäßige Wiederholungen entwickelt sich eine gewaltige Kraft aus dieser Autosuggestion. Und wie bei jeder anderen Disziplin, gilt auch hier das Motto: Je intensiver Sie sich mit Ihren Zielen beschäftigen, desto größer ist der Erfolg. Je stärker die Hingabe, mit der Sie regelmäßig üben, um so tiefer verankert sich die Programmierung. Sie erzeugt in der Tiefe eine starke Wirkung. Wir überwinden die Bequemlichkeit, die innere Unbeweglichkeit und schaffen Wachstumsanreize. Negative Gewohnheiten können so nach und nach aufgelöst und durch positive ersetzt werden.

Wir wachsen nach oben, entfalten unsere Fähigkeiten, unsere Persönlichkeit wird gefestigt, wir sind auf dem Weg zur geistigen Freiheit.

Worte sind der Ausdruck der Gedanken, des Willens. Positive Worte entwickeln sich im Unterbewußtsein zu einer dynamischen Kraft, mit deren Hilfe wir alles Negative in uns verwandeln können: Unsicherheit in Sicherheit, Nervosität in Konzentration. Wir müssen lernen, unsere enormen Reserven an Willenskraft, Intelligenz und Gesundheit zu mobilisieren. Gerade bei Krankheiten, Beschwerden oder Mißerfolgen ist die positive Programmierung von größtem Nutzen. Sie lenkt die Aufmerksamkeit vom Negativen zum Positiven, von der Krankheit auf die Heilung, von Mißerfolg auf Erfolg. Sie kennen das selbst, lieber Leser, liebe Leserin. Wie oft geschieht es, daß in schwierigen Lebenssituationen immer die gleichen negativen Gedanken im Kopf kreisen. Sie kommen sich vor, wie eine Schallplatte mit einem Sprung. Hier helfen keine Pillen, sondern nur die aktive positive Programmierung, die Autosuggestion!

Erarbeiten Sie sich ein neues Denkmuster. Ihr Erfolgsmodell in Form einer Suggestionsformel haben Sie gerade gelesen ("Ich bin fest entschlossen...") Diesen Text sprechen Sie sich so oft wie möglich vor. Erst durch die ständige Wiederholung erhalten Sie Zugang zu den eigenen Kräften in Ihrem Inneren. Die Programmierung ist eine dynamische Konzentration positiver Energien. Sie überwinden damit die innere Ruhelosigkeit - die Ursache für Streß und Überanstrengung. Die dynamisch und aktiv gesprochene Autosuggestionsformel führt zur Beherrschung des Geistes. Wieviel Lebenskraft vergeuden wir doch durch Unschlüssigkeit und Wankelmut. Wir können zu keiner Entscheidung kommen, weil unsere Gedanken ständig hin und her schwanken. Unsere besten Kräfte werden auf diese Weise behindert. Wir müssen lernen, unseren Willen in die richtige Richtung zu lenken, positive Energien allmählich zu stärken und zu trainieren. Die Kraft, die dadurch frei wird, ist der Schlüssel zu einem selbstbewußten Leben - ein neuer, erfolgreicher Lebensabschnitt kann beginnen.

Verwenden Sie daher auf die Wahl Ihrer Suggestion bzw. Programmierung besondere Sorgfalt. Haben Sie Ihre Programmierung ausgewählt oder erarbeitet, sollten Sie konsequent bei diesem Text bleiben. Nur Ausdauer und Wiederholung garantieren den Erfolg. Ein Baum, der zu oft verpflanzt wird, kann keine tiefen Wurzeln schlagen. Ein Mensch, der seine Programmierungen ständig wechselt, ist vergleichbar mit einem Bauern, der an zehn verschiedenen Stellen nach Wasser gräbt, oder einem Hund, der viele Hasen auf einmal jagen will - mit dem Resultat, daß er keinen erwischt.

Natürlich braucht es eine gewisse Zeit, bis die Programmierung greift. Seien Sie also nicht enttäuscht, wenn Sie nach den ersten Übungen nicht gleich einen Erfolg verspüren. Lassen Sie sich nicht entmutigen! Es kommt der Augenblick, in dem Sie eine Veränderung Ihres Lebens erfahren.

Wie muß Ihre tägliche Praxis aussehen?

Sie sollten einmal täglich die Programmierung viermal hintereinander sprechen, mit stark beseelter Stimme, so ausdrucksvoll wie möglich. Die Wirkung tritt beim Üben und Wiederholen ein. Und viel schneller geht es, wenn Sie an sich und Ihre Ziele glauben. Denn Sie wissen ja, der Glaube versetzt Berge!

Durch die Arbeit an sich selbst entwickelt sich in Ihrem Inneren eine Kraft, mit der Sie sich weiter- und höherentwickeln. Sie wachsen nach oben - Sie wachsen über sich hinaus. Glück und Erfolg sind Ihre ständigen Begleiter, weil Sie gegen Unglück und Mißerfolg immun werden.

Sie können Ihr Leben in wundervoller Weise verwandeln, wenn Sie üben und Ihren Vorsätzen treu bleiben. Im 13. und 14. Denkgesetz der Lebensentfaltung heißt es dazu:

Die ständige Wiederholung einer Idee wird erst zum Glauben.
Zum Glauben, der Berge versetzen kann.
Dieser Glaube führt zur Tat.
Konzentration führt zum Erfolg,
Wiederholung zur Meisterschaft.

Die Praxis der positiven Autosuggestion

Wie die Praxis der positiven Autosuggestion funktioniert

Mit der positiven Autosuggestion können wir alles verändern und verbessern, was sich überhaupt verändern und verbessern läßt. Wir können Einfluß ausüben auf unsere Gesundheit, auf unsere Partnerschaft, auf unsere berufliche und finanzielle Situation. Wir selbst sind es, die bestimmen, was uns widerfährt. Die Autosuggestion bewirkt, daß wir nicht länger Opfer unseres Schicksals, das heißt bestimmter, äußerer Einflüsse sind, sondern die Bedingungen ändern, neue Situationen schaffen. Wir können sogar Einfluß auf andere ausüben, einen Impuls geben, dessen Auswirkung wiederum auf uns ausstrahlt.

Es gab und gibt immer Menschen, die etwas bewirkten und veränderten, weil sie den Willen dazu hatten und ein Motiv (= Motivation). Viele Menschen werden erst durch einen Schock, eine Enttäuschung, eine Notsituation oder einen Schicksalsschlag gezwungen, eingefahrene Gleise zu verlassen und ihrem Leben eine Wende zu geben. Doch warum benötigen wir erst äußere Zwänge, um etwas zu verändern? Bequemlichkeit und Gewohnheit lassen uns auf der Stelle treten. Und wie lange wollen Sie, lieber Leser, liebe Leserin, dies noch tun? Wie lange noch wollen Sie mit Elan auf der Stelle treten?

Solange alles einigermaßen läuft, fühlen wir uns nicht genötigt, etwas zu verändern. Erst wenn der Motor anfängt zu stottern, denken wir an den fälligen Ölwechsel. Doch dann ist es oftmals bereits zu spät. Wer sein Auto lange behalten möchte, kontrolliert regelmäßig das Öl. Wer die Kontrolle über sein Leben haben möchte, überprüft regelmäßig, ob alles in Ordnung ist, damit es richtig vorangehen kann. Die positive Autosuggestion ist vergleichbar mit einem bewußten Auffüllen unseres Energietanks. Beantworten Sie in einem kleinen privaten Check-up einmal folgende Fragen:

1. Seit wann hat sich in meinem Leben nichts mehr geändert?

____

2. Was habe ich in letzter Zeit bewußt an mir verändert?

____

3. Auf welchen Gebieten kann ich meßbare Fortschritte verzeichnen?

____

Schreiben Sie Ihr Lebens-Drehbuch selbst

Der Mensch kann sich seinen Gewohnheiten überlassen, auch wenn diese noch so schlecht sind. Er muß aber nicht Betrachter sein, ist nicht zur Hilflosigkeit verurteilt. Er kann auch sein Leben nach eigenen Vorstellungen gestalten, kann an seinem Lebens-Drehbuch mitschreiben. Um neue - positive - Gewohnheiten in sich zu verankern, muß die Kunst der Selbstbeeinflussung erworben und praktiziert werden.

Was ist nötig, um alte, bequeme Gewohnheiten abzulegen? Sie brauchen als Voraussetzung für eine erfolgreiche Veränderung Ihres Lebens:

1. Ein Motiv (Wünsche, Träume, Ziele);
2. Einen starken Willen (Ihr Ziel erreichen zu wollen);
3. Energie und Ausdauer (um die selbstgestellten Aufgaben souverän zu meistern);
4. Selbstbewußtsein (um sich von Rückschlägen und Niederlagen nicht entmutigen zu lassen).

Die Basis können Sie mit der regelmäßigen Anwendung der Autosuggestion schaffen.

Denken Sie daran: Es liegt an Ihnen, Ihrem Leben Sinn und Inhalt zu geben. Ist Ihre persönliche Bilanz nicht gerade erfreulich ausgefallen, so ist dies noch lange kein Grund zum Verzagen. Beginnen Sie noch heute, Ihr Schicksal in die eigene Hand zu nehmen. Programmieren Sie Ihr Gehirn neu - und diesmal mit einem positiven Programm. Befreien Sie sich von Ihren negativen Gewohnheiten. Entscheiden Sie selbst, welche Informationen, Erfahrungen und Erkenntnisse Sie an sich heranlassen und welche Sie zukünftig meiden wollen. Nutzen Sie Ihre Chance - werden Sie erfolgreich!

Unser Organismus reagiert auf bestimmte Impulse. Unsere "Schaltzentrale" - Gehirn und Unterbewußtsein - ist Informationsspeicher und Impulsgeber gleichermaßen. Das Unterbewußtsein kann nur die Impulse geben, die als Informationen in seinem Speicher vorhanden sind. Haben wir es nur mit negativen Informationen gefüttert, kann es logischerweise nur negative Impulse abgeben. Negative Impulse ergeben negative Ausstrahlung, negatives Handeln und negative Wirkung. Ist der "Speicher" Unterbewußtsein aber aufgefüllt mit positiven Informationen, werden die steuernden Impulse zwangsläufig positiver Natur sein. Wollen Sie nicht auch eine positive Umprogrammierung einleiten?

Mit der folgenden Autosuggestion, auswendig gelernt und täglich vor dem Spiegel laut und deutlich gesprochen, können Sie bereits in wenigen Wochen die ersten Veränderungen in Ihrem Denken registrieren. Bald bemerken Sie Reaktionen in Ihrem Umfeld. Eine positive Ausstrahlung setzt einen positiven Kreislauf in Gang. Und so sieht der Weg zum Erfolg aus:

Positive Ausstrahlung - positive Reaktion von außen - positive Wirkung - Zielstabilisierung - positives Verhalten - positive Resonanz - Bestätigung und weiterer Antrieb - Zielklarheit - Achtung und Anerkennung - *Erfolg*.

Autosuggestionsformel zur positiven Programmierung Ihres Unterbewußtseins

Ich bin fest entschlossen, die Kräfte und Fähigkeiten meines Unterbewußtseins zu nutzen: Mein Unterbewußtsein ist mein bester Mitarbeiter; es ist der Riese in mir!
Ich lerne, mein Unterbewußtsein immer wirksamer zu beeinflussen. Täglich werde ich mein Unterbewußtsein überzeugen und suggestiv ansprechen, um ihm zu sagen, was ich von ihm erwarte. Täglich wächst mein suggestiver Einfluß; das stärkt und kräftigt meine Persönlichkeit!
Alle Kräfte und Fähigkeiten meines Unterbewußtseins warten darauf, meine Wünsche zu erfüllen. Aus diesem Grunde werde ich täglich konzentriert und suggestiv mein Unterbewußtsein beeinflussen. Dann wird mein bester Mitarbeiter alles tun, was ich von ihm erwarte.

Je intensiver Ihre Gefühle und Empfindungen während der Autosuggestion sind, desto ernster nimmt Ihr Unterbewußtsein den Auftrag, desto schneller ist es bereit, seine Arbeit nach Ihren Wünschen auszurichten. Wenn Sie aber nicht an das Ziel glauben, wenn Sie zweifeln, dann wünschen Sie sich den Auftrag nicht aus tiefstem Herzen. Entsprechend flau ist das Ergebnis. Ihr Unterbewußtsein können Sie nämlich nicht belügen. Durch die Tiefe der Empfindung und die Leidenschaft, mit der Sie die Formel vortragen, drücken Sie die Dringlichkeit des Wunsches aus. Nur starke Wünsche sind wahrhaft dringlich! Und zur Erinnerung:

Glaube führt zur Tat - Konzentration führt zum Erfolg - Wiederholung führt zur Meisterschaft

Die Stimme als Erfolgsfaktor - Das psychogene Atemtraining

Die Stimme bringt es an den Tag

Die Stimme kommt aus dem Inneren und repräsentiert das innere Gefüge des Menschen. Die Stimme bringt es an den Tag. Sie ist der Ausweis unserer Persönlichkeit, den wir immer und überall, ja sogar unaufgefordert, präsentieren. Unsere Stimme sagt unseren Mitmenschen, wessen Geistes Kind wir sind. Und so sagte schon der alte Sokrates: "Spreche, damit ich dich sehe".

Falls Sie mir nicht glauben, so habe ich Verständnis dafür, aber dann möchte ich Ihnen empfehlen, einmal einen Blinden zu fragen, was er aus Ihrer Stimme heraushört. Möglicherweise bekommen Sie bei seiner Antwort einen Schreck. Machen Sie auch einmal folgendes Experiment: Rufen Sie zu Hause an, und fragen Sie Ihren Partner, wie es ihm geht. Sie sehen ihn ja nicht, hören nur seine Stimme. Bemerken und fühlen Sie sofort, was mit ihm los ist, spüren Sie, ob etwas passiert oder alles in Ordnung ist? Sie sehen selbst: Die Stimme bringt es an den Tag. Die Stimme spiegelt unser innerstes Seelenleben, unser innerstes Gefüge wider.

Vielleicht aber fragen Sie noch, was hat es auf sich mit der Stimme? Welche Bedeutung hat die Stimme? Welcher Mensch hat welche Stimme, was sagt die Stimme über die Stimmung des Menschen aus? Sehen Sie selbst:

Ein ängstlicher Mensch hat eine ängstliche Stimme,
ein zorniger Mensch hat eine zornige Stimme,
ein aggressiver Mensch hat eine aggressive Stimme,
ein verliebter Mensch hat eine verliebte Stimme,

ein ruhiger Mensch hat ein ruhige Stimme,
ein ausgeglichener Mensch hat eine ausgeglichene Stimme,
ein harmonischer Mensch hat eine harmonische Stimme.

Die Stimme bringt es an den Tag. Je höher die Stimme eines Menschen ist, um so nervöser und unruhiger ist er. Und wird die Stimme ganz hoch, dauert es meist nicht lange, bis sie sich im Zorn oder im Wutausbruch überschlägt. Ist die Stimme jedoch ruhig und voll, zeigt sie ein harmonisches Seelenleben. Und noch etwas ganz Entscheidendes: Je tiefer die Stimme, um so tiefer dringt die Stimme in das Unterbewußtsein ein. Und das ist eine Erkenntnis, die für unser großes Ziel - Motivator zu sein - unbedingt berücksichtigt werden muß.

Bestimmt kennen Sie Menschen, mit denen Sie nur telefonischen Kontakt haben, und vielleicht sind Sie bereit, mir zuzustimmen, daß ein Mensch mit einer dunklen Stimme eher und schneller Ihr Vertrauen gewinnt, als jemand mit einer hellen, hohen Stimme. Da die Stimme so ein wichtiger Erfolgsfaktor ist, sollten Sie so schnell wie möglich eine Kassette besprechen und Ihre eigene Stimme analysieren. Fragen Sie sich:

- "Wie klingt eigentlich meine Stimme?"
- "Wie wirkt meine Stimme auf den anderen?"

Die Stimme zeigt deutlich die seelische Stimmung an. Der Mensch, der an seiner Stimme arbeitet, arbeitet am Kern seiner Persönlichkeit. Der Mensch, der seine Stimme verändert, verändert die Struktur seines Charakters, verändert dadurch sein Schicksal. Vergessen Sie niemals diesen entscheidenden Gedanken. *Wer seine Stimme verändert, verändert sein Leben!*

Erinnern Sie sich einmal an Elisa Doolidale aus "Pygmalion" von G.B. Shaw. Wie hat sich doch ihr gesamtes Leben verändert in dem Moment, in dem sie in der Lage war, richtig zu sprechen. Übrigens ist Elisa Doolidale keinesweg eine Fiktion; sie hat tatsächlich gelebt. Selbstverständlich ist Ihre Sprache, lieber Leser und liebe Leserin, nicht mit der Elisas zu vergleichen. Trotzdem können Sie durch eine veränderte Stimme, durch ein anderes Sprechverhalten, Ihr Leben enorm verändern.

Was den Menschen zum Menschen macht, was ihn von allen anderen Lebewesen unterscheidet, ist die Fähigkeit, Gedanken zu übermitteln - ist seine Sprache, ist seine Stimme. Wer sprechen kann, wird vorgeschickt, wird Sprecher einer Gemeinschaft - angefangen beim Klassensprecher bis hin zum Vorstandssprecher.

Überall brauchen wir Menschen, die in der Lage sind, den Mund aufzumachen, durch Stimme, durch Sprache zu wirken. Menschen, die Vorbilder sind für die Masse, die andere dazu motivieren können, es ihnen gleich zu tun. Dies ist der einzige Weg, der unsere Welt letztlich positiv verändern kann - denn nur im Team sind wir stark. Aber jedes Team braucht einen Führer - eine Leit-Stimme!

Das Stimmtraining - der Weg zum Erfolg

Und damit kommen wir zur Praxis. Zur Verbesserung von Stimme und Sprache hat Demosthenes noch einen Kieselstein in den Mund genommen, einen Dauerlauf gemacht, Gedichte rezitiert und gegen das Meer geschrien. Heute brauchen wir für das Stimmtraining keine Kieselsteine mehr. Wir arbeiten mit besseren Techniken für die Stimmbildung - gleichzeitig auch für die Bildung der Persönlichkeit. Wir machen uns nicht abhängig vom Zufall, sondern nutzen die Möglichkeit, selbststeuernd einzugreifen.

Unser Training beginnt mit den Vokalen. Allerdings in einer anderen Reihenfolge als Sie es in der Schule gelernt haben:

Warum diese Reihenfolge? Der Vokal "i" hat eine Schwingungsfrequenz von 4000 Hertz, der Vokal "u" eine Schwingungsfrequenz von 500 Hertz.

Jede Übung läuft nach dem gleichen Schema ab: Sie atmen ganz ruhig aus, dann atmen Sie tief und ruhig wieder ein. Achten Sie auf die richtige Atmung, d.h. Ihre Bauchdecke wölbt sich beim Einatmen und wird beim Ausatmen flach. Machen Sie nicht den Fehler, nur mit dem Brustkorb zu atmen.

Oft sehe ich, daß sich Schultern auf und ab bewegen. Das ist natürlich falsch. Am besten ist es, Sie machen erst einmal Atemübungen - spüren Sie, wie Ihr Atem bis in den Bauch, Ihre Mitte, gelangt.

Legen Sie sich bequem auf den Rücken, legen Sie eine Hand auf Ihren Bauch, so daß Sie das Heben und Senken der Bauchdecke spüren können. Mit jedem Ausatmen lassen Sie "Dampf ab", lassen Sie alles los, was Sie be-lastet, was Sie geärgert und aufgeregt hat. Mit jedem Atemzug werden Sie leichter, freier und fühlen sich besser. Wenn Sie dann wieder tief einatmen, spüren Sie, wie Sie positive Energie - Kraft aus dem Universum - aufnehmen.

Nun wollen wir mit unserem psychogenen Atemtraining beginnen: Sie atmen aus, dann wieder ein, halten Ihre Fingerspitzen auf den Kopf und summen "i" - solange Ihr Atem reicht. Was merken Sie? Ihr Kopf vibriert. So haben Sie mit dem Vokal "i" die Möglichkeit, das Gehirn zu stimulieren.

Sie atmen ruhig ein, halten Sie die Fingerspitzen an den Hals und sprechen Sie langgezogen "eeeee", "e-e-e-e-e". Was bemerken Sie? Eine Schwingungsfrequenz im Hals. Das ist die Ultraschall-Tiefenmassage für den Halsbereich.

Auf diese Art und Weise machen Sie weiter mit "aaaaa", "a-a-a-a-a" - der Stimulation für den oberen Brustkorb. Mit "ooooo", "o-o-o-o-o" beeinflussen Sie das Herz, und das "uuuuu", "u-u-u-u-u" wirkt auf den Unterleib.

Sie sehen, daß mit dieser einfachen Übungen nicht nur die Stimme harmonisiert, sondern auch die wichtigsten Energiezentren im Körper stimuliert werden. Somit wird nicht nur das Stimmorgan verbessert, sondern Sie tun damit eine ganze Menge für die Gesunderhaltung Ihres Körpers. Harmonie in der Stimme bewirkt Schwingungen, die nach innen und nach außen wirken.

Lassen Sie deshalb bei dieser Übung die Vokale möglichst tief und voll erklingen, damit sie richtig schön schwingen können. Sie wissen: Je tiefer die Stimme eines Menschen, um so ruhiger, um so gesetzter ist er. Je höher die Stimme eines Menschen, um so nervöser ist er.

Bei den Übungen werden Sie merken, wie Ihre Stimme nach und nach tiefer wird. Und bald wird es Ihnen gelingen, über Ihre Stimme Ihre Stimmung zu beeinflussen - also Tage, an denen Sie nervös und unruhig sind, besser zu meistern. Durch die tiefere Lage der Stimme werden Sie ganz von selbst ruhiger. Sehen Sie, wie einfach es ist, eine Wechselwirkung in Gang zu setzen, und zwar eine positive. Beim Stimmtraining versuchen Sie so viel Harmonie wie möglich, so viel Wohlklang wie möglich in Ihre Stimme hineinzulegen und die Stimme recht tief anzusetzen.

Oft wird bei Veranstaltungen der Redner gebeten, lauter zu sprechen. Er bemüht sich redlich, aber nach einigen Minuten ist er wieder in seine gewohnte Stimmlage gefallen. Dies kann natürlich nur demjenigen passieren, der die Macht der Stimme nicht kennt , seine Stimme nicht be-nutzt und nicht gelernt hat, richtig zu sprechen.

Aber es gibt noch einen Grund, warum man viele Redner nicht verstehen kann? Wo liegt die Ursache? Die meisten Redner nutzen die Akustik des Raumes nicht richtig aus. Es sollte einem Redner gelingen, mit der im Raum vorhandenen Akustik zu arbeiten.

Ein guter Redner, der die Gesetze der Akustik kennt und anwendet, kann auch ganz leise sprechen, man hört im ganzen Raum seine Stimme, auch in der letzten Reihe noch. Verständlichkeit, liebe Leser und Leserinnen, ist nicht nur eine Frage der

Lautstärke, sondern auch eine Frage der Schwingungsfrequenzen.

Wo sollten Sie am besten Ihr Stimmtraining betreiben? In Räumen mit Echo, damit Sie zum Bewußtsein Ihrer eigenen Stimme kommen, sich an den Klang der Stimme gewöhnen und gleichzeitig fühlen, daß Sie auch mit Ihrer Stimme Wirkung, Echo, Schwingungen erzeugen können.

Um den Tonansatz, um die Schwingungsfrequenzen genau zu treffen, hier die zweite Übung mit den Vokalen "i - e- a - o - u". Stoßen Sie die Vokale einzeln an, bis Sie das Echo aus dem Raum hören, brechen Sie dann ab, nehmen Sie den nächsten Vokal. Achten Sie immer darauf, daß Sie Schwingungen im Raum erzeugen. Atmen Sie wieder aus, atmen Sie tief und ruhig ein.

iiiii - eeeee - aaaaa - ooooo - uuuuu.
iiiii - eeeee - aaaaa - ooooo - uuuuu. Wiederholen.
iiiii - eeeee - aaaaa - ooooo - uuuuu.
iiiii - eeeee - aaaaa - ooooo - uuuuu. Noch einmal.
iiiii - eeeee - aaaaa - ooooo - uuuuu.

Stimme ist Ton, Ton ist Klang, Klang ist Schwingung. Wir müssen Schwingungen erzeugen.

Aber wie entsteht die Schwingung? Nehmen Sie einen Katzendarm, zupfen Sie daran - ein Ton entsteht. Und wovon hängt die Qualität des Tones ab? Von der Stärke des Darms, von der Kraft des Zupfens, von der Spannung und vom Resonanzboden.

Sollten Sie einmal Gelegenheit haben, dann probieren Sie folgendes aus: Sie nehmen einen Katzendarm, spannen ihn auf eine Geige - es ergibt einen wunderschönen Ton. Spannen Sie aber den Darm auf eine Stradivari, dann wird der Ton noch viel schöner.

Was wollen wir damit belegen? Daß die Qualität des Tones nicht nur abhängig ist von den Stimmbändern, sondern auch von der Resonanz, die die Stimme im Körper findet.

Bei der nächsten Stimmübung brauchen wir den Buchstaben "m". Während wir bei dem Vokal "a" den Ton aus dem vollen Mund herausgelassen haben, bleibt bei "m" der Mund geschlossen, damit die Schwingungen im Körper bleiben. Diese Übung mit dem Buchstaben "m" machen Sie dreimal. Einmal ganz leise, das zweite Mal kräftig und das dritte Mal so stark, daß Sie eine große Anspannung im Hals empfinden.

Anschließend räuspern Sie sich, um die Stimmbänder vom Schleim zu befreien. Das Räuspern ist ein Teil der Übung und ist gleichzeitig eine wunderbare Vorbeugung gegen Erkältungskrankheiten.

Einen Buchstaben der deutschen Sprache müssen wir ganz besonders üben und trainieren. Das "r". Zwei Gründe sprechen dafür:

1. Das Zungen-"r" zwingt uns zu einer deutlichen Artikulation und dazu, ganz vorn im Munde zu sprechen.
2. Dieser Punkt ist noch viel wichtiger: Das Zungen-"r" gibt unserer Stimme Kraft, Energie und Durchsetzungsvermögen. Eine Stimme ohne "r" ist schluderig, ist regelrecht charakter- und kulturlos. Achten Sie einmal bei guten Rednern, bei großen Persönlichkeiten auf die Aussprache des Buchstabens "r". Sie werden bemerken, daß jeder erfolgreiche Mensch das "r" stark rollt.

Hier erst eine Vorübung zur Zungenlockerung: Sie legen die Zunge in den vorderen Mundraum und schnarren stimmlos wie ein Propeller. Beim Training sollen Sie ruhig übertreiben, aber bitte nur beim Training!

Diese Übung verbessert das gesamte Gefüge Ihrer Sprache. Und nun gehen wir einen Schritt weiter. Sie atmen aus und wieder ein, übertreiben auch bei dieser Übung wieder:

i - r - e - r - a - r - o - r - u - r.

Machen Sie die folgende Übung zweimal und anschließend umgekehrt. Aber jetzt stimmvoll, klangvoll übertreiben, laut lesen:

irrr - errr - arrr- orrr - urrr - irrr - errr - arrr - orrr - urrr.
Und jetzt umgekehrt:
rrri - rrre - rrra - rrro - rrru - rrri - rrre - rrra - rrro- rrru.

Und nun sprechen Sie mit Freude und Temperament die folgenden Worte:

RRREICH - RRRASCH - RRRING - RRRUND - RRROLLEN - RRROT - RRRUHE - RRREDEN - RRREIS - RRRÄTSEL - RRRATEN - RRREISIG - RRRAUCH.

Es gibt noch viel mehr Worte, suchen Sie ruhig Ihre eigenen Begriffe. Wichtig ist, daß Sie das "r" von vorn nach hinten verlagern:

GEFAHRRR - KLARRR - BARRR - WAHRRR - SCHWERRR - LEERRR - WOHERRR - WIRRR - NARRR.

Und jetzt nehmen wir das "r" in die Wortmitte:

KARRRE - STARRREN - IRRREN - VERIRRREN - KNURRREN - MURRREN - DORRREN - VERWORRREN.

Wenn Sie konsequent unser psychogenes Atemtraining machen, dann haben Sie in kurzer Zeit Ihr gesamtes Sprachbild verbessert. Diese Übungen sind einfach, haben aber eine große Wirkung: Sie sprechen nicht mehr hinten aus dem Hals heraus, sondern im vorderen Mundbereich. Ihre Überzeugungskraft und die Verständlichkeit Ihrer Stimme sind wesentlich gestiegen, Ihre Stimme hat Kraft und Energie.

Ist Ihnen wirklich bewußt, welche Kraft in Stimme und Sprache liegen? Mit einem Wort können Sie Existenzen vernichten, können mit einem Satz einen Menschen unglücklich machen. Mit demselben Instrument können Sie aber auch Gutes bewirken. Es liegt an Ihnen, wie Sie Ihre Stimme einsetzen. So wie Sie mit dem Satz "das lernen Sie nie" einen Menschen zum Versager machen können, sind Sie in der Lage mit der Aussage "das schaffen Sie" jemanden den Weg zum Erfolg zu weisen. Mit einem einfachen "Ja" können Sie Ihrem Partner den Himmel auf Erden schenken. Ist unsere Stimme nicht ein äußerst machtvolles Instrument?

Praktizieren Sie täglich - am besten morgens - unser Atemtraining. Sie werden erstaunt sein, welche große innere Befreiung Sie schon nach kurzer Zeit erfahren. Sie können im wahrsten Sinne des Wortes "aufatmen", frei atmen.

Sie fühlen sich von einer wunderbaren Kraft durchströmt und getragen, denn Atem ist Leben, Atem ist Energie. Lassen Sie sich von dieser wunderbaren Kraft durchströmen und tragen.

Und vergessen Sie nie: Der Mensch, der an seiner Stimme arbeitet, arbeitet am Kern seiner Persönlichkeit. Und der Mensch, der seine Stimme verändert, verändert die Struktur, die Grundlagen seines Charakters.

Ich wünsche Ihnen viel Erfolg mit dem psychogenen Stimmtraining.

So entwickeln Sie Motivationspower

Machen Sie den nächsten Schritt

Nachdem Sie sich durch unser psychogenes Atemtraining an Ihre Stimme gewöhnt und sie verbessert haben, ist es nun Zeit, daß Sie den nächsten entscheidenden Schritt machen.

Zu jeder Zeit hat es charismatische Persönlichkeiten gegeben, von denen eine fast magische Macht ausging. Und es ist erstaunlich, daß bis heute die Überzeugung existiert, daß magische Fähigkeiten angeboren seien. Natürlich muß immer eine gewisse Basis gegeben sein. Glauben auch Sie, lieber Leser, liebe Leserin, daß Charisma, suggestive Kräfte, magische Anziehungskraft angeboren sind?

Ich möchte Sie motivieren, selbst zu einer charismatischen Persönlichkeit zu werden. Aber solange Sie glauben, daß derartige Kräfte angeboren sind, blockieren Sie all die Fähigkeiten, die Sie besitzen und aktivieren müssen, um dieses Ziel zu erreichen. Ob Sie es glauben oder nicht: Durch unser Training können auch Sie Ihre suggestive Macht entdecken und entwickeln.

Worin besteht nun die Kraft des Wortes? Nicht in der Lautstärke liegt Kraft, sondern in der Intensität des Gefühls. Ist der Atem unruhig, so sind es auch die Gedanken. Und umgekehrt: wird der Atem ruhig, fließen auch die Gedanken ruhiger. Und sie werden nicht nur ruhiger, sondern auch tiefer. Ein Körper mit Tiefenatmung wird zu einem schwingenden Instrument für jeden Laut, jeden Ton und jedes Wort. Wenn Sie unsere Übungen in einem entspannten Zustand ausführen, werden Sie als erstes bemerken, daß Sie schneller in eine Tiefenentspannung kommen können. Das Innere und das Äußere des Menschen beginnen in Harmonie zu schwingen. Tiefere Schichten des Bewußtseins öffnen sich. Eine wunderbare Kraft wird Sie durchströmen. Sie werden während der Übungen ruhig und gelassen, Ihre innere Sicherheit - Ihr Selbst-Bewußtsein - wächst. Damit vergrößern Sie Ihre Autorität. Nervosität und deren negative Folgen gehören bald der Vergangenheit an.

Streß macht schwach und unkonzentriert.
Je größer die Konzentrationskraft, desto stärker die Anziehungskraft.
Faszination kann sich entwickeln.

Im Zustand der Ruhe, der Konzentration öffnet sich das Tor zum Unterbewußtsein. Und sind Sie konzentriert und gelassen, so wirken Sie ganz besonders positiv auf Ihre Gesprächspartner, können viel eher zu deren inneren Kern vordringen und auch sie werden ruhig und gelassen. Und je aufmerksamer Sie sind, um so stärker können Sie andere Menschen positiv beeinflussen. Sie schwingen im Gleichklang mit Ihnen und empfinden wie Sie.

Das ist die beste Basis für ein erfolgreiches Gespräch, einen guten Abschluß. "Das Gefühl ist es", sagt Bernhard Shaw, "das den Menschen zum Denken anregt - und nicht das Denken, das ihn zum Fühlen anregt."

Das Ziel aller Stimm- und Schwingungsübungen ist die Entfaltung der Persönlichkeit. Machen Sie diese Übungen möglichst im Zustand großer Ruhe, dann können Sie die besten Resultate erzielen. Legen Sie Kraft und Energie in Ihre Stimme. Sie wissen es jetzt: Die optimale Klangfarbe ist tief und harmonisch.

. Durch viele konzentrierte Übungen können Sie Ihr Inneres in Schwingungen versetzen. Ihre Persönlichkeit kann sich entfalten, kann strahlen - Sie sind unschlagbar in Ihrer Überzeugungskraft, weil sie von tief innen kommt

Die Stimme, die Sprache, ist der Ausdruck der Persönlichkeit.
Hier liegt der wahre Grund, warum viele Menschen - trotz guter Argumente - nicht überzeugen können.
Doch das muß nicht so bleiben.

Stellen Sie sich zwei Klaviere in einem Raum vor. Schlagen Sie auf dem einen Klavier den Ton "a" an, schwingt dieser Ton im anderen Klavier mit. So funktioniert das auch beim Menschen: Mitklingen und -schwingen kann nur das, was in Ihnen selbst bereits angelegt ist, bereits schwingt. Hier liegt das wahre Geheimnis des Erfolges.

Nur der kraftvolle - in sich selbst gefestigte - Mensch kann Probleme erkennen und sie lösen.

Stärken Sie Ihre Fähigkeiten und Kräfte. Überwinden Sie Ihre Schwächen und Unsicherheiten. Eine kraftvolle Persönlichkeit besitzt eine kraftvolle, mitreißende Stimme, die die Zuhörer begeistert. Unsere Übungen müssen *aktiv* ausgeführt werden, denn dann können die schöpferischen, die kreativen und die gestalterischen Kräfte des Menschen sich ganz entfalten.

Damit Sie eine kraftvolle Aussprache erlernen und Ihre Suggestivkraft gezielt einsetzen können, sollten Sie zuerst einmal folgende dynamische Autosuggestion auswendig lernen:

Ich bin fest entschlossen,
eine einflußreiche Persönlichkeit zu werden.
Eine einflußreiche Persönlichkeit ist der Meister in der Kunst der Menschenführung.
Auch ich werde ein Meister in der Kunst der Menschenführung und werde mich täglich und bei jeder Gelegenheit darin üben.
Mein starkes Selbstbewußtsein und meine Kontaktfähigkeit erleichtern mir den Umgang mit den Menschen.
Ich bin ein zielbewußter Mensch,
der Menschen führen und begeistern kann.
Wer Menschen begeistern kann, kann auf Zwang verzichten.

Dann unterstreichen Sie bitte mit verschiedenen Farben, was Sie laut und was Sie betont sprechen wollen. Zeichnen Sie auch die Pausen ein; sie verstärken die suggestive Wirkung.

Nach dieser gedanklichen Vorarbeit stellen Sie sich in die Mitte eines Raumes. Tragen Sie diese Redefassung sich selbst - zuerst sehr langsam - vor. Nach einigen Tagen hat sich Inhalt und Form tief im Unterbewußtsein eingeprägt. Jetzt gehen Sie bitte noch einen Schritt weiter. Stellen Sie sich vor einen großen Spiegel, in dem Sie sich ganz sehen können, beginnen Sie das Training von neuem.

Das Üben vor dem Spiegel ist wirkungsvoller als eine Aufzeichnung mit dem Videorecorder. Der Spiegel zeigt Ihnen die Gegenwart, den Augenblick - die Videoaufzeichnung zeigt Ihnen einen Zustand, der bereits vergangen ist. Innerhalb kurzer Zeit - spätestens in drei Wochen - verändern sich Blick, Gesichtsausdruck, Haltung, Gestik und damit die suggestive Kraft Ihrer Stimme. So beeinflussen Sie sich selbst durch Bild und Ton.

Beim Auswendiglernen werden Sie psychologisch interessante Beobachtungen machen. Einige Sätze können Sie sofort auswendig. Alle Passagen, die Sie ohne Mühe behalten können, sind für Sie der Beweis, daß Ihr Unterbewußtsein an diesen Stellen richtig programmiert ist. Passagen, die Ihnen Schwierigkeiten machen, zeigen Ihnen deutlich, daß diese Überzeugungen Ihrem Unterbewußtsein fremd sind, Sie folglich an diesen Stellen falsch programmiert sind.

Was bringt Ihnen das Training?

Das Training versetzt Sie in die Lage, sich selbst von negativen Programmen, die eine erfolgreiche Zukunft verhindern, zu befreien! Sie entfalten gezielt Ihre positiven Eigenschaften, werden innerlich frei und durchlässig. Dieses Training wird seit über 30 Jahren in unserem Institut praktiziert. Ich kenne keine Übung, die Ihnen mehr Gewinn bringt als diese Übung. Sechs Vorteile bringt Ihnen dieses Training:

1. Bewußtmachung des eigenen Willens;
2. Steigerung der Nerven- und Willenskraft;
3. Verbesserung der Konzentration und Aktivierung des Gedächtnisses;
4. Verbesserung Ihrer Artikulation;
5. Neuprogrammierung Ihres Unterbewußtseins;
6. Entfaltung der charismatischen Begabung.

Bewußtmachung des eigenen Willens:

90 Prozent aller Menschen wissen nicht, was sie wollen. Die Masse der Menschen weiß nicht einmal, was sie aus ihrem Leben machen will. Aus dieser Unfähigkeit heraus helfen viele Menschen - bewußt oder auch unbewußt - anderen Menschen, ihre Ziele zu erreichen. Und verschenken damit die eigenen Chancen.

Und was wollen Sie?
Was wollen Sie wirklich?
Was ist es - ganz genau - das Sie wollen?
Kennen Sie eigentlich den Sinn Ihres Lebens?

Die aktive Programmierung veranlaßt Ihr Unterbewußtsein jeden Tag, sich auf das Wichtigste zu konzentrieren. Dabei lernt der Mensch, sich richtig kennen und sich selbst treu zu bleiben. Mit dem zweiten Punkt, der Steigerung der Nerven- und Willenskraft, möchte ich mich am Ende dieses Kapitels befassen.

Verbesserung der Konzentration und Aktivierung des Gedächtnisses:

Nicht nur ein guter Redner benötigt die Fähigkeit, immer wieder Neues zu lernen und altes Wissen stets abrufbereit in seinem Gedächtnis zu verwahren. Das rechte Wort muß immer zur rechten

Zeit zur Verfügung stehen. Voraussetzung dafür ist Konzentration, die Bündelung aller Kräfte auf das Wesentliche. Mit dieser Übung wird Streß abgebaut und die Belastbarkeit gesteigert.

Verbesserung Ihrer Artikulation:

Ihre Sprache, Ihre Aussprache wird klarer, wird verständlicher. Je leichter es einem Menschen fällt zu sprechen, desto leichter fließen seine Worte in die Zuhörer, in ihr Inneres, können sich dort schneller verankern. Sprechen Sie leicht und locker, so können sich Ihre Zuhörer lange auf Ihre Worte konzentrieren. Leider lernen wir in der Schule zwar lesen, schreiben und rechnen, aber nicht das Sprechen. Wie hilfreich für Geist, Seele und Körper war früher in der Schule das Rezitieren auswendig gelernter Gedichte.

Lernziel bei dieser Übung ist, daß Sie langsam, wirkungsvoll und mit Pausen sprechen können. Auf diese Weise steigern Sie die suggestive Kraft Ihrer Stimme enorm.

Neuprogrammierung Ihres Unterbewußtseins:

Das menschliche Gehirn wird den ganzen Tag durch viele tausend Informationen programmiert: Durch Gespräche, durch Zeitungen, durch das Radio und nicht zuletzt durch das Fernsehen. Etwa 90 Prozent der Informationen, die wir erhalten, sind bedauerlicherweise negativer Natur. Durch eine stark prägende, positive Autosuggestion, verstärken Sie Ihre positiven Energien, lassen keinen Raum mehr für Negatives - Sie leben mehr aus Ihrer Mitte und können so kraftvoll nach außen wirken!

Entfaltung der charismatischen Begabung:

Worte wenden sich an den Verstand, Charisma erobert das Herz: Gegen Worte kann man sich wehren, gegen Ausstrahlung nicht!

Wer Menschen führen will, braucht ihr Vertrauen. Charisma ist die Kunst, Menschen zu verzaubern, den Glauben an Ziele und die Zukunft zu vermitteln.

Steigerung der Nerven- und Willenskraft:

Dem wichtigsten Punkt habe ich als Abschluß dieses Kapitels gewidmet.

Kennen Sie den alten Spruch "Der Weg zur Hölle ist gepflastert mit guten Vorsätzen"? Gute Vorsätze, wer hätte sie nicht? Aber das reicht nicht aus. Was wir benötigen, ist die Kraft, diese Vorsätze auch auszuführen.

Der entscheidenden Ansatzpunkt liegt hier: Der Mensch, der seine Stimme verändert, verändert sein Schicksal. Denn mit der Veränderung seiner Stimme verändert sich alles, was direkt und indirekt mit der Stimme des Menschen im Zusammenhang steht. Und das ist weit mehr als man oft annimmt. Die Stimme ist ein Teil der Körpersprache und entsteht im Inneren des Menschen. Aus diesem Grund hat ein schwacher Mensch auch eine schwache Stimme.

Der ängstliche Mensch hat die Angst nicht nur in seiner Stimme, sondern er hat auch einen ängstlichen Charakter. Wenn Sie mit dem psychogenen Atemtraining und der Programmierung an der Stimme arbeiten, dabei Stimme und Tonfülle kräftigen, kräftigt sich nicht nur allein Ihre Stimme, sondern die gesamte Persönlichkeit. Zunächst kräftigt sich das Innere des Menschen oder der innere Mensch. Diese Kraft wirkt dann aber auch nach außen, erzeugt eine ganz andere Resonanz und leitet eine positive Kenttenreaktion ein.

Sprechen ist der größte geistige Kraftverbrauch. Menschen, die viel sprechen und telefonieren müssen, sind abends leer, erschöpft und nervös. Wenn nun Sprechen der größte geistige Kraftverbrauch ist, dann müßte umgekehrt Schweigen der größte Energiespeicher sein. Das ist richtig, und deshalb kann Schweigen, Meditation, enorm viel Energie aktivieren.

Das ist aber nur ein Aspekt. Ich kenne einen Trainer, der läßt einen Hundertmeterläufer beim Training immer 120 Meter laufen. Er tut das nicht, um den Sportler zu schikanieren, sondern um seine Reserven zu vergrößern. Der Sportler erwirbt soviel Reserven, daß er im Wettkampf nach 80 Metern, wenn die Konkurrenz bereits erschöpft ist, mit viel Kraft in den Endspurt gehen kann. So werden Sieger gemacht.

Wenn Sie, lieber Leser, liebe Leserin, jetzt unsere Autosuggestion "Ich bin fest entschlossen..." viermal hintereinander mit ganzer Kraft rezitieren - das dauert etwa sechs Minuten - dann ist zunächst Ihre Nervenbatterie leer. Seien Sie nicht verwundert - das ist ein ganz normaler Vorgang. Aber bereits 20 Minuten später haben Sie viel mehr Kraft als zuvor. Unser Training beruht auf dem Prinzip, daß nur die Kraft, die verbraucht wird, sich auffüllen und vermehren kann. Unsere dynamische Autosuggestionsübung wirkt sowohl nach innen wie nach außen, gibt Ihrer Stimme Kraft, regt das endokrine Drüsensystem an und mobilisiert Endorphine, die Hormone, die uns glücklich machen.

Wenn Sie diese Übungen jeden Morgen kraftvoll durchführen, erzeugen Sie einen Energieschub, der bis zu vier Stunden anhalten kann. Sie entwickeln Ihre eigene positive Thermik, die Sie nach oben treibt. Als Folge verändert sich Ihr Leben: Sie ziehen Menschen mit Ihren Energien in Ihren Bann, können sie so begeistern, faszinieren, motivieren, daß sie bereit sind, Ihnen auf Ihrem Weg, zu Ihren Zielen zu folgen. Wenn Sie diese Übung konsequent täglich durchführen, werden Sie zum Vorbild - ein Meister in der Kunst der Motivation.

Wiederholung ist Vertiefung

Wir unterschätzen unsere Fähigkeiten

Wir verfügen über mehr Fähigkeiten, als wir annehmen und nutzen können. Das heißt: Wir leiden nicht an Überschätzung, sondern viel eher an einer Unterschätzung unserer Fähigkeiten. Wenn wir wirklich unser Leben glücklich, gesund und erfolgreich gestalten wollen, müssen wir bereit sein, Konsequenzen zu ziehen, das heißt unsere Fähigkeiten zu erkennen und zu nutzen. Dafür benötigen wir unter anderem das Wissen um das Wesentliche und die Zeit, diese Erkenntnisse umzusetzen. Eine positive Lebensführung beginnt damit, das Leben bewußt zu gestalten. Ein Blick in unser Tagebuch oder den Terminkalender macht deutlich, was wir mit unserer Zeit, mit den Tagen, den Wochen und Monaten - ja was wir aus unserem Leben machen.

Der erste Schritt zu einem überdurchschnittlich großen Erfolg beginnt in dem Augenblick, in dem wir bewußt - und zwar ganz bewußt - einige Dinge aus unserem Tagesablauf streichen, um so Zeit für anderes, wichtigeres zu gewinnen. Dies ist eine schwierige, aber notwendige Voraussetzung, eingefahrene Routine in Gedanken und Taten zu durchbrechen. Ich verschweige Ihnen nicht, daß dies kein einfacher Prozeß ist, aber Sie können es, wenn Sie es wirklich wollen. Unser Ziel sollte es sein, unser Wissen und unser Können zu vertiefen. Also, nehmen Sie Abschied von der Oberflächlichkeit, und konzentrieren Sie sich auf das Wesentliche.

Und zur Beruhigung: Niemand muß alles wissen - keiner muß alles können. Wären wir auf allen Gebieten vollkommen, wären wir allwissend, was bliebe für unsere Mitmenschen übrig? Haben Sie den Mut zur Lücke! Gewinnen Sie überdurchschnittliches Wissen auf den Gebieten, die Ihnen besonders liegen, für die Sie wirklich Begabung besitzen und die Ihnen Freude machen. So erwerben Sie Autorität und Anerkennung. Sie haben Erfolg, sind gesund und bleiben gesund - Ihr Selbstbewußtsein wächst.

Nur der Mensch hat die Fähigkeit, bewußt zu denken und Dinge zu analysieren. Fleiß allein ist noch keine Garantie für Erfolg und Glück. Auch Ameisen sind fleißig, aber sie haben keine Möglichkeit über ihre Erfolgsaussichten nachzudenken. Wir aber können uns beispielsweise ganz bewußt die Frage stellen: "Was sollte ich von meinen Tätigkeiten streichen oder anderen übertragen, um Zeit zu gewinnen, damit ich meine wichtigsten, besten Fähigkeiten noch weiter optimieren kann?"

Ein Kriterium für die Beurteilung von Führungskräften liegt in der Fähigkeit, Wichtiges von Unwichtigem zu unterscheiden und Aufgaben zu delegieren.

Wir gelangen nur dann zum überdurchschnittlichen Erfolg, zu überdurchschnittlichem Glück, wenn wir die besten unserer Fähigkeiten ausbauen und vertiefen. Für den Erfolg im Leben kommt es nicht auf die Anzahl der Talente an, sondern wie diese erreicht und welche entfaltet werden. Nicht Quantität, sondern Qualität entscheidet auch hier.

Jedes Talent kann sich nur durch Betätigung entfalten; ohne diese Aktivität geht nichts. Weder bei uns selbst, noch bei unseren Kindern oder bei unseren Mitarbeitern. Nun verstehen Sie auch den Sinn der Überschrift zu diesem Kapitel besser: "Jede Wiederholung ist eine gute Vertiefung." Sie sehen, wie wichtig es ist, Gesetze der Natur zu erkennen und sich nach ihnen zu richten. Alles was lebt, untersteht dem Gesetz des Wachstums. Nicht umsonst sprechen wir von der Wachstumsenergie oder von der Evolutionskraft, die im Universum wirkt.

Nur dumme, wirklich dumme Menschen glauben, durch Wiederholung würde eine Sache langweilig.

Sicher haben auch Sie schon erlebt, daß Arbeiten, die Ihnen anfangs fast undurchführbar erschienen, durch stetige Wiederholungen nicht nur machbar, sondern mit jeder Wiederholung sogar leichter zu erledigen waren. Etwas nur einmal oder selten zu tun, ist Zeit- und Energieverschwendung. In sieben Punkten haben wir die positive Wirkung der Wiederholung zusammengefaßt:

1. Wiederholung vertieft Wissen, schafft so die Basis für richtiges und schnelles Handeln.
2. Verstärkung der individuellen Fähigkeiten, folglich mehr Kraft zur Verfügung.
3. Bessere Synchronisation der einzelnen Denk- und Arbeitsabläufe.
4. Qualitative Verbesserung des Leistungsniveaus. Folge: Wachsende Sicherheit und Zuverlässigkeit.
5. Jede Wiederholung setzt Energien frei; Kreativität kann sich leichter entfalten.
6. Das Unterbewußtsein arbeitet immer präziser.
7. Sicherheit und Überzeugungskraft wachsen; Intuition entwickelt sich, gezielter Einsatz der eigenen Fähigkeiten ist besser möglich.

Durch Wiederholungen verdichten sich Vorgänge, Überlegungen und Handlungen. Es entwickelt sich im Unterbewußtsein die Fähigkeit zu schöpferischem Denken. Viele Menschen glauben, daß Kreativität eine Frage der Veranlagung sei. Dabei verfügt jeder über diese Veranlagung, aber nur wenige nutzen sie, weil sie entweder nicht darum wissen oder weil sie sich verzetteln und mit ihren Gedanken an der Oberfläche bleiben. Was auf sportlichem und künstlerischem Gebiet möglich ist, kann auch auf den beruflichen Sektor übertragen werden.

Wenn wir unser Verhalten und unser Leben im Alltag überdenken, bemerken wir, daß wir unendlich viel wissen, aber nicht danach handeln. Dasselbe gilt auch für das Wissen, das Sie bei unseren Seminaren oder durch das Studium unserer Bücher erwerben. Doch mit einem einmaligen Zuhören oder flüchtigen Durchblättern eines Buches ist es nicht getan. Alles muß immer wieder trainiert werden. *Wissen ist wenig, erst das Können macht zum König.* Um das zu erwerben, ist ständige Wiederholung nötig. Das gilt auch für unsere Seminare. Das Wissen muß sich in Ihrem Unterbewußtsein verdichten, erst dadurch erreichen Sie eine unbewußte positive Steuerung. Genauso ist es auch mit unseren Übungen. Es reicht nicht aus, daß Sie die Programmierungs- und Meditationstechniken kennen, ebenso wichtig ist, daß Sie diese auch regelmäßig praktizieren.

Jede Wiederholung bringt Vertiefung!

Nur wer ständig Positives wiederholt, löst negative Prägungen im Unterbewußtsein auf. Erst dann ist er innerlich so frei, daß er neue Gedanken entwickeln kann, die Basis für eine Problemlösung sein können. Auf diese Art und Weise kann er seine großen Ziele erreichen und über sich selbst hinaus wachsen. Das Lesen einer Speisekarte genügt auch nicht, um satt zu werden. Setzen Sie ständig und regelmäßig positive Wachstumsanreize. Erst dann kann das Gesetz der Natur für Sie arbeiten.

Viele westliche Wissenschaftler begingen einen großen Fehler, indem Sie den Verstand überbewerteten und dazu beitrugen, das Unterbewußtsein "unterzubewerten". Und es ist erstaunlich, wieviele Erziehungswissenschaftler noch heute glauben, daß der Mensch durch Drill, durch Automationstraining und durch Wiederholung gehemmt und engstirnig wird. Genau das Gegenteil ist der Fall.

Erst durch eine automatische Beherrschung der Grundvorgänge können Energien freigesetzt werden, die kreatives Denken ermöglichen und Grenzen überschreiten lassen. Durch ständige Wiederholung positiver Sätze und Vorstellungen werden Widerstände abgebaut, wird Unvorstellbares vorstellbar, wird Unmögliches möglich und dann kann Unglaubliches selbstverständlich werden. Der Weg dahin führt über:

1. das Erkennen der wichtigen Lebensaufgaben;
2. die optimale Zeiteinteilung;
3. die Verstärkung der positiven Anlagen.

Zu einer ständigen Wiederholung sollte auch das Studium der Grundgesetze der Lebensentfaltung zu Beginn dieses Buches werden. In nur 14 Punkten sind alle Gesetze zusammengefaßt, mit denen Sie Erfüllung und Erfolg erreichen können. Verankern Sie langsam Punkt für Punkt in Ihrem Unterbewußtsein.

Der Erfolg als Beweis: Gertrud Engel - Keine Zeit für Angst

Vor acht Jahren stand Gertrud Engel vor der schwierigsten Entscheidung ihres Lebens: Nach dem Tod ihres Mannes stellte sich für die Unternehmergattin die Frage nach der Fortführung der Firma Engel. 25 Jahre lang war sie ausschließlich Hausfrau und Mutter gewesen - Erfahrung in der Leitung eines Unternehmens hatte sie nicht im geringsten. Trotzdem stellte sie sich der Herausforderung und trat die Nachfolge ihres Mannes an - mit erstaunlichen Veränderungen für die Mitarbeiter und mit enormem unternehmerischen Erfolg.

Vielleicht könnte man Gertrud Engel als geborene Unternehmerpersönlichkeit bezeichnen. Anders ist es kaum zu erklären, was die agile Schwäbin in den vergangenen Jahren geleistet hat. Ein Vierteljahrhundert erfüllte sie die traditionellen Hausfrauen- und Mutterpflichten, verheiratet mit dem Gründer und Geschäftsführer des Verbindungselemente-Vertriebes Engel im baden-württembergischen Weingarten. "Ich habe mich in meiner Ehe angepaßt und untergeordnet", beschreibt sie ihre Partnerschaft mit einem nicht ganz einfachen Mann. Unglücklich sei sie dabei ganz und gar nicht gewesen, statt dessen bekundet sie völlig überzeugt: "Mir war's nie langweilig."

Um das Geschäftsleben allerdings hat sie sich nie gekümmert. Das war allein die Angelegenheit ihres Mannes, der seine im Jahre 1949 gegründete Firma auf klassich-konservative Weise führte: hierarchisch und mit fester Hand. Moderne Führungstechniken, Innovationsfreudigkeit oder Transparenz nach innen und außen standen nicht zur Debatte. Für die Einsteigerin Gertrud Engel hatte dies den Vorteil, daß sie einen wirtschaftlich stabilen und geordneten Betrieb mit 60 Mitarbeitern übernehmen konnte. Von allen Seiten wurde erwartet, daß sie aufgab. Doch da trat jenes Faible für die Herausforderung zutage, diese etwas

Gertrud Engel

trotzige Jetzt-erst-recht-Haltung, die man vielleicht als eine der wesentlichen Eigenschaften von Unternehmerpersönlichkeiten bezeichnen könnte.

Sie packte allen Warnungen zum Trotz die Sache an. Und mit ihrem Erscheinen wehte ein frischer Wind durch die Firma. Denn den autoritären Führungsstil ihres Mannes konnte und wollte die Geschäftsführerin nicht fortführen. "Ich wußte, daß ich auf die Unterstützung meiner Mitarbeiter angewiesen war, wenn ich nicht scheitern wollte", fand sie.

So kam es, daß zum Erstaunen der Angestellten keine resolute, unnahbare und knallharte Chefin vor sie trat, sondern eine äußerst liebenswerte Frau, die zwar wußte, was sie wollte, aber keine Scheu davor hatte, allen Mitarbeitern gegenüber zu äußern: "Ich brauche eure Hilfe! Gebt mir Ratschläge." Das wichtigste Potential, das sie hatte, so viel war ihr klar, waren die Menschen.

Das erste, was Gertrud Engel zielgerichtet anpackte, war die Ausstattung des Betriebes mit einer umfassenden EDV-Anlage zur Verbesserung der Arbeitsbedingungen. Sie hatte auch hier nicht den Hauch einer Ahnung von der Materie, doch das war für sie kein Grund zur Resignation. Einmal wöchentlich kam ein EDV- und Finanzberater zu ihr, der sie in die Grundlagen von Wirtschaft und Technik einführte und ihr gerade in der schwierigen Anfangszeit eine große Hilfe war. Allerdings gibt sie heute, rückblickend auf die vergangenen acht Jahre, zu: "Wenn ich damals alles gewußt hätte, was noch auf mich zukommen würde, hätte ich sicherlich Angst gehabt." Doch schnell fügt sie lachend hinzu: "Zum Glück hatte ich gar keine Zeit, Angst zu haben."

Der Ansporn, den sie ihren Mitarbeitern gab, der immer wieder geäußerte Glaube an die Leistungsbereitschaft ihrer Leute und das damit einhergehende positive Klima im Unternehmen stabilisierte das Vertrauen in Gertrud Engel, daß sie ihrer selbstgestellten Aufgabe gewachsen war. Beseelt von dem Feuer der Begeisterung ging sie in die Offensive. Parallel zu ihrem Einsatz für die moderne EDV-Ausstattung engagierte sie sich persönlich im Außendienst. Sie begleitete ihre Verkäufer zu den Kunden, stellte sich als neue Geschäftsführerin vor - und prägte auch diesen Bereich mit ihrer persönlichen Note, als sie jeden Kunden um sein Vertrauen bat und gar mit der Frage überraschte: "Wie können wir besser werden?" Außendienstmitarbeiter und Kunden waren gleichermaßen begeistert von diesem Schachzug der Vertrauensbildung. Persönliches Engagement der Firmenspitze und Transparenz gegenüber den Kunden ist nun einmal keine Selbstverständlichkeit in der Welt des technischen Zubehörs.

Sicherlich hatte es Gertrud Engel anfangs nicht immer ganz leicht - denn als Frau in einer "Männerwelt" hatte sie es doch mit einigen Ressentiments zu tun, bei Kunden und bei Mitarbeitern. Daß nicht mehr das "Aufträgeschreiben" im Vordergrund stehen sollte, sondern Kontaktpflege und Problemlösung - das schaffte doch einige Irritationen in der zahlenverliebten Welt des technischen Außendienstes, wurde skeptisch und mißtrauisch beäugt, einfach nicht ganz ernst genommen. "Es dauerte etwa zwei Jahre, bis ich wirklich das Gefühl hatte, daß sich nun alle an meinen etwas anderen Führungsstil gewöhnt hatten", schätzt Gertrud Engel.

Menschlicher, wärmer und offener sollte ihrem Willen nach alles werden, die Atmosphäre und der Umgang miteinander. Schon deshalb wollte sie schnellstmöglich den düsteren Firmenbau aus den sechziger Jahren verlassen und einen hellen und freundlichen Neubau errichten. Doch die geplante Investition stellte sie vor eine Menge bürokratischer Probleme. Gertrud Engel hatte Glück, denn sie genießt den unbestreitbaren Vorteil, in Weingarten zu leben, jener Stadt im Schwäbischen, die für einen außergewöhnlichen - inzwischen pensionierten - Oberbürgermeister bekannt ist, dem es zuallererst um das Wohl seiner Bürger ging und der sich für jeden von ihnen in der Verantwortung sah: Rolf Gerich.

Bei einem zufälligen Zusammentreffen teilte sie dem volksverbundenen OB ihre Probleme mit. Gerich redete ihr nicht nur Mut zu - er handelte und brachte sie binnen kürzester Zeit mit einflußreichen Leuten aus Bau- und Liegenschaftsamt zusammen, natürlich nicht, ohne seine wärmsten Empfehlungen mitzugeben. "Seine unbürokratische und sehr persönliche Hilfe war mir eine große, wertvolle Unterstützung", sagt Gertrud Engel voller Dankbarkeit. So kam es, daß in nur 10 Monaten ein 6-Millionen-Mark-Neubau hochgezogen werden konnte, und zwar mit so viel Geschmack, Liebe und Sorgfalt, daß die Unternehmerin für ihr Projekt von der Architektenkammer mit einem Preis für vorbildliches Bauen ausgezeichnet wurde. 1988 konnte das Schmuckstück bezogen werden.

Besucher des Hauses registrieren sofort die veränderte Atmosphäre. "Bei euch ist es viel fröhlicher als früher", wird nicht selten festgestellt. Die heitere und freundliche Umgebung prägt auch die Menschen, die darin arbeiten. "Alles hat sich geändert in den wenigen Jahren", freut sich Gertrud Engel. In ihrem Betrieb - mittlerweile sind es 80 Mitarbeiter - arbeiten viele junge und fröhliche Menschen, die sich offenkundig wohl fühlen. Die Chefin mag das, sie hat gern junge Leute um sich, das inspiriert sie und macht ihr einfach Spaß. Eine begeisterte Führung begeistert. Wenn das Betriebsklima gut ist, wirkt sich das nachhaltig auf Erfolg und auf die Fluktuation aus: Unter der neuen Geschäftsführerin hat in all den Jahren erst ein einziger Mitarbeiter gekündigt. Dazu Gertrud Engel selbstbewußt fröhlich: "Das Haus Engel verläßt man nicht!" Das war nicht immer so, denn früher war die Fluktuationsrate sehr hoch. Es ist ihr mit ihrem menschlichen, partnerschaftlichen und kommunikativen Führungsstil gelungen, eine Oase des Wohlfühlens und der Selbstbestätigung für ihre Mitarbeiter und auch für sich selbst zu schaffen.

Hinzu kommt der unternehmerische Erfolg: In den acht Jahren hat sich der Umsatz der Firma Engel fast verdoppelt, bereits jetzt platzt der Neubau schon wieder aus allen Nähten - und die Renommier-Unternehmerin bekommt auch von außerhalb viel Anerkennung. So ist sie die bislang erste und einzige Frau in der Ravensburger IHK-Vollversammlung und im Beirat der Ulmer

Volksbank. Manchmal ist ihr die Anerkennung fast schon ein wenig zuviel des Guten. Sicher genießt sie den Erfolg, doch: "Eigentlich finde ich meine Leistung normal. Ich möchte nur ich selbst sein und das tun, was ich mit mir selbst vereinbaren kann." Sichtlich stolz allerdings ist sie ohne Einschränkung auf das hohe Ansehen, das ihr Unternehmen inzwischen in Weingarten und Umgebung genießt. "Früher waren wir bedeutungslos - jetzt haben wir einen Namen", bemerkt sie, und man spürt, daß ihr diese Errungenschaft sehr wichtig ist.

Ihre natürliche und bescheidene Art, ihr offenes und herzliches Wesen machen es leicht, Gertrud Engel auf Anhieb liebenswert und sympathisch zu finden. "Ich bin halt normal geblieben", lacht sie unbeschwert. Sie sei von Natur aus ein fröhlicher Mensch, der in allen Dingen immer das positive Element sehen könne. "Jammern liegt mir nicht - es ändert schließlich auch nichts", findet sie. Von der Erfolgs-Philosophie fühlt sie sich in ihrem Denken und Handeln immer wieder bestätigt. "Ich glaube grundsätzlich an das Gute im Menschen, deshalb bin ich auch Enkelmann-Fan", bekundet sie ernsthaft.

Und weil sie an die Menschen glaubt, glaubt sie auch daran, daß jeder Mensch zu enormen Leistungen fähig ist, wenn die Situation es erfordert. Ihr besonderes Anliegen gilt dabei den Frauen, die sich oft so wenig zutrauen und denen viele Männer es manchmal auch ganz schön schwer machen. "Eine Frau ist ein ganz normaler Mensch", betont sie - und man spürt, daß es ihr eigentlich lästig ist, das Selbstverständliche noch hervorheben zu müssen. "Leider fehlt es Frauen oft an Mut und Selbstvertrauen."

Leidenschaftlich fügt sie hinzu: "Es ist mir wichtig, daß anhand meines Beispiels die Frauen Mut bekommen, an ihre eigenen Fähigkeiten zu glauben und ihre Potentiale nutzen." Mit Nachdruck: "Ich weiß schließlich, daß es funktioniert, wenn man den richtigen Anstoß bekommt." Und an die Männer gewandt, meint sie: "Männer können sich ruhig öfter mal darauf besinnen, daß sie auch nett sein können." Unter "nett" versteht sie dabei keinesfalls "weiblich", sondern einfach nur menschlich und sensibel. In männlich-weiblich-Kategorien denkt sie nicht. Menschlich - das ist für sie der Maßstab, der für beide Geschlechter Gültigkeit haben sollte.

Ihre positive Grundhaltung kommt rüber, der Respekt, den sie anderen entgegenbringt, kommt als Achtung und Wertschätzung zurück. "Sehen Sie - Arbeit ist ein wichtiger Teil des Lebens", definiert sie ihren Anspruch, daß ihre Mitarbeiter spüren sollen, daß sie ihr wichtig sind. "Der Mensch verbringt schließlich den größten Teil des Tages mit Arbeit. Mehr als mit seiner Familie. Es ist deshalb ein Grundrecht, daß er sich in der Firma wohlfühlt und stolz ist auf das Unternehmen, für das er tätig ist." Schon deshalb will sie den Teamgeist stärken, will Verantwortlichkeit bei jedem einzelnen wecken, aber auch Spaß und Freude fördern.

Sie legt Wert auf den täglichen und ständigen Kontakt mit ihren Mitarbeiter, hat ein offenes Ohr für alle - und natürlich kennt sie auch jeden Namen. Sie begrüßt ihr Team jeden Tag persönlich, begibt sich ins Lager oder in den Wareneingang, um die Arbeiter und Angestellten nach ihren Problemen und Wünschen zu fragen, sie ermuntert ausdrücklich dazu, Ideen auszusprechen - und selbstverständlich gratuliert sie Geburtstagskindern, Jubilaren, Brautpaaren, frischgebackenen Eltern auf ihre ganz persönliche, äußerst liebenswerte Weise zum besonderen Ereignis. Im Lieferprogramm-Katalog von Engel sind alle Mitarbeiter mit einem jeweils typischen Foto abgelichtet, sämtliche Fotos wurden von der Chefin persönlich geknipst. "Ich habe versucht, die Besonderheit jedes einzelnen ein wenig hervorzuheben und die Menschen so zu portraitieren, wie sie wirklich sind", lächelt Gertrud Engel verschmitzt. Sie schafft es immer, etwas Menschlichkeit mit einzubringen, selbst bei der Gestaltung eines trockenen technischen Kataloges voller Verbindungselemente.

Vielleicht ist die starke persönliche Einbindung Gertrud Engels in ihr Unternehmen auch ein wenig damit zu begründen, daß sie später einmal ihrer Tochter, einer ausgebildeten Diplom-

Kauffrau, und ihrem Schwiegersohn einen gesunden und gefestigten Betrieb hinterlassen möchte. Darin sieht sie eine große Verantwortung. Bis dahin will sie sich selbst allerdings noch ein paar Visionen erfüllen: der Bau soll in den nächsten Jahren erweitert, die Lagerfläche verdoppelt werden. "Ich möchte einen richtig schönen, großzügigen und übersichtlichen Wareneingangsbereich mit qualifizierter Produktkontrolle haben", formuliert sie ihr nächstes Ziel.

Sie bringt sich selbst ganz und gar als Person in die Firma ein, ungekünstelt und menschlich, anfaßbar, so wie sie ist. Das kann nur jemand, der mit sich selbst und seiner Umgebung eins ist, für den auch privat Tugenden wie Menschlichkeit, Ehrlichkeit und Verantwortung von erheblicher Bedeutung sind. Ein kleiner Einblick in das Privatleben von Gertrud Engel bestätigt diese Weisheit. "Ich habe einen tollen Freundeskreis und fühle mich auch in der Unternehmerwelt sehr wohl", sagt die erfolgreiche Geschäftsführerin, die sich selbst nicht gern als Witwe bezeichnet - "Das klingt so grau und traurig" -, sondern viel positiver als "Single". Ihre Familie und ihre Freunde nehmen Anteil an ihrem Erfolg, an ihren Reisen; langweilig ist es der Vielbeschäftigten jedenfalls nie. Trotzdem findet sie noch Zeit für ihre Hobbies: Sie sammelt Gemälde - "Aber nur heitere!" -, liebt das Radfahren genauso wie das Bergwandern oder den Skilanglauf, weil sie in der Natur so wunderbar abschalten und den Streß hinter sich lassen kann. "Leider schaffe ich es nicht, noch mehr zu tun", meint sie fast entschuldigend. Dabei fotografiert sie auch noch leidenschaftlich gern und kümmert sich mit Hingabe um ihr Gartenbiotop.

"Ja - und Kochen ist noch ein großes Hobby von mir", hätte sie fast vergessen, fügt jedoch gleich hinzu: "Aber nur für Gäste!" Einmal jährlich bekocht sie ihre leitenden Angestellten bei sich zu Hause, ein kleines Ritual, das sich so liebevoll eben nur eine Frau einfallen lassen kann - oder? Daß die zarte, aber starke weibliche Hand bei der Engel GmbH mittlerweile gar nicht mehr wegzudenken ist, beweist das Ergebnis einer betriebsinternen

Umfrage unter den Außendienstmitarbeitern im Anschluß an ein Verkaufsseminar. Was der Unterschied zwischen der Firma Engel und der Konkurrenz sei, wurden die Verkäufer gefragt. Die fast durchweg einhellige und von stolzer Hochachtung zeugende Antwort: "Wir haben eine Chefin!" - Und was für eine!

4.
Der Motivator als charismatische Persönlichkeit

Charisma - Was ist das?

Bevor wir in diese Thematik einsteigen, wollen wir uns kurz mit der Definition des Wortes "Charisma" befassen und nehmen hierzu den Duden zur Hilfe: "Charisma 1. göttli. (außerordentl.) Gnadengabe; 2. soziol.: wesenhafte Begabung zu einem best. Dienst, v.a. zur Übernahme einer Führerrolle u. einer damit verbundenen irrationalen Herrschaft"

Können Sie mit dieser Definition etwas anfangen? Vielleicht gefällt Ihnen unsere Auslegung besser?

Charisma ist die Kunst, andere zu verzaubern

In unseren Schulen und Universitäten wird der Intellekt überschätzt, die Entwicklung der Persönlichkeit unterschätzt, wenn nicht sogar negiert. Zu viele Führungspersönlichkeiten versuchen Mitarbeiter durch Beweise zu führen. Abgesehen davon, daß es für jeden Beweis auch einen Gegenbeweis gibt, kann ein solcher Führungsstil schon fast zu einer intellektuellen Vergewaltigung führen. Und wer läßt sich schon gern vergewaltigen? Keine Wählergruppe, kein Mitarbeiter und kein Kunde.

Menschen können nur in Gruppen gemeinsame Ziele erreichen. Um Kraft und Energie der Gruppe in die richtige Richtung zu lenken, müssen Menschen richtig geführt werden. Ein Initiator, ein Motivator ist deshalb notwendig. Menschenführung ist nicht nur eine verantwortungsvolle Aufgabe, Menschenführung ist eine große Kunst - sie ist nicht angeboren, sondern erlernbar.

Erfolgreich Führen bedeutet, in Menschen die Kräfte zu entwickeln, die notwendig sind, um gemeinsame Aufgaben zu lösen und Ziele zu erreichen. Und um diese Aufgaben zu lösen, sollten Sie, lieber Leser, liebe Leserin, den richtigen Schritt machen:

Menschen für sich und die gemeinsamen Ziele gewinnen

Menschenführung beginnt mit der Erziehung - also schon in der Kindheit. Eine gewisse Grundveranlagung, sich und andere zu führen, ist in jedem Menschen angelegt. Viele Menschen kennen sich aber selbst nicht genau, wissen gar nicht, welche Stärken und Talente sie überhaupt besitzen, zu welchen Taten sie wirklich fähig wären, wenn sie ihre Talente wirklich fördern würden. Entdecken Sie Ihre versteckten Stärken, entwickeln Sie diese Talente weiter, denn Sie benötigen diese Fähigkeiten, um eine charismatische, erfolgreiche Persönlichkeit zu werden.

Wer ist am erfolgreichsten? Der Mensch, der als Vorbild gilt, weil man sich mit ihm identifizieren kann. Dieser erfolgreiche Mensch wiederum orientiert sich selbst an einem Vorbild. Wer in einer Führungsposition ist, muß sich deshalb auch immer wieder die Frage nach dem Wert seines Vorbildes stellen. So kann dann ein Führungsstil entstehen, der geprägt ist von der Persönlichkeit. Und damit kommen wir zum Punkt:

Marschieren kann man befehlen, Weltrekorde nicht

Wer von seinen Mitarbeitern überragende Leistungen verlangt, braucht einen besonderen Führungsstil. Bedürfnisse, Einstellung, Überzeugung, Motive und Vertrauen der Geführten müssen in eine höhere Stufe transformiert werden. Wer Charisma besitzt, verfügt über eine wesentliche Vorausetzung für einen erfolgreichen Führungsstil. Charismatische Persönlichkeiten haben meistens viel Macht und großen Einfluß auf ihre Mitarbeiter, die durchdrungen sind von dem Wunsch, sich mit ihrem Vorbild zu identifizieren, ihm das Vertrauen zu schenken.

Führungsverhalten und Moral

Begeisterung für eine Sache, repräsentiert von einer charismatischen Persönlichkeit, kann Menschen zu enormen Leistungen befähigen. Wem es gelingt, Menschen Ziele und Träume zu geben, sie aus ihrer Lethargie zu reißen, kann sie dazu inspirieren, über ihre Grenzen hinaus zu wachsen.

Wie bereits erwähnt, kann alles, was Nutzen bringt, auch zum Nachteil gereichen. Mit einem Messer kann man Kunstwerke schnitzen, Nahrung zerkleinern - es kann ebenso als Mordwaffe dienen. So ist es auch mit der Menschenführung. Es liegt in der Hand einer jeden Führungsperson, seine Begabung richtig - also im positiven Sinn - einzusetzen. Der Einfluß geht übrigens schnell verloren, wenn Zweifel an den Zielen oder an der Glaubwürdigkeit des Führenden entstehen.

Charisma ist eng verbunden mit Motivation. Ein Mensch, der Charisma hat, ist motiviert. Durch seine Ausstrahlung erweckt er Motivation bei seinen Mitarbeitern. Wir wissen - und wenn wir uns umsehen, finden wir dies bestätigt - daß nur ein motivierter

Mensch andere motivieren kann. Pflegt ein charismatischer Typ seine Begabung, so zieht er ganz von selbst seine Mitmenschen in seinen Bann. Und hat er sich eine optimale Führungsmethode erarbeitet, dann bleibt er ihr treu, denn er weiß, daß ständig neue Managementmethoden keinen Erfolg bringen können. Entscheiden deshalb auch Sie sich für eine Methode, die Sie konsequent verfolgen. Der Erfolgreiche wirkt durch seine positive Lebenseinstellung, ist durchdrungen von seinen Zielen und dem Glauben, diese auch zu erreichen. Wer könnte einer solchen Persönlichkeit widerstehen?

Charismatische Chefs vermitteln Schutz und Sicherheit; charismatische Lehrer inspirieren ihre Schüler, regen deren Intellekt an. Charismatische Trainer befähigen Sportler zu Spitzenleistungen, ermutigen sie im wahrsten Sinn des Wortes dazu, Grenzen zu überspringen.

Charisma und Körpersprache

Zu den großen Irrtümern, die nicht auszurotten sind, gehört die Ansicht, Charisma sei eine Gabe der Götter, sei angeboren. Kürzer formuliert: Man hat es oder man hat es nicht. Wir haben gelernt, daß alles was der Mensch kann, er nur deshalb kann, weil er es gelernt hat. Wenn wir nun darangehen, charismatische Persönlichkeiten zu analysieren, ganz gleich wann sie gelebt haben, so werden wir feststellen, daß sie alle ein ähnliches Verhaltensmuster verbindet - nämlich die Ausstrahlung über Körper, Augen, Stimme und suggestive Formulierungsfähigkeit.

Wir Deutschen haben aufgrund unserer Geschichte ein negatives Verhältnis zur Macht. Der Begriff "Macht" ist besetzt mit der Vorstellung von Gewalt, Krieg, Unterdrückung, Leid. Versuchen wir darum, zuerst den Begriff Macht emotional zu neutralisieren. Beginnen wir beim negativsten Gefühl, das der

Mensch erleben kann. Das ist das Gegenteil von Macht: die Ohnmacht. Ohnmächtig zu sein bedeutet: hoffnungs-los, leb-los, freud-los. Ein machtvoller Mensch ist aber genau das Gegenteil des Ohnmächtigen. Und was wollen Sie sein?

Wer sich ohnmächtig fühlt, ist "ohne Macht". Ohne Macht ist der Mensch ohne Energie, er traut sich nichts zu, hat keine Erfolgserlebnisse und fühlt sich deshalb minderwertig. Er kann sich nicht richtig einschätzen und wird mehr und mehr von einem Komplex beherrscht, der ihm das Leben schwer macht: dem Minderwertigkeitskomplex. Die innere Einstellung wird auch äußerlich sichtbar: Ein Mensch mit Minderwertigkeitskomplexen fühlt sich nicht wohl, mag sich nicht - ja, er kann nicht einmal seine Vorzüge erkennen. Er versucht, möglichst nicht aufzufallen und fällt gerade deshalb besonders auf. Er macht sich kleiner, die Füße und Hände sind ständig in Bewegung, der Atem ist flach, die Brust eingefallen, die Schultern nach vorn gebeugt, der Blick ist unsicher. Selbst die Kleidung scheint nicht zu ihm zu passen. Seine Stimme ist leise, sehr dünn und viel zu hoch. Er bewegt sich immer im Hintergrund, ist in sich selbst zurückgezogen. Seine Fähigkeiten sind nicht ent-faltet, vielmehr ist er zusammengefaltet - sein Körper macht das sichtbar.

Angst spielt eine große Rolle im Leben der Menschen, die sich minderwertig fühlen. Angst davor aufzufallen, Fehler zu machen, nicht geliebt zu werden - Angst vor Versagen, manchmal nur in einigen Bereichen, manchmal aber auch vor jedem neuen Tag. Angst erzeugt ein Gefühl des Bedrohtseins, der Beklemmung. Angst lähmt, macht passiv - kann krank machen. Oft kann man gar nicht mehr feststellen, wo die Angst beginnt und wo sie aufhört. Zweifel und Bedenken sind Gefährten der Angst. Es ist wichtig, die zerstörerische Energien der Angst zu kennen. Denn Menschen zu führen, heißt in vielen Fällen, sie erst einmal aus ihrer pessimistischen Haltung zu ent-führen, ihnen ihre Angst zu nehmen und positive, sinnvolle Ziele aufzuzeigen, die ihnen helfen, ihr Leben in andere Bahnen zu lenken. Deshalb sind charismatische Menschen so wichtig.

Vorbilder sind die Männer und Frauen, die etwas im Leben bewirkt haben - Menschen, die nicht von Minderwertigkeitsgefühlen niedergedrückt, von Ängsten beherrscht waren. Erfolgreiche, charismatische Persönlichkeiten waren und sind sicher und selbstbewußt. Ihre Körperhaltung ist der sichtbare Ausdruck ihrer Geisteshaltung. Sie stehen gerade, mit beiden Füßen fest auf dem Boden, haben eine aufrechte gerade Haltung, einen ruhigen, konzentrierten Blick. Die Hände zeigen sie ohne Scheu, vermitteln Sicherheit und Kraft, der Gesichtsausdruck ist freundlich. Diese erfolgreichen Menschen sind geistig und körperlich beweglich. Sie wissen, daß ihr Körper ein wesentliches Mittel der Kommunikation ist, sie strahlen positive Energie, Lebensfreude und Optimismus aus. Schon aus der Ferne, am Gang, an der Bewegung kann man ihn erkennen: den erfolgreichen Menschen. Wie könnte er auch sonst Menschen begeistern?

Was bringt einen Menschen dazu, an sich zu arbeiten, seine innere und damit auch seine äußere Haltung zu verändern? Was motiviert ihn, sich abheben zu wollen von seinen Mitmenschen? Eine der Antriebskräfte ist das Verlangen nach Anerkennung. Manchmal ist der Hunger nach Anerkennung sogar größer als der Hunger nach körperlicher Nahrung. Und deshalb steht derjenige im Mittelpunkt, der diesen seelischen Hunger nach Anerkennung stillen kann. Aus Erfahrung wissen wir selbst, daß der Hunger nach Brot sich stillen läßt, das Verlangen nach Anerkennung aber nicht, weil kein Mensch genug davon bekommen kann.

Das Gefühl anerkannt und geschätzt zu werden, macht glücklich. Doch es gibt gar nicht so viele Menschen, die loben können - oftmals weil sie selbst ein Defizit an Lob und Anerkennung haben. Nur wenige haben die Größe und die Kraft, etwas zu geben, was sie selbst nie erhielten. Das Bedürfnis nach Anerkennung zu befriedigen, setzt sehr viel Selbstbewußtsein voraus.

Menschen lassen sich führen von jemanden, der Vertrauen erweckt. Erstaunlich viele Menschen lassen sich lieber führen als selbst zu führen, sind lieber passiv als aktiv. Sie sind eher emotional als intellektuell ansprechbar. Aus diesem Grund muß beispielsweise ein Rhetorik-Seminar richtig konzipiert sein, muß diesen wichtigen Aspekt berücksichtigen und nicht intellektuelles Führungsverhalten lehren und trainieren. Viel wichtiger ist menschliche Führung, die sich nur aus der Stärke einer Persönlichkeit entwickeln kann. Darum wiederholen wir immer wieder:

Nicht die Argumente sind wichtig, Sie selbst sind wichtig!

Wie kommt der Gedanke an die Vorbildfunktion zustande? Der charismatische Einfluß besteht aus vielen Komponenten; hier einige wichtige:

* viel Energie;
* tiefe Ruhe;
* große Sicherheit;
* gerade Haltung (innerlich und äußerlich);
* konzentrierter Blick;
* verbale Suggestionskraft;
* Ausdauer;
* Durchsetzungsvermögen.

Der erfolgreiche Mensch mit Charisma verfügt über Mut, Belastbarkeit, Unerschütterlichkeit, Verschwiegenheit, mitreißende Kraft, innere Autorität und Überlegenheit. Er muß Sicherheit, Standfestigkeit und Energie ausstrahlen. Das läßt sich üben und trainieren. Wenn es richtig ist, daß wir in einer Welt voller Gefahren leben, dann ist es auch richtig, daß wir in einer Welt voller Chancen leben. Menschen mit Charisma haben immer einen Traum, eine Vision von der Zukunft - sie wissen: "Der Traum von heute ist die Realität von morgen." Und damit haben sie auch das Motiv für ihr Handeln- nämlich diesen Traum zu verwirklichen.

Das Motiv gibt ihnen die Kraft, nicht nur sich selbst zu aktivieren, sondern auch andere Menschen zu begeistern. Sie bemerken sicher meinen leidenschaftlichen Appell, nicht zu einem immer qualifizierteren Fachmann zu werden bzw. bessere Fachleute zu "produzieren", sondern die positive Lebenseinstellung, die eigene Persönlichkeit und damit Charisma zu entwickeln bzw. zu fördern. Könnte nicht auch für Sie "Erfolg durch Inspiration" zu Ihrem Ziel werden?

Warum sich nicht an großen Vorbildern orientieren, sich von ihnen inspirieren lassen? Denken Sie an: Moses, Buddha, Jesus, Mohammed, Ghandi... Wenn die Welt, in der wir leben, nicht nur überleben, sondern schöner werden soll, dann brauchen wir Persönlichkeiten mit Charisma - Menschen, die motivieren können. Zum Abschluß will ich Ihnen zur besseren Erläuterung noch ein Märchen erzählen:

Das Märchen vom Tempel der 1.000 Spiegel

Vor vielen hundert Jahren besuchte in Indien ein Hund den Tempel der 1.000 Spiegel. Nach einer wochenlangen Reise erreichte er den Tempel. Er steigt die Stufen zum Tempel empor, geht durch die Drehtür und betritt den Tempel der 1.000 Spiegel - er schaut in den Spiegel und sieht 1.000 ängstliche Hunde, bekommt Angst, fletscht die Zähne und 1.000 Hunde fletschen ebenfalls die Zähne. Mit eingezogenem Schwanz verläßt er den

Tempel in dem Bewußtsein, die Welt ist voller böser Hunde. Und er hat diesen Tempel nie wieder betreten.

Vier Wochen später kommt ein anderer Hund zum Tempel der 1.000 Spiegel. Auch er geht die Stufen des Tempels empor, geht durch die Drehtür, schaut in die Spiegel und sieht 1.000 freundliche Hunde. Er verläßt diesen Tempel in dem Bewußtsein, die Welt ist voller freundlicher Hunde.

Die Welt ist nur ein Spiegelbild unserer selbst, strahlen Sie die Welt an - und sie strahlt zurück!

Durch persönliche Anziehungskraft gewinnen

Manche Menschen fallen aus dem Rahmen

Nehmen wir eine Situation, die wahrscheinlich jeder Mensch schon einmal erlebt hat: Ein Raum - vielleicht auf einer Party, einer Vernissage, ein Theaterfoyer - ist voller Menschen, attraktiver Menschen und weniger attraktiver. Plötzlich wird unsere Aufmerksamkeit magisch von einer einzigen Person angezogen, einem Mann oder einer Frau. Es ist gar nicht mal der oder die Schönste unter allen Anwesenden. Trotzdem fällt uns dieser Mensch auf. Vielleicht durch die vielen Menschen, die ihn umringen, vielleicht durch sein Lächeln, durch die Art, wie er sich bewegt. Wir wissen es nicht. Es erscheint uns auch nicht unbedingt wichtig, zu wissen, warum. Entscheidend ist die Faszination, die diese Person auf uns ausübt. Was hat dieser Mann oder diese Frau, was andere nicht haben? Wenn wir ganz ehrlich sind, ist die Frau daneben viel hübscher, wirkt der Mann an der Tür viel intellektueller und attraktiver - und trotzdem erscheinen alle anderen farblos, blaß neben diesem Menschen. Unweigerlich stellt sich der Gedanke ein: So möchte ich auch auf andere Menschen wirken, solch eine starke Anziehungskraft möchte ich auch auf andere ausüben.

Und fast im gleichen Moment setzen die Selbstzweifel ein: "So werde ich nie! Dazu fehlt mir..." Ja - was eigentlich? Um zu wissen, warum ein Mensch anziehend ist, warum er eine starke Ausstrahlung hat, müssen wir zuerst zum genauen Beobachter werden. Wo liegt nun der Unterschied zwischen einer Person mit charismatischer Ausstrahlung und einem Menschen, der äußerlich attraktiv ist?

Fazit: Der Mensch mit Charisma schafft eine Atmosphäre des Vertrauens durch Ausstrahlung, Sicherheit, Selbstbewußtsein.

Stellen Sie sich einmal bildhaft die oben beschriebene Situation vor und bilden Sie drei Gruppen:

1. Anziehende Menschen (es dürften nur ganz wenige sein, vielleicht nur eine einzige Person):

___

___

___

2. Nichtssagende Menschen ohne Ausstrahlung - weder positiv noch negativ (das ist wahrscheinlich die größte Gruppe):

___

___

___

3. Unsympathische Menschen, die Sie meiden bzw. am liebsten gar nicht kennenlernen möchten (vielleicht einige wenige):

___

___

___

Wenn Sie nun jeder dieser Gruppe die typischen Eigenschaften zuschreiben, kristallisieren sich die wesentlichen Punkte heraus, die eine charismatische Persönlichkeit auszeichnen. Sie können dieses Gedankenspiel mit jedem beliebigen Menschen - Politiker, Schauspieler, Sänger, Unterhaltungskünstler, Sportler - machen. Wer ist Ihnen sympathisch, wen finden Sie anziehend, wen möchten Sie gern kennenlernen? Und umgekehrt. Stellen Sie ganz einfach fest, was ist Ihnen wichtig, was spricht Sie an:

1. Körpersprache: Wie bewegt der Mensch sich? (fahrige oder ruhige Gesten, aufrechte oder geduckte Haltung, Hände in den Hosentaschen, offenes Spiel der Hände, fester Stand oder ständiger Wechsel der Beinhaltung):

2. Stimme und Sprache: Wie "kommuniziert" er mit anderen? (laute, schrille oder ruhige, tiefe Stimme, kann zuhören oder redet ständig dazwischen, wirkt konzentriert und aufmerksam oder ungeduldig und uninteressiert, schaut andere direkt an oder weicht Blicken aus, lächelt oft, schaut grimmig, wirkt mürrisch, ablehnend, gelangweilt, arrogant - oder freundlich, aufmunternd, zustimmend, verständnisvoll, geht auf andere zu, weicht eher aus):

Ein Mensch, der viele positive Eigenschaften besitzt, ist einfach unwiderstehlich. Kaum jemand kann sich seiner Faszination entziehen. Wie ein Magnet zieht er Aufmerksamkeit an. Showmaster im Fernsehen müssen die Kunst der Anziehungskraft beherrschen, um von einem Millionenpublikum verehrt und geliebt zu werden. Sie könnten nicht Erfolg haben, wenn sie nicht die beschriebenen Eigenschaften bis zur Perfektion trainiert hätten.

Politiker sollten diese Kunst beherrschen, doch viele finden es nicht der Mühe wert, an ihrer persönlichen Ausstrahlung zu arbeiten. Viele ältere Politiker wurden als Jugendliche von Jesuiten erzogen. In diesem Orden war es eine Selbstverständlichkeit, täglich an seiner Ausstrahlung vor dem Spiegel zu arbeiten und die Kunst der Rhetorik zu lernen. Heute scheint es so als wäre Fachwissen bzw. eine akademische Qualifikation wichtiger als eine charismatische Ausstrahlung. Aber nur Sympathie, Achtung und Anerkennung, also eine starke Anziehungskraft, bewirken dauerhaft und überall auf der Welt Erfolge.

Ein charismatischer Mensch, der andere begeistern und für seine Ideen gewinnen kann, muß einfach ein optimistischer

Mensch sein. Und jeder optimistische, also positiv eingestellte Mensch strahlt Sicherheit aus, hat vor der Zukunft keine Angst. Ganz im Gegenteil: Die Zukunft ist eine Herausforderung für ihn, er will sich den Aufgaben von morgen stellen.

Welche Eigenschaften benötigt ein charismatischer Mensch?

Optimismus:

Optimismus ist eine der Eigenschaften des charismatischen Menschen. Erfolglose Politiker konnten ihren Wählern kein optimistisches Bild von der Zukunft vermitteln. Alle Menschen, die Sympathie und Anerkennung gewinnen wollen, sind zwangsläufig Veränderer. Wer positiv verändert, signalisiert Elan und zeigt Zukunftsperspektiven auf, macht damit Hoffnung. Persönlichkeiten mit besonders starker Anziehungskraft sind Menschen, die die anstehenden Aufgaben mit kraftvoller Energie angehen, sich voll und ganz für ihre Ziele einsetzen - mit ihrer ganzen Persönlichkeit.

Hoffnung auf die Zukunft:

Hoffnung - das ist sehr wichtig. Viele Menschen haben Visionen, haben Träume. Aber das reicht nicht aus. Erst die Taten verändern. Erfolgreiche Menschen haben die nötige Energie, ihre Visionen und Träume anderen Menschen zu vermitteln und sie zu deren Ideen und Visionen zu machen, ihnen Hoffnung auf eine schöne Zukunft zu geben.

Erstellen Sie eine Liste von charismatischen Persönlichkeiten, von Menschen, die etwas auf dieser Welt verändert und bewegt haben: Moses, Buddha, Nelson Mandela... Tun Sie das ruhig, lieber Leser, liebe Leserin. Denn dann wird Ihnen bewußt: Ohne Träume, ohne Visionen - keine Verbesserung. Menschen mit starker Ausstrahlung haben die Fähigkeit, andere für ihre Träume zu begeistern.

Begeisterung:

Wer Visionen hat, hat automatisch auch Ziele, an die er glaubt und die er erreichen will. Ohne die Hilfe und Unterstützung der Mitmenschen ist es für niemanden möglich, erfolgreich zu sein. Aber wer selbst überzeugt und begeistert ist von seinen Zielen, kann das Feuer der Begeisterung in jedem Menschen entzünden und damit Unterstützung und tatkräftige Hilfe erhalten. Motivation ist deshalb fast nur ein anderes Wort für Begeisterung. Wer andere motivieren will, muß sie von seinen Vorstellungen überzeugen können, muß sie begeistern und faszinieren, Aufmerksamkeit erwecken und erhalten. Ein isolierter Mensch gelangt niemals zum Erfolg, weil er keinen Kontakt zu seinen Mitmenschen hat, geschweige denn die Fähigkeit besitzt, sie zu begeistern und mitzureißen. Der Mensch mit starker persönlicher Anziehungskraft hingegen, hat einen Großteil seines Erfolges erreicht durch die Fähigkeit, andere für seine Sache zu begeistern.

Erfolg ist immer eine Frage der Persönlichkeit

Die Macht der Begeisterung:

Für wen konnten Sie sich begeistern? Und warum? Ich bin sicher, Sie haben eine Persönlichkeit gewählt, die von ihren Zielen, ihrer Vorstellung überzeugt war. Wer wird sich schon für eine Aufgabe erwärmen lassen, wenn der Mensch, der die Aufgabe stellt, von seiner eigenen Idee nicht vollkommen durchdrungen ist?

Ein begeisterter Mensch ist voll und ganz von dem überzeugt, was ihn fasziniert. Denken Sie an die Zeiten, als Sie verliebt waren. Benötigten Sie jemanden, der Sie von den Vorzügen Ihrer Partnerin, Ihres Partners überzeugen mußte?

Wer andere Menschen begeistern kann, tut dies durch seine Ausstrahlung. Begeisterung kann überhaupt nur in Freiheit entstehen. Die charismatische Persönlichkeit ist nicht autoritär. Sie hat vielmehr eine natürliche Autorität, die so selbstverständlich ist, daß Befehle und Verordnungen nicht nötig sind. Wer Menschen begeistern kann, beeinflußt sie durch seine starke suggestive Kraft. Viele fleißige Menschen scheitern allein an der Tatsache, daß es ihnen an dieser Suggestivkraft fehlt.

Erfolgreiche vermitteln Kraft, Zuversicht und Charisma:

Stärken Sie Ihre Kontaktfähigkeit, gehen Sie auf andere zu und konzentrieren Sie sich auf Ihre Ziele. Beachten Sie die Wirkung, die Sie auf andere Menschen haben. Ihre Anziehungskraft wird immer stärker und größer von Tag zu Tag. Das Gesetz der Resonanz sagt: *"Von mir allein hängt alles ab, nicht von den anderen."* Der Schlüssel zum Erfolg liegt in Ihnen. Wenn Sie eine Glocke anschlagen, schwingen alle anderen Glocken im gleichen Ton mit. So, wie Sie selbst schwingen, können Sie andere Menschen zum Schwingen bringen - je reiner der Ton, desto reiner das Echo. Bringen Sie Ihr Umfeld zum Schwingen, werden Sie zu einer faszinierenden, charismatischen Persönlichkeit. Lassen Sie Ihre magnetische Anziehungskraft wirken, werden Sie unwiderstehlich. Damit ist es leicht, andere für Ihre Wünsche und Ziele zu begeistern. Denn: *Ihre Begeisterung ist ansteckend!*

Positive Menschenführung - Stärken verstärken

Die Grundgesetze der Lebensentfaltung

Sicher haben Sie inzwischen bemerkt, daß unsere 14 Grundgesetze der Lebensentfaltung tatsächlich der Schlüssel sind, um größte Erfolge zu erreichen. Bestimmt sind Sie jetzt neugierig, eine Erklärung zu den wichtigsten Denkgesetzen zu erhalten. Das 11. Grundgesetz lautet:

Beachtung bringt Verstärkung,
Nichtbeachtung bringt Befreiung.

Beachtung ist Liebe, Beachtung ist unbewußte Konzentration, Beachtung ist Energie. Und ich muß hier wiederholen "alles was lebt, braucht Nahrung", Konzentration ist reine Energie, Nahrung für Geist und Seele. Alles was wir beachten, erhält Energie, also Nahrung und wächst. Das gilt sowohl für das Positive wie auch für das Negative. Der Erfolg beginnt immer mit der Vorstellung des Erfolges, also mit der Beachtung des Positiven - der Mißerfolg beginnt mit der Beachtung und der Erwartung eines Mißerfolges, also des Negativen.

Hier liegt der Schlüssel zur positiven Menschenführung. Dies ist ungeheuer wichtig für jeden Vorgesetzten, für jeden Arzt, für jeden Erzieher. Diese Erkenntnis müßte jetzt wie ein Blitz einschlagen, müßte Ihnen die Augen öffnen: Wer die Fehler eines Menschen beachtet, verstärkt sie. Wiederholen Sie diesen Satz so oft, bis Sie ihn wirklich verstanden, ja verinnerlicht haben! Mit diesem Wissen können Sie sowohl weiße wie auch schwarze Magie betreiben. Sagen Sie einmal zu einem Stotterer: "Sie brauchen nicht zu stottern." Was passiert dann? Dann geht es nämlich erst richtig los mit dem Stottern. Denn: Beachtung bringt Verstärkung. Sagen Sie einmal einem Menschen: "Sie brauchen jetzt nicht rot zu werden". Sie werden erleben, wie sich der Kopf in einen roten Ballon verwandelt.

Alles lebt aus der Beachtung! Wir haben nur deshalb unsere Fehler, weil wir sie immer wieder beachten.

Könnten wir unsere Fehler vergessen, so würden wir sie verlieren; aber wir hängen mit einer Leidenschaft an unseren Fehlern, können Sie nur schwer loslassen. Nur wenige Menschen sind bereit, Fehler zu übersehen und sich auf das Positive, auf die Stärken, zu konzentrieren. Überall und ständig können wir im täglichen Leben dieses Denkgesetz zum Vorteil der Menschen anwenden. Aber was tut der Mensch - und zwar in guter Absicht? Er praktiziert das Negative. Sicher kennen Sie diese oder ähnliche Redewendungen: "Wie nervös du wieder bist", "Sei nicht so aggressiv", "Wie lieblos du wieder bist", "Reg' dich nicht auf"...

Die Verstärkung des Positiven ist nicht leicht, aber die Mühe lohnt sich, bringt große Erfolge. Vielleicht werden Sie ein Meister in der Kunst der positiven Menschenführung. Befreien Sie sich und andere von den kleinen Schwächen, lernen Sie positiv zu formulieren. Es geht Ihnen von Tag zu Tag und in jeder Beziehung immer besser und besser.

Be-freien Sie sich selbst!

Be-freiung - wir lösen uns, wir werden frei. So können wir dann auch andere Menschen von der Macht des Negativen befreien. Das positive Leben beginnt daher in dem Augenblick, in dem Sie sich weigern, über das Negative zu sprechen. Sie sollten sich eher die Zunge abbeißen, bevor Sie immer wieder über das Negative in seinen vielen Schattierungen reden. Sprechen Sie über

Ihre Wünsche, Ihre Ziele, Ihre Träume, Ihre Hoffnungen, Ihre Chancen, Ihre Möglichkeiten - sprechen Sie mit sich und anderen über die Zukunft, über die Dinge, die Wirklichkeit werden sollen. Sie werden erkennen: Der Geist wird Materie. Das erfolgreiche Leben beginnt mit der Fähigkeit, erfolgreich zu sprechen! Das 12. Grundgesetz der Lebensentfaltung lautet:

> Zustimmung aktiviert Kräfte,
> Ablehnung vernichtet Lebenskraft.

Es vertieft die Erkenntnisse des 11. Grundgesetzes. Sie haben sicher das Spiel der Kräfte einmal bei einem Experiment kennengelernt und wissen, wie zwei Magnete sich zueinander verhalten. Entweder sie ziehen sich an oder sie stoßen einander mit aller Energie ab. Zustimmung läßt die Kräfte in aufbauende Kanäle strömen, aktiviert und fördert das positive Wachstum - und das auf allen Ebenen des Lebens, in der Gesundheit, in der Entwicklung der Persönlichkeit, in der Partnerschaft, aber auch im Unternehmen, in der Wirtschaft. Ablehnung dagegen zerstört alle Lebensvorgänge.

Wir haben uns so an die Art und Weise gewöhnt, wie unser Gehirn denkt, daß wir uns nur selten vorstellen, daß unser Gehirn auch ganz anders denken und reagieren könnte, folglich wir auf Lebenssituationen ganz anders, vielleicht sogar viel positiver, reagieren könnten.

Da der Erfolg immer das Ergebnis unseres Verhaltens ist, hat unser Gehirn drei Möglichkeiten der Reaktion: negativ - neutral - positiv.

Wir haben somit theoretisch unterschiedliche Möglichkeiten: Man kann in positiven Situationen positiv reagieren. Es gibt aber auch Menschen, die selbst an sonnigen Tagen negativ reagieren. Man kann in negativen Situationen zwar negativ reagieren, natürlich und verständlich - aber der Meister in der Lebenskunst hat gelernt und trainiert, auch in negativen Situationen positiv zu reagieren. Ablehnung, ganz gleich wie geschickt oder wie intelligent vorgebracht, zerstört die lebenserhaltenden Kräfte. Hier liegen die Ursachen für viele Mißerfolge.

Solche tiefenpsychologischen Prozesse verstandesmäßig zu verstehen, ist einfach, sie jedoch im täglichen Leben zu praktizieren, ist unendlich schwer. In der Regel ist es leichter, andere zu beobachten als sich selbst. Beobachten Sie daher einmal in den nächsten Wochen, wer von Ihren Bekannten positiv und wer negativ reagiert.

In unserem Rhetorik-Seminar trainieren wir dieses Verhalten. Wie gehen wir vor? Zunächst üben wir die "Für-Reden". Ein Teilnehmer versucht, positive Argumente für eine Aktion zu vermitteln, z. B. für einen Urlaub an der Nordsee. Das ist leicht.

Doch dann beginnt der schwierige Teil: Die "Gegen-Rede" wird jetzt trainiert. Gegenargumente sollen den Zuhörer von einem Urlaub an der Nordsee abhalten. Und hier wird nun ganz deutlich, daß derjenige, der *für* etwas ist, immer der Stärkere ist, es leichter hat, beliebt ist. Wer hingegen gegen eine Sache ist, steht meist auf der Verliererseite, ist der Schwächere, der Nörgler, der Unsympath.

Welche Konsequenzen ziehen Sie aus dieser Beobachtung? Entscheiden Sie sich lieber *für* eine Sache. Seien Sie in Zukunft nicht mehr gegen etwas. Die Kunst der Rethorik im positiven Sinn kann man - ja, man muß sie unbedingt - trainieren, um sie sich zu eigen zu machen. Sie erkennen: Das positive Leben beginnt mit der Kunst, erfolgreich zu sprechen.

Erfolgreiches Sprechen setzt immer erfolgreiches Denken voraus. Denken allein genügt aber nicht.

Haben Sie sich das 12. Denkgesetz schon eingeprägt? "Zustimmung aktiviert Kräfte, Ablehnung vernichtet Lebenskraft." Jeder Mensch, ganz gleich, wie intelligent er ist, wächst über sich hinaus, wenn er anerkannt wird. Anerkennung - Bejahung - ist die wirksamste Kraft, die Ihnen zur Verfügung steht. Bitte trainieren Sie, lernen Sie, diese positive Kraft zu nutzen.

Der Erfolg als Beweis: Arnt Klöser - Der Mann, der "Toys 'R' Us" in Deutschland aufbaute

Arnt Klöser hat so viele Funktionen bei dem amerikanischen Spielzeugriesen "Toys 'R' Us" inne, daß er manchmal Schwierigkeiten hat, alle ohne zu stocken aufzuzählen: Vorsitzender der Geschäftsleitung in Deutschland, Geschäftsführer der Gesellschaft in Österreich, Präsident und Delegierter des Verwaltungsrates in der Schweizer AG, Vorsitzender des Vorstandes der belgischen AG, Vorsitzender der Geschäftsleitung der holländischen Gesellschaft - überall mit Alleinvertretungsberechtigung - und schließlich Präsident für Zentraleuropa.

Visionäres Denken, Begeisterungsfähigkeit, Entscheidungsfreudigkeit und Intuition sind vielleicht die bemerkenswertesten Eigenschaften des Kölner Top-Managers, der in seinem steilen Werdegang nie etwas dem Zufall überlassen hat, aber zugibt, das Glück gehabt zu haben, im richtigen Moment oft die richtigen Leute getroffen zu haben. Vielleicht weil er selbst die Macht der Motivation kennen- und schätzengelernt hat, ist der Mann mit dem Riecher für Erfolg, der sich immer auf seinen Instinkt verlassen hat, vor allem auch ein Motivator, einer, der genau weiß, daß Erfolg heißt, andere von seinen Zielen begeistern zu können.

Als im Jahre 1987 der US-Spielzeug-Multi "Toys 'R' Us" ("Spielwaren - das sind wir") seinen ersten Supermarkt für Spielwaren in Deutschland eröffnete, brach in der Branche das große Wolfsgeheul los. Vom Untergang der heilen Welt des pädagogisch wertvollen Spielzeugs war gar die Rede, und der ambitionierte Fachhandel sah sich schon ums nackte Überleben kämpfen. Arnt Klöser, der von "Toys 'R' Us"-Gründer Charles Lazarus persönlich dafür auserkoren war, das amerikanische Konzept in Deutschland populär zu machen, war viel zu über-

Arnt Klöser

zeugt und begeistert von der ungewöhnlichen Marktidee, um sich von negativen Prognosen, Boykottaufrufen und Standortblockaden irritieren zu lassen. Inzwischen gibt es landesweit 44 Spielzeug-Supermärkte, weitere 16 im angrenzenden Ausland - und 120 sollen es in den nächsten Jahren in Zentraleuropa werden. Wo "Toys 'R' Us" in der Nähe ist, profitieren alle. Auch der mittelständische Fachhandel darf sich in Zeiten, da alle über die Rezession jammern, über Zuwächse wundern. Ob das wirklich ein Verdienst der amerikanischen Discountkette ist, bleibt dahingestellt - sicher ist, daß das Konzept sich durchgesetzt hat - und zwar, ohne Opfer zu hinterlassen.

Wie kommt ein gestandener Kaufmann, der zuletzt als Geschäftsführer namhafter deutscher Handelsketten und danach als selbständiger Berater zweier großer Handelsfirmen in sicheren Erfolgsgewässern schwamm, dazu, das unkalkulierbare Risiko einzugehen: Ein ganz auf den amerikanischen Markt und auf amerikanische Bedürfnisse zugeschnittenes Discountkonzept mit Spielwaren ausgerechnet in Deutschland umzusetzen? Wo das Steiff-Tier als Inbegriff von Qualität und rosa Plastikspielzeug made in Taiwan als Ausbund amerikanischer Dekadenz gilt, konnte entweder nur ein Ignorant oder ein unverbesserlicher Enthusiast es wagen, an der vorgeblich heilen Welt zu rütteln.

Arnt Klöser hatte als eigentlich Branchenfremder keinerlei Vorurteile und Vorbehalte gegenüber eigenwilligen Ideen. Und allein von der Idee war der pädagogisch Unbelastete von dem Augenblick an restlos fasziniert, als er von "Toys"-Boß Lazarus persönlich in New York zum erstenmal durch einen der gigantischen Spielzeugsupermärkte geführt wurde. "So etwas hatte ich bis dahin noch nicht gesehen", erinnert sich Arnt Klöser. Mit jedem Schritt verstärkte sich in ihm die Vision, daß man so etwas auch in Deutschland machen könne - und zwar erfolgreich.

Es war keinesfalls eine erzieherische Vision, vielmehr eine kaufmännische, denn mit Kinderartikeln und Spielsachen hatte Klöser es wie gesagt bisher noch nicht zu tun gehabt. Deshalb hatte er das Angebot des Spielzeuggiganten auch bereits zweimal abgelehnt - bis zu dem zündenden Moment, als er das Warenhaus von innen sah und den charismatischen Firmengründer Lazarus kennenlernte, der ihn mit seiner Lebensidee begeisterte. "Ich sah einen großen Supermarkt nur für Kinder, den es in Europa einfach noch nicht gab", begründet Klöser seine Intuition, daß dieses Konzept als Novität auch in Deutschland ein Hit werden könnte.

Allen Unkenrufen zum Trotz setzte sich der Branchenfremde über die Insiderskepsis hinweg, daß der Mißerfolg vorprogrammiert sei. "Die Branche setzte sich immerhin schon seit mehr als zehn Jahren mit Toys 'R' Us auseinander und war sich einig darüber, daß es nicht funktionieren würde", wundert sich Arnt Klöser. "Hier wird eine Familie hingehen und alles finden, was man für eine Familie braucht", stellte er sich vor.

Allerdings hatte der Vater dreier inzwischen erwachsener Söhne durchaus eigenständige Vorstellungen davon, was man in Deutschland realisieren konnte und was nicht. In mühsamen Verhandlungen mußte er die Amerikaner davon überzeugen, daß man hierzulande mit Billigramsch keinen Blumentopf gewinnen konnte und daß die qualitativen Ansprüche bei den Deutschen wesentlich höher lagen als bei den Amerikanern. Daß es gelang, seine Qualitätsansätze durchzusetzen, lag an seinen detaillierten Kenntnissen vom Markt und an seiner Beziehung zum Prinzip des Supermarkts. Mit zehn Chefeinkäufern hat er ein Markensortiment durch einen unabhängigen Einkauf durchgesetzt, um Markenartikelansprüchen deutscher Konsumenten gerecht zu werden.

Als ehemaliger Geschäftsführer bei großen Handelsketten konnte ihm so leicht keiner etwas entgegensetzen, wenn es um die Kaufgewohnheiten der Deutschen ging. Neu auf dem Spielwarensektor war der Ansatz des völlig unbedrängten Kaufes und die freie Entscheidungsmöglichkeit durch offene und übersichtliche Präsentation. Kein Kunde wird unter Druck gesetzt durch das gutgemeinte, aber oftmals auch überflüssige "Kann ich Ihnen helfen?" hartnäckiger Vekäuferinnen. "Heute sind die Packungen vielfach so ausgereift, daß eine genaue Beschreibung gut ersichtlich auf der Außenseite angebracht ist", findet Klöser. Er glaubt, daß Kunden entweder schon vor dem Kauf genaue Vorstellungen haben - oder aber sich lieber ein breites Bild über das Angebot machen wollen.

Wer allerdings Beratung wünscht, bekommt sie auch. In jedem "Toys 'R' Us"-Supermarkt gibt es Infostände mit geschultem Personal, das den Kunden zur Verfügung steht. Denn die Firmenphilosophie setzt Entscheidungsfreiheit über Entscheidungsfindung oder gar Entscheidungseingrenzung. Wer sich Spielzeugkauf ohne Beratung überhaupt nicht vorstellen kann, wird sowieso kaum zu "Toys 'R' Us" gehen. Wohl deshalb hat der Siegeszug des Giganten nicht zum befürchteten Niedergang der traditionellen Spielwarenhäuser geführt, die nach wie vor ihre Existenzberechtigung und ihren festen Kundenstamm haben. "Nicht nur wir, auch unsere Wettbewerber konnten Steigerungsraten verbuchen", resümiert Arnt Klöser die "Sogwirkung" des Branchenriesen auf kleinere Unternehmen. Die Wachstumsraten der Spielzeugindustrie in Rezessionszeiten führt er darauf zurück, daß die heutige Elterngeneration ihre Kinder zuallerletzt die Krise spüren lassen möchte. "Lieber spart man bei sich selbst."

Neben der legeren und unkomplizierten Einkaufsatmosphäre ist der große Erfolg des Spielzeugmultis vor allem auf die knallhart kalkulierten Dauer-Niedrigpreise zurückzuführen. Der Clou bei "Toys" ist das bedingungslose Umtauschrecht. Warum auch immer der Kunde einen Artikel zurückgeben möchte - er bekommt sein Geld anstandslos zurück.

Auch wenn Arnt Klöser als Konzernchef heute kaum noch die Möglichkeit hat, hautnah Kundenbedürfnisse festzustellen, so profitiert er noch immer von seinen Erfahrungen aus seinem Aufstieg bei den deutschen Handelsketten. Und daß dieser Aufstieg ebenso klassich und zielgerichtet wie ungewöhnlich erfolgreich und schnell verlief, spricht nur für das außergewöhnliche kaufmännische Talent, das sich bei dem jungen Jurastudenten schon früh abzeichnete, als er neben seinem Studium schon mal als "Trainee" bei Kaufhof hineinschnupperte, um die Praxis kennenzulernen. Allerdings schränkt er ein, daß man die Aufmerksamkeit der richtigen Leute schon auf sich ziehen müsse. "Wer nur darauf wartet, entdeckt zu werden, wird lange warten", findet er. Dazu zähle, daß man die Ausstrahlung eines Machers hat, eines Menschen, der fähig ist, das auch umzusetzen, was er denkt und sagt.

Als Geschäftsführer bei Metro reizte ihn vor allem die Herausforderung, in einem stark expandierenden Unternehmen tätig zu sein und die Tatsache, daß er es auf der Entscheidungs- und nicht mehr auf der Verwaltungsebene zu tun hatte. Im Insiderjargon: er wechselte vom statischen - vom ausführenden - "Stab" in die dynamische, die innovative "Linie". "Ich habe während meiner Tätigkeit bei Kaufhof gemerkt, daß die Power nicht im Stab sitzt, sondern in der Linie", erkannte er. Nach sieben Jahren Kaufhof-Erfahrung im Stab und einigen Jahren Linie bei Metro wurde er für weitere zehn Jahre Geschäftsführer in einer großen Kölner Einzelhandelskette - und hätte eigentlich mit seinem Erfolg glücklich und zufrieden sein können.

Dennoch reizte ihn im Alter von 43 Jahren die Selbständigkeit. Rückblickend sieht er seine damalige Entscheidung eigentlich als einen Fehler an. Er vermißte in dieser Zeit die Inspiration der Zusammenarbeit mit anderen und die Macht der Führung, wobei er Macht keinesfalls negativ interpretiert, sondern als eine Fülle von Möglichkeiten, als Entscheidungsfreiheit und als kreativen Rahmen für Gestaltung und Entwicklung innerhalb und im Sinne eines Unternehmens. Die Leitung eines Unternehmens, vor allem eines Branchenführers weltweit, ist für ihn Motivation, Bestätigung und Lebensaufgabe.

Sein Führungsstil ist ebenso transparent wie demokratisch, ebenso motivierend wie erfolgsorientiert. "Hierarchie steht bei uns natürlich auch auf dem Papier", sagt er. "Das geht ja gar nicht anders, denn jede Funktion muß beschrieben sein." Der in der Firma praktizierte amerikanisch-legere Umgangston, nach dem jeder in der Firma mit dem Vornamen angesprochen wird, ist sicherlich nicht das Kriterium für demokratischen Führungsstil. Keinesfalls nur symbolisch ist jedoch der große, runde Tisch im Chefzimmer. Um diesen Tisch versammelt Arnt Klöser regelmäßig seine neun Prokuristen, hier wird Firmenpolitik gemacht, werden Entscheidungen gemeinsam getroffen - und zwar auf klassische demokratische Weise nach dem amerikanischen Geschworenenprinzip: Keiner wird überstimmt, es wird so lange getagt, bis jeder einzelne überzeugt ist.

Sicher hätte er faktisch als alleinvertretungsberechtigter Geschäftsführer das Recht, alleine Entscheidungen zu treffen, doch es ist ihm wichtig, daß alle leitenden Mitarbeiter mit ihm am gleichen Strang ziehen. "Hier erfährt niemand eine Niederlage", hebt er die Vorteile dieses Prinzips hervor. Wenn jemand seine Meinung durch die Überzeugungsarbeit der anderen ändere, sei dies etwas Positives und keinesfalls eine Niederlage.

Ein weiteres, sehr wichtiges Führungsprinzip ist für Arnt Klöser die "lange Leine". Darunter versteht er, daß er nach einer ausführlichen Stellenbeschreibung, die er gemeinsam mit jedem neueingestellten Mitarbeiter bespricht, sowie einer angemessenen Einarbeitungszeit die Newcomer sozusagen zur Bewährung ins kalte Wasser wirft, in dem sie sich bewähren müssen - allerdings mit dem Rettungsanker versehen: "Hast du ein Problem, komme bitte. Ich helfe dir gerne." Er erwartet, daß seine Leute innerhalb ihres Kompetenzbereiches das Beste geben, ohne ständige Kontrolle und ohne Gängelband. An der "langen Leine", davon ist er überzeugt, spüre er zudem viel eher, wenn jemand ein Problem habe, als wenn er ihn "bei Fuß" halten würde. Ihm ist es wichtiger, seinen Mitarbeitern Entscheidungskompetenz zuzugestehen, anstatt beispielsweise ständige schriftliche Leistungsnachweise einzufordern, wie dies in vielen deutschen Unternehmen noch heute praktiziert wird, obwohl längst bekannt ist, daß dies nichts zur Effizienz beiträgt.

Jeder in seinem Unternehmen darf seinen kreativen Freiraum ausschöpfen, und Arnt Klöser legt Wert darauf, daß dieser

Freiraum möglichst großzügig bemessen ist. So amerikanisch sein Führungsstil auch scheinen mag - mit dem US-Prinzip "Hire and Fire" hält es Arnt Klöser überhaupt nicht. Er feuert seine Leute nicht, wenn es nicht gleich klappt, er fördert sie. Und damit ist er nach eigenem Bekunden immer gut gefahren. "Meine entscheidenden Leute sind von Anfang an dabei", freut er sich. "Ich glaube, das zeigt deutlich, daß wir einen vernünftigen Führungsstil praktizieren." Dabei weiß er nur zu gut, daß er sich bei der Fülle seiner Funktionen und Positionen innerhalb des Unternehmens und seiner Expansionspläne in großen Teilen Europas auf die Verantwortungsbereitschaft und die Entscheidungskompetenz guter Mitarbeiter verlassen muß. Das setzt natürlich eine hohe Bereitschaft voraus, anderen bedingungslos zu vertrauen.

Vertrauen ist für ihn eine wichtige Voraussetzung für Motivation. Nur wer Vertrauen hat, ist in der Lage, seinen Mitarbeitern die Möglichkeit zu geben, ihr Potential zu entfalten. Er glaubt, daß man sich einen motivierenden Führungsstil - zum Beispiel durch Schulungen - bedingt erarbeiten kann, allerdings hat man es seiner Meinung nach leichter, wenn man die Fähigkeit andere zu motivieren über lange Jahre "trainiert" hat. So sieht er einen großen Vorteil darin, daß er selbst in jungen Jahren Leiter eines Jugendsportclubs war.

"Wenn man Leistungen verkaufen will", erzählt er, "merkt man mit der Zeit, daß dazu eine gewisse Stimmlage und eine überzeugende Gestik und Mimik notwendig ist. Denn der Motivator muß in der Lage sein, schon durch seine physische Ausstrahlung andere zu fesseln, Aufmerksamkeit auf sich zu ziehen und Konzentration zu erzeugen." Durch praktische Erfahrung, aber auch durch Selbstbeobachtung und -kontrolle lernte er also schon früh die Grundlagen von Rhetorik und Körpersprache als Erfolgsfaktoren kennen. Er lernte, mit Hilfe seiner Stimme und seiner Körpersprache seine eigene Begeisterung anderen zu vermitteln und zu deren Begeisterung zu machen. "Das Geheimnis der Motivation ist, daß man als Kompetenz akzeptiert ist und andere begeistern kann." Während seiner Schul- und

Studienzeit übte er sich immer wieder in kleinen Führungsaufgaben in Vereinen, Clubs und Verbindungen. "Ich habe schon immer angestrebt, einen Schritt vorn zu sein", sagt Arnt Klöser.

Die Faszination der Macht, sein "Piano", das er seit seiner Rückkehr in die "Linie" der Unternehmensführung mehr denn je zu schätzen weiß, ist für ihn ein immens bedeutendes Instrument zur Umsetzung seiner Fähigkeiten und auch seiner Persönlichkeit. Er braucht das "Feedback", die positive Resonanz - und im Gegensatz zu seiner Phase der Selbständigkeit träumt er heute nicht mehr davon, möglichst früh finanzielle die Unabhängigkeit erreichen zu können, um vorzeitig auszusteigen. "Solange die Kraft reicht und solange man spürt, daß man anerkannt ist, so lange gibt es keinen Grund, sich zur Ruhe zu setzen", bekennt sich Arnt Klöser voll und ganz zu seiner Aufgabe, die für ihn nicht nur Beruf, sondern vor allem Erfüllung und Bereicherung ist.

Nur so läßt sich vielleicht erklären, daß auch die 12- bis 14-Stunden-Tage für Arnt Klöser keine wirkliche Belastung sind. Schließlich befindet er sich in der glücklichen Situation, in dieser Zeit das tun zu können, was seinen Neigungen, seinen Fähigkeiten und seinem Charakter am ehesten entspricht. Natürlich ist es notwendig, die knapp bemessene Freizeit zu organisieren. Und natürlich braucht man eine sehr verständnisvolle Ehefrau, um so überzeugend wie er sagen zu können: "Ich bin seit über 30 Jahren glücklich verheiratet."

Daß Arnt Klöser außerdem noch Zeit findet, einmal in der Woche vor Arbeitsbeginn Tennis zu spielen, weist ihn als Meister des Zeitmanagements aus - obwohl er zugibt, daß es eigentlich seine Frau ist, die die karg bemessene Freizeit plant. "Ich lege viel Wert auf eine intakte Familie und sehe einen ganz großen Teil des Erfolges in dieser Zelle Familie, die mir Stärke, Ruhe, Gelassenheit und Zutrauen gibt."

Nicht die Dauer der zusammen verbrachten Zeit, sondern die Intensität sei es, die eine erfüllte Ehe ausmache. "Von Qualität halte ich sehr viel." Er hat nie versucht, das, was für ihn persönlich Maßstab ist, seinen drei Söhnen aufzudrücken, sondern er versucht sie vielmehr in ihrer Persönlichkeit zu unterstützen und die Entwicklung ihrer Talente und Fähigkeiten ihren Neigungen entsprechend zuzulassen.

"Ich bin sehr glücklich mit meinen Söhnen", sagt Arnt Klöser stolz. Immerhin hat er sie entsprechend seinem Lebensmotto erzogen: "Man sollte als junger Mensch bereits versuchen, sich zu konzentrieren auf das, was einem liegt." Gespräche mit Eltern und Freunden könnten helfen, Ziele und persönliche Stärken herauszufinden, zu verstärken und zu verfeinern - und seine Stärken und Neigungen zum Beruf zu machen. "Wenn jemand diese Sicherheit hat, genau weiß, was er will, dann läßt er sich von nichts und niemandem von seinen Zielen mehr abbringen. Aus der Identifikation mit seinen Zielen leitet sich Erfolg ab."

Als der mittlere Sohn als Diplom-Betriebswirt ein Spezialtraining zum Leiter eines SB-Warenhauses absolvierte, machte er ihm in dieser Zeit immer wieder klar, daß er auch eine vorübergehende Tätigkeit in der Obst- und Gemüseabteilung nicht als lästige Übergangsphase betrachten sollte. "Ich versuchte ihm deutlich zu machen, daß er sich in dieser Phase innerlich so auf diese Abteilung konzentrieren muß, daß der Abteilungsleiter von ihm begeistert ist und ihm nach den vier Wochen eine anständige Beurteilung schreibt. Es gehört zu jeder Karriereplanung der Wille, sich in kleinen Schritten dem Ziel zu nähern und bei jedem Schritt sein Bestes zu geben. Jede Stufe, die mich meinem Ziel näherbringt, muß ich ernst nehmen." Und überzeugt fügt Arnt Klöser hinzu: "Sicherheit in seinen Lebenszielen und die Bereitschaft, immer und in jeder Situation das Beste zu geben - das ist Motivation." Für diese Botschaft steht er selbst mit seiner ganzen Person.

5.
Durchsetzen? Ja! -
Aber bitte mit Fingerspitzengefühl

Tägliche Erneuerung durch Alpha-Training

Abbau von Widerständen

Wir leben im Zeitalter des Fortschritts, der schnellen Innovationen. Unsere Autos fahren heute zum Beispiel bei gleichem Energieverbrauch weiter und schneller als noch vor einigen Jahren. Neben leistungsfähigeren Motoren wird diese Verbesserung durch Karosserien bewirkt, die windschlüpfriger sind. Bei allen hochtourig laufenden Maschinen, wie beispielsweise Autos, Flugzeugen, werden Widerstände abgebaut und die Maschinen dadurch verbessert.

Wie sieht es nun aber mit dem Fortschritt bei den Menschen aus? Gibt es heute weniger Probleme, weniger Streit, weniger Vorurteile und weniger Krankheiten? Leider nicht! Im Gegenteil: Man hat den Eindruck, als würden die Menschen immer mehr Widerstände aufbauen, statt sie zu reduzieren.

Widerstände entstehen immer dann, wenn man beurteilt oder verurteilt, in Opposition geht oder nicht genügend Abstand zu Menschen und Dingen bewahrt. Wer Erfolg haben will, muß Meister sein in der Kunst, Widerstände und Vorurteile abzubauen. Denn Widerstände erschweren das Leben, Widerstände hängen wie Blei an uns, ziehen uns nach unten. Es gibt immer noch zu viele Menschen, die im Leben einen einzigen Kampf sehen. Und so kämpfen sie denn auch gegen alles und jeden: Gegen den Partner, den Chef, den Kunden, Nachbarn, Lehrer und gegen die Ansichten von anderen Menschen. Das einzige, was sie damit erreichen, sind größere Widerstände. Und das muß wirklich nicht sein! Wir alle sollten in allen Bereichen prüfen, wie wir Widerstände abbauen können. Was uns verbindet und weiterbringt, sind die Gemeinsamkeiten, nicht die Unterschiede. Darum sollten wir nicht gegen andere kämpfen, sondern gemeinsam versuchen, Ziele zu erreichen. Wieviel Kraft und wieviel Energie könnten wir damit sparen! Ohne Mehraufwand würden wir sehr viel höhere Ziele erreichen, weil wir einfach effizienter wären. Aber da wir uns selbst nicht im harten Wettbewerb sehen, wie er in Wirtschaft und Industrie besteht, kämpfen wir lieber an allen Fronten weiter - anstatt Forschung und Entwicklung an unserer eigenen Persönlichkeit zu betreiben.

Seit wann hat sich in Ihrem Leben nichts mehr geändert?

Können Sie sich vorstellen, wie irritiert einige Personen sind, wenn ich ihnen diese Frage stelle? Wir alle wollen so viel verändern - ganz besonders natürlich an anderen Menschen. Und dabei übersehen wir meist das Naheliegendste. Der beste Weg ist nämlich, sich selbst zu verändern. *Nichts ändert sich, außer ich ändere mich.* Solange ich festhalte an meinem Verhalten, an Egoismus, Überheblichkeit, Kompromißlosigkeit, Unnachgiebigkeit, Überempfindlichkeit, kann sich weder in mir und schon gar nicht im Verhältnis zu meinen Mitmenschen etwas verbessern.

Je offener ein Mensch auf andere zugeht, desto sympathischer ist er und um so eher wird ihm geholfen, wird er unterstützt und gefördert. Das liegt daran, daß alles, was er ausstrahlt, wieder zu ihm zurückkommt, man begegnet ihm offen, ohne Widerstand und mit Wohlwollen. Dieses Konzept "Abbau von Widerständen" funktioniert beim Mensch ebenso wie bei der eingangs erwähnten Maschine: Der einzige Unterschied ist, daß wir diese Erkenntnis bei der Maschine berücksichtigen, aber bei uns selbst?! Und warum wenden wir es dann so wenig an?

Je tiefer ein Mensch in sich ruht, um so mehr ist er mit seinem kollektiven Unterbewußtsein - und dadurch mit allen anderen Menschen verbunden. Je mehr er aber verstandesmäßig orientiert ist, nur in seinem Kopf lebt, sein Anderssein betont, um sich von den anderen abzuheben, um so größer ist die Diskrepanz im zwischenmenschlichen Bereich.

Viele Menschen sind von vornherein immer auf Konfrontation eingestellt. Konfrontation erzeugt Konfrontation. Es ist deshalb kein Wunder, daß solche Menschen niemals die großen Erfolge erzielen können - weder im privaten noch im geschäftlichen Bereich.

Sich befreien und öffnen

Das mentale Training - wie wir es regelmäßig üben - wirkt zuerst nach innen. Es verändert unsere Innenwelt, wir werden harmonischer, freier und damit nach und nach vollkommener. Dann wirkt diese Form der Tiefenentspannung mit der gleichen Intensität nach außen. Damit ziehen wir uns nicht etwa aus der Welt zurück, sondern wir reinigen uns erst einmal von allem Negativen. Auf diese Art und Weise kann das mentale Training - durch die positive Suggestion - kräftigend und stärkend nach innen und nach außen wirksam werden. Denn stark müssen wir sein, wenn wir die Welt nicht so hinnehmen und ertragen wollen, wie sie ist, sondern wenn wir sie mitgestalten wollen - so wie es zu unseren Lebensaufgaben gehört.

Wer seinen Mittelpunkt findet - wird auch für andere zum Mittelpunkt

Viele Menschen haben eine unbewußte Angst vor der Entspannung. Sie glauben, daß Entspannung langweilig und uninteressant ist, phlegmatisch und inaktiv macht - und völlig unnötig ist. Aber genau das Gegenteil ist der Fall. Ein Mensch, der in sich ruht, ist faszinierend für andere, zieht ganz von selbst die Aufmerksamkeit auf sich und steht - ohne sich darum zu bemühen - im Mittelpunkt. Er strahlt Ruhe und Gelassenheit aus, kann zum ruhenden Pol und dabei gleichzeitig zur interessantesten Person einer Veranstaltung werden. Im Gegensatz dazu steht der oberflächliche, aktive und verspannte Mensch. Von innerer Unruhe getrieben, bringt ihn seine Geltungssucht in immer größere Hektik. Seine Stimme wird hoch und schrill, seine Augen sind unruhig, die Augenlider zucken nervös. Da er selbst keine Tiefe besitzt, kann er auch bei anderen natürlich nur die Oberfläche erreichen. Leicht erkennen Sie solche Menschen daran, daß sie überall raten und helfen wollen. Wer aber immer alles viel besser weiß, zeigt unbewußt: "Sieh her, bemerke wie groß ich bin und spüre wie klein du bist. Darum werde ich dir etwas raten." Wer wirklich an den anderen Menschen glaubt, weiß, daß in ihm ebenso alles angelegt ist und er nur den Mut braucht, seinen eigenen Weg zu gehen. Wir sollten andere dazu anhalten, sich zu befreien, statt sie durch unsere Ratschläge einzuengen.

Wenn wir davon ausgehen, daß alles in uns angelegt ist, so liegt die Frage auf der Hand, wie wir an dieses Wissen herankommen können. Wir können uns, unsere Fähigkeiten und Stärken, überhaupt nur dann kennenlernen, wenn wir Zugang zu unserem Innern finden können. Und hierfür ist der Alpha-Zustand ideal.

Was bedeutet das Zauberwort "Alpha" überhaupt? Dazu müssen wir erst einmal wissen, wie das Denken vor sich geht.

Denken ist ein bioelektrischer Prozeß. In jedem Krankenhaus kann man heute mit dem Elektroenzephalogramm (EEG) die Gehirnwellen messen und weiß daher, daß das menschliche Gehirn Wellen von 0 - 35 Hertz produzieren kann.

0 Hz ist die Todesgrenze, 7 Hz die Schlafgrenze. 35 Hz die Obergrenze. Bei 15 bis 35 Hz befinden wir uns im Beta-Zustand. Je mehr ein Mensch in Streß, Hektik und Anspannung ist, um so höher ist er in Beta. Das Gehirn des Menschen arbeitet in Alpha - also bei einer Frequenz von 7 bis 14 Hz - am effektivsten. Und das wirkt sich auch körperlich aus, da ja der gesamte Organismus vom zentralen Nervensystem gesteuert wird. Alpha ist physisch und psychisch der optimale Zustand.

Alpha bedeutet innere Freiheit: Der Geist ist unbelastet, unbeschwert, die Seele kann frei schwingen. Und wie kommt man nun in diesen wundervollen Zustand? Durch Entspannung können Sie sich bei einigem Training so lange wie möglich in den Alpha-Zustand bringen. Je mehr nun der Mensch im Alpha-Zustand ist, um so mehr ist er in der Lage, Informationen von außen und von innen zu registrieren. Ein hektischer Mensch dagegen dreht sich im Kreis - wie ein Zirkuspferd - bemerkt aber nicht, was im Grunde vorgeht und kann deshalb auch nicht zielbewußt sein Leben steuern. Er befindet sich im Beta-Zustand, also in einer Frequenz von 15 bis 35 Hz. Und was tut ein solcher nervöser und hektischer Mensch? Weil er nämlich nicht entspannt ist, weil er nicht in sich ruht, sondern mehr und mehr die Kontrolle verliert, tut er genau das Verkehrte: Er versucht, seine Fehler durch noch mehr Arbeit und Fleiß wettzumachen. Um so mehr er das Tempo und damit die Nervosität steigert, um so zielloser wird sein Denken und Handeln. Also: Nichts wie weg von dem schädlichen Beta!

Manager, die unter starken Druck stehen, sollten lernen, wie man von Beta in Alpha kommt, um dann so lange wie möglich darin zu verweilen. In Alpha ist das Gehirn am lernfähigsten und reaktionstüchtigsten. So kann das volle Potential der geistigen und seelischen Möglichkeiten ausgeschöpft werden.

Und hier nun die Praxis...

Es gibt viele Möglichkeiten in Alpha zu gelangen. Ob es das Autogene Training von I.H. Schulz, Zen, Yoga, Meditation oder progressive Muskelentspannung ist, spielt nicht die wesentliche Rolle. Wichtiger ist vielmehr, daß jeder die für sich individuell optimale Methode herausfindet.

Sehr wichtig ist: Nicht die Methode, sondern das Ziel ist entscheidend. Werden Sie zum Meister in einer einzigen Methode, und trainieren Sie nicht viele verschiedene Methoden. Sobald Sie herausgefunden haben, welcher Weg der richtige für Sie ist, wenden Sie diese Methode konsequent an.

Oft höre ich, daß viele Menschen mit dem Autogenen Training keinen Erfolg hatten, es bei ihnen nicht wirkt. Deshalb habe ich in den 35 Jahren meiner Tätigkeit das Autogene Training weiterentwickelt. Versuchen Sie es einmal mit der folgenden Methode, trainieren Sie bitte nach der folgenden Anweisung:

Suchen Sie sich eine bequeme Position, legen Sie sich auf den Boden, auf die Couch oder setzen Sie sich bequem auf einen Stuhl, lösen Sie alles, was Sie beengt, wie Gürtel, Krawatte etc. und dann atmen Sie ruhig und tief. Achten Sie darauf, daß Ihr Atem nicht oberflächlich bleibt, sondern Sie eine echte Bauchatmung durchführen. Und dann können wir beginnen:

In Gedanken, in Ihrer Phantasie, in Ihrer Vorstellung stehen Sie auf einer wunderbaren Treppe - vielleicht haben Sie schon einmal in Ihrem Leben irgendwo auf einer wunderschönen Treppe gestanden - aktivieren Sie Ihr Erinnerungsbild. (Wichtig ist, daß Sie immer bei derselben Treppe bleiben.) Auf dieser Treppe gehen Sie nun langsam und bedächtig Stufe um Stufe tiefer und tiefer in das Tal der Ruhe, der Kraft und der Harmonie. Dabei zählen sie rückwärts von zehn auf null. Bei null sind Sie vollkommen entspannt, Sie sind in Alpha. Rückwärtszählen verlangt etwas mehr Konzentration als Vorwärtszählen - so schalten Sie für einige Augenblicke alle anderen Gedanken aus.

Wir machen uns auch die Erkenntnisse der Schlafforschung zunutze: Der Mensch schläft beim Ausatmen ein, und so gelingt es durch gezieltes tiefes Ausatmen, immer tiefer in die tiefe und erholsame Entspannung - also einen schlafähnlichen Zustand - zu gelangen.

Sie stehen also auf Ihrer wunderschönen Treppe, gehen langsam Stufe um Stufe tiefer und tiefer und atmen dabei mit jedem Schritt weiter tief und gleichmäßig aus. So gelangen Sie sicher in Alpha, in immer tiefere Entspannung.

Das Wunder - eine große Umschaltung - geschieht. In Alpha kann die Nebenniere kein Adrenalin erzeugen. Sie erleben daher einen Zustand tiefer Ruhe, ohne Streß und ohne Angst. Glaube, Optimismus und Zuversicht können getankt werden.

Jetzt können Sie entweder einschlafen oder mit Ihrem individuellen, suggestiven Kassetten-Training beginnen. Nach 20 Minuten sind Sie vollkommen regeneriert und voll von positiver Energie.

Viele Menschen, besonders in verantwortungsvollen Positionen, gehen so gern ins Konzert, weil sie sich bei der Musik in Alpha versetzen, bewußt oder auch unbewußt. Dabei verarbeiten sie die Erlebnisse des Tages und werden wieder frei für neue Ideen, für Gedanken an die Zukunft.

Hektik macht verdächtig

Schon von frühester Kindheit an, versucht man, uns vor Fehlern zu bewahren. Fehler aber gehören ebenso zur Entwicklung der Persönlichkeit wie Erfolge. Deshalb sollten wir die Angst vor den Fehlern verlieren. Schon in der Bibel heißt es, daß selbst der Gerechte siebenmal am Tage sündigt. Daraus folgert, daß auch der beste und tüchtigste Mensch immer wieder Fehler machen darf, egal auf welcher Stufe der Entwicklung er sich befindet.

Je nervöser und angespannter er ist, um so mehr Fehler macht er. Ein ruhiger und entspannter Mensch reagiert und handelt mit Weisheit und Gelassenheit. Vergleichen Sie Ihr Leben einmal mit einem Gebirgsbach während eines starken Unwetters. Das Wasser rauscht den Berg hinunter, nimmt Geröll, Sand und Lehm mit sich. Durch die Schnelligkeit wird das Wasser immer lehmiger, schmutziger und trüber - bis es endlich einen stillen See erreicht - und zur Ruhe kommt. Geröll, Lehm - die Fremd- und Schadstoffe - sinken langsam auf den Grund des Sees. Das Wasser beginnt sich zu beruhigen, wird wieder klar und durchsichtig.

So geschieht es dem Menschen im Alpha-Training. Alles Unwichtige und Nebensächliche lagert sich ab, sinkt nach unten und entschwindet ganz. Bewußtsein und Unterbewußtsein werden wieder klar und durchschaubar. Der Mensch wird innerlich frei, ist ohne Belastung und Anspannung, kann sich wieder auf seine wirklichen Aufgaben konzentrieren, seine Energien können frei strömen. Alpha-Training - wie wir es verstehen - ist ein innerer Reinigungsprozeß: Alles klärt sich, wird durchsichtig, und so kann man seinen Weg klar erkennen, kann frei denken und weise handeln. Der Alpha-Mensch meistert die Aufgaben seines Lebens besser, weil er seine innere Welt regelmäßig stärkt.

Loslassen

Eine harmonische Persönlichkeit zu entwickeln, bedeutet, sich dreifach bemühen: Wissen aneignen, es verinnerlichen und danach handeln. Dann kann man seine Aufgabe gegenüber der Umwelt nicht nur wahrnehmen, sondern auch erfüllen. Unser tägliches Leben gibt uns aber nicht immer diese dreifache Harmonie, die innere Ausgewogenheit. Darum müssen wir uns regelmäßig aus der täglichen Hektik ausklinken, um unsere Kräfte wieder zu dieser Einheit zusammenzuführen. Die Kräfte des

Geistes, des Körpers und der Seele. Wir alle wissen, daß eine Handlung um so eher ihre beabsichtigte Wirkung erzielt, je länger - und konzentrierter - sie gedanklich vorbereitet wurde. Darum muß jeder Mensch, der ja mit tausend großen und kleinen Sorgen des Lebens zu kämpfen hat, versuchen sich immer wieder diese beruhigende Geisteshaltung zu erwerben. Dann nämlich kann er alle Dinge von einer höheren Warte aus betrachten. Die beste Lösung eines Problems erreicht man, wenn man es frei und unbelastet angeht. Sonst vergeuden wir unsere Energie und der Erfolg bleibt aus. Der Alpha-Mensch unterscheidet sich von anderen Menschen dadurch, daß er gelernt hat, seine Energien immer wieder aufzuladen, zu speichern und zu bündeln. Dadurch kann er auch mit schwierigen Situationen gut umgehen. Seine Überlegenheit entspringt seiner großen inneren Ruhe.

Wie erreichen wir das Loslassen?

Geschenkt wird es uns nicht, das Loslassen aller Belastungen. Alles, was wir erreichen wollen, setzt viel Arbeit an uns selbst voraus. Beginnen Sie, indem Sie die nachfolgende Suggestion nicht nur lesen, sondern auswendig lernen. Bevor Sie die Suggestion laut sprechen, sollten Sie üben, mit den Augen einen Punkt zu fixieren. Ein ruhiger Blick erzeugt ruhiges Denken. Und sobald die Atmung sich vertieft, gleiten Sie von der hochschwingenden Beta-Frequenz in Alpha. Jetzt erst sprechen Sie mit weicher Stimme die Autosuggestion, indem Sie mit Ihren Augen weiterhin den Punkt fixieren.

Dann schließen Sie Ihre Augen, atmen tief aus - langsam - und sehr tief wieder ein. Sie halten die Luft an, dann ballen Sie die Hände zur Faust und spannen alle Muskeln Ihres Körpers an, halten diese Spannung etwa 15 bis 20 Sekunden.

Atmen Sie wieder tief aus. Fühlen Sie sich jetzt nicht leicht und be-freit?

Diese Übung aktiviert Ihre positiven Kräfte. Sie werden erstaunt sein, mit welch einer Ruhe und Konzentration Sie Ihre Arbeit weiter fortsetzen können. Möglichst zwei- bis dreimal sollten Sie diese Übung wiederholen. Auch gerade an den Tagen, an denen Sie glauben, es sei nicht nötig, weil Sie sich richtig gut fühlen. Passivität und Disziplinlosigkeit ist Rückschritt. Eine Autosuggestion zu erlernen und immer wieder selbstmotivierend auszusprechen, ist konzentrierte Selbstdisziplin, die Sie weiterbringt auf Ihrem Weg. Und hier nun die Konzentrations-Suggestion:

Werde der, der du in Wirklichkeit bist.
Höre auf, dich wie ein Wirbelwind herumtreiben zu lassen.
Festige die Ruhe, verankere dich in dir selbst. Die Arbeit an dir ist Freude und Pflicht!
Laß dich durch nichts und niemand aus dem Gleichgewicht, aus deinem Mittelpunkt werfen.
Ruhe und Geduld sind dir Wegweiser zum Glück und zum Erfolg.
Zur Meisterung des Schicksals gehört Konzentration.
Konzentration - und immer wieder - Konzentration.

Der Alpha-Manager

Nur gemeinsam sind wir stark

Von der Erfindung der Dampfmaschine bis zur ersten Lokomotive vergingen 150 Jahre, von der Entdeckung des Lasers bis zu seiner wirtschaftlichen Nutzung vergingen nur noch fünf Jahre. An einem solchen Beispiel sehen wir, wie rasant heute die Entwicklung verläuft. Kein Wunder, daß gerade Manager, die Entscheidungen treffen und große Verantwortung tragen, immer gehetzter werden. Fernschreiber und Telefaxe arbeiten Tag und Nacht, übermitteln neue Daten und verlangen rund um die Uhr ständig Entscheidungen.

Ist es in dieser schnellebigen Zeit erstaunlich, daß viele Menschen ihr Gleichgewicht verlieren? Wie können wir in einer solchen Umwelt ausgeglichen sein, das Beste für uns herausfinden? Wie soll das möglich sein, wenn äußere Einflüsse immer intensiver auf uns wirken? Und eine Veränderung der äußeren Welt kann nur geschehen, wenn wir unsere inneren Kräfte stärken. Nur gemeinsam sind wir stark!

Fachwissen allein reicht zur Menschenführung nicht aus. Kultur ist gefragt und angesagt. Was halten Sie von nachfolgender Definition: "Kultur ist eine umfassende Geistesbildung, die man durch dreifache Bemühung erwirbt, durch Wissen, Verinnerlichung und Handeln, mit dem Ziel einer harmonischen Entwicklung der eigenen Persönlichkeit und der Gesellschaft."

Dieses dreifache geistige, willensmäßige und moralische Bemühen darf nicht nur auf den persönlichen Aufstieg der Führungskraft gerichtet sein - es muß als oberstes Ziel dem Wohle der Gemeinschaft dienen.

Ein Chef von ungewöhnlicher Dynamik, fähig, andere mitzureißen, und mit dem Fingerspitzengefühl für die Möglichkeiten der Zukunft, muß in sich selbst ruhen. So ist er für das Abenteuer der Zukunft gerüstet, kann nicht so leicht durch Mißerfolge entmutigt werden.

In der "Kultur" liegt die wunderbare Möglichkeit, das intellektuelle Potential zu mehren. Aus dem Zusammenspiel von Technik und Kultur kann die Tragweite allgemeiner und größerer Gesetze verstanden werden. Diese unveränderlichen Gesetze behalten immer ihre Gültigkeit, ganz gleich in welchem Entwicklungsstadium der Evolution wir uns befinden.

Gelassenheit bringt Erfolg

Eine Führungskraft sollte für ein ausgewogenes Verhältnis von Aktion und Kontemplation sorgen. Wichtig sind Zeiten der Entspannung, in denen man Kräfte schöpfen und zur Ruhe kommen kann. Erst aus dieser inneren Harmonie kann Optimismus entstehen, der Blick kann wieder frei und klar werden. Es sollte deshalb zum normalen Tagesablauf gehören, sich Zeit für sich selbst zu nehmen, sich in einen Zustand der Tiefenentspannung - in Alpha - zu versetzen, sich mit dem Mentalen Training auf bevorstehende Aufgaben vorzubereiten.

Ein Chef, der täglich mit tausend Schwierigkeiten im Betrieb zu kämpfen hat, muß Energie haben, belastbar sein, muß sich einen kühlen Kopf bewahren, um richtige Entscheidungen treffen zu können. Er muß handeln wie ein Denker und denken wie ein Mann der Tat. An der Gelassenheit, der inneren Ruhe, an der Qualität der Arbeit kann man erkennen, mit welchem Typ von Mensch man es zu tun hat. Aus dem Alpha-Zustand, dem Zustand der Gelassenheit, wächst die innere Stärke. Ein Manager, der sich in Alpha versetzen kann, ist gerüstet für seine täglichen Aufgaben: Er ist ruhig, kann sich innerlich frei machen, deshalb richtig planen, gut organisieren und mit Weitsicht entscheiden. Selbst der einfachste Mitarbeiter empfindet und respektiert eine solche Überlegenheit seines Vorgesetzten. Darum sind nicht nur Sportler Meister im Mentalen Training, sondern auch immer mehr Menschen in leitenden Positionen. Jeder sollte wissen, daß Erfolge abhängig sind von der gedanklichen - mentalen - Vorbereitung. Denn nur im Zustand der Ruhe, der Gelassenheit sind wir befähigt zur "Weitsicht" Wir können vorausdenken und Chancen erkennen.

Durch das Mentale Training lernt ein Manager im Zustand der Ruhe nicht nur die Kräfte des Intellektes, sondern vor allem die Kräfte des Unterbewußtseins zu nutzen - der gesamte Mensch wird aktiviert. Überprüfen Sie deshalb im Lauf des Tages immer wieder, in welchem Zustand Sie sich befinden. Sind Sie wirklich ruhig und gelassen, können Sie gut mit Ärger umgehen - oder sind Sie gereizt und nervös? Finden Sie für sich heraus, wann Sie am besten Ihre persönlichen Entspannungsübungen machen, damit Sie sich dann in Alpha versetzen können, wenn Sie es brauchen. Diese kurze Zeitspanne ist die am besten angelegte Zeit: Ihre Arbeit und Ihr Leben werden leichter, einfacher - und schöner!

Ein Alpha-Manager ist ein Vorbild, dem man unbewußt folgt. Ein Manager, der gelernt hat, sich so oft wie möglich in Alpha zu versetzen, wirkt beruhigend auf seine Umwelt; das Führen der Mitarbeiter, das Erreichen von Zielen ist einfacher. Es macht sich für jedes Unternehmen bezahlt, wenn möglichst viele Mitarbeiter lernen, sich in Alpha zu versetzen. Die Arbeit wird schneller erledigt, in einem harmonischen Betriebsklima macht die Arbeit viel mehr Spaß - jeder ist motiviert! Jeder Mitarbeiter hat Freude an der Arbeit, identifiziert sich mit dem Unternehmen - er gibt sein Bestes. Erfolgreich ist das Unternehmen, in dem man ausgeglichen und entspannt Visionen verwirklichen kann.

Mitarbeiter führen heißt: Mitarbeiter erfolgreicher machen

Je perfekter Maschinen arbeiten, um so wichtiger wird der Umgang mit den Menschen. So habe ich von vielen Chefs erfahren, daß technische Probleme nicht zuletzt menschliche Probleme sind. Bleibt eine Maschine oder ein Computer stehen, wird der Kundendienst gerufen. Wenn dann der Techniker kommt, hat er es nicht nur mit einer defekten Maschine, sondern auch mit erregten, aggressiven Mitarbeitern zu tun. Diese zu beruhigen, ist oft schwieriger, als den technischen Fehler zu beheben.

Aus einem solch alltäglichen Problem ergeben sich für jeden Chef viele Fragen: Können meine Mitarbeiter Aggressionen abbauen oder ertragen? Wie belastbar sind meine Mitarbeiter in Streßsituationen? Lassen sich meine Mitarbeiter von aggressiven Kunden beeinträchtigen, so daß die Probleme anschließend noch größer als zuvor sind?

Vielleicht darf ich Ihnen aus meiner 35jährigen beruflichen Erfahrung einige Tips geben? Ich schlage zur Lösung dieser und ähnlicher Probleme zwei unterschiedliche Schulungsarten vor:

Große Seminare für alle Mitarbeiter

Diese Seminare sollten nach Möglichkeit mit allen Mitarbeitern, und wenn möglich, zusammen mit ihren Lebenspartnern durchgeführt werden. Denn auf diese Art gelingt es, jedem Arbeitnehmer das Gefühl zu vermitteln, daß er ein Teil des Ganzen ist, daß er dazugehört und daß seine Arbeit - selbst wenn sie auf unterster Ebene angesiedelt ist - für den Erfolg der Firma ebenso wichtig ist wie die einer Führungskraft.

In den großen Unternehmen mit unendlich vielen Mitarbeitern, kennen die einfachen Angestellten, die sich gern als "wir da unten" bezeichnen, meist ihre Führung, also "die da oben", gar nicht. Sie haben die großen Bosse kaum gesehen, noch nie ein Wort mit ihnen geredet. Deshalb kann auch kein Gefühl der Zusammengehörigkeit, der Gemeinschaft, entstehen. Schenken Sie Ihren Mitarbeitern das Gefühl "Ich bin ein Teil des Ganzen", und Sie werden überrascht sein, was eine derartige Motivation bewirkt. Die nächste Bilanz wird dies sichtbar machen.

Wird der Lebenspartner nicht mit einbezogen, muß das Unternehmen auf 50 Prozent der Motivationskraft verzichten, die aus der Partnerschaft entsteht. Leider werden in Europa - ganz im Gegensatz zu den USA - diese wichtigen psychologischen Aspekte noch viel zu wenig berücksichtigt.

Große Seminarveranstaltungen haben eine Fülle von Vorteilen. Gruppenpsychologische Prozesse mit viel Dynamik können entstehen. Ein stark positiver Geist wird spürbar, Pessimisten haben dann keine Chance mehr. Positiver Aufwind gibt auch schwachen Mitarbeitern im Unternehmen eine Chance. Ein gemeinsames Seminar baut Widerstände, Vorurteile und Antipathien ab, man kommt sich näher, lernt die Kollegen besser kennen, wächst zu einem Team zusammen. In großen Gruppen können Sie leichter den Willen der Teilnehmer stärken, das Feuer der Begeisterung entfachen. Denn: Gemeinsam sind wir stark! Es lohnt sich und zahlt sich aus, die besten Referenten zu verpflichten.

Mitarbeiterführung heißt: Mitarbeiter erfolgreicher machen. Das bedeutet, alle vorhandenen Ressourcen im Menschen zu nutzen und zu entwickeln. Das aber ist nur durch die tiefe Motivation, durch das Feuer der Begeisterung und durch hohen persönlichen Einsatz möglich.

Und wie begeistern Sie, lieber Leser, liebe Leserin, Ihre Mitarbeiter nachhaltig und für den gemeinsamen Erfolg? Wenn Sie ein erfolgreicher Motivator sind, dann arbeiten Sie auf jeden Fall mit der Rhetorik. Sie spielt eine Hauptrolle, wenn es darum geht, Menschen zu inspirieren, sie für gemeinsame Ziele zu aktivieren. Denn nichts kann den Geist des Menschen mehr entzünden, als die Kraft des gesprochenen Wortes.

Kleine Gruppen

Kleine Gruppen sind eher geeignet, gezielt Informationen geben zu können. Bei großen Gruppen arbeitet die Führungskraft überwiegend mit der rechten Gehirnhälfte, in kleinen Gruppen wird der Intellekt, die linke Gehirnhälfte, angesprochen. Der einzelne wird stärker gefordert, muß intensiv mitarbeiten - und entsprechend positiv ist dann das Resultat. Aus diesem Grunde muß sich stets der für die Fortbildung Verantwortliche die Frage stellen: Was will ich erreichen, was benötigt mein Unternehmen? Und ich kenne kein Unternehmen, daß nur eine Seminarform benötigt.

Bevor Sie sich jedoch für die eine oder andere Art eines Seminars entscheiden, sollten Sie sich einmal kritisch fragen: Welche Einstellung haben meine Mitarbeiter zur Firma, zum Erfolg der Firma, der letztendlich ja auch Erfolg des einzelnen Mitarbeiters ist? Sind meine Mitarbeiter noch engagiert? Haben Sie Freude an der Arbeit? Ist die Atmosphäre positiv oder von Kritik vergiftet?

Wenn Mitarbeiter innerlich gekündigt haben, kann das beste Seminar nicht helfen. Prüfen Sie, ob die Basis stimmt, dann kann ein Seminar einen großen Aufschwung einleiten. Was sollte Sie dann noch am großen Erfolg hindern?

Gerade in schwierigen wirtschaftlichen Situationen ist es äußerst wichtig, immer aufbauend zu denken, die positiven Aspekte zu sehen und zu nutzen. Die Arbeit muß mit Elan angegangen werden. Der Glaube an den Erfolg führt zum Erfolg. Die Hauptaufgabe der Führungsmannschaft ist es, selbst motiviert zu sein und mit der eigenen Motivation den Mitarbeitern aus der Krise herauszuhelfen.

Und deshalb brauchen wir Menschen, die motiviert sind, die Optimismus, Zuversicht und Vertrauen ausstrahlen - wir brauchen *Sie*, lieber Leser, liebe Leserin!

Der Erfolg als Beweis: Professor Baldur Preiml - Trainer mit Gärtnerqualitäten

Als der österreichische Skispringer Baldur Preiml 1968 bei den Olympischen Spielen in Grenoble seine Bronzemedaille in Empfang nahm, freute er sich über den Erfolg. Aber ein Wermutstropfen ließ einen Entschluß in ihm reifen: Obwohl zwei Österreicher auf dem Siegerpodest standen, wurde zur Siegerehrung die tschechische Nationalhymne gespielt, weil der Goldmedaillengewinner ein Tscheche war. Einmal, nahm sich Baldur Preiml vor, wollte er dabeisein, wenn bei den olympischen Spielen die österreichische Hymne für die Skispringer ertönen würde. Für eine olympische Zukunft war er mit 29 Jahren bereits zu "alt". So wurde er Trainer der österreichischen Nationalmannschaft der Skispringer - und erreichte sein Ziel.

Er war in Europa einer der ersten, die das Mentale Training in den Spitzensport einbezogen. Als Leistungssportler hatte er die Grenzen von Begabung, Technik und körperlicher Leistungsfähigkeit erlebt. Motivation und Begeisterung, Entspannung und Konzentration hießen die Zauberworte für die Mobilisierung des Potentials, das aus Talenten Sieger macht.

Nach einem steilen Aufstieg im aktiven Sport folgte eine Phase häufiger Verletzungen und in diesem Zusammenhang ein Leistungstief, das wiederum eine seelische Krise bis hin zu Depressionen zur Folge hatte. In dieser Zeit, Mitte der 60er Jahre, kam Preiml erstmals mit den Möglichkeiten des Mentalen Trainings in Berührung.

Das erste "Versuchskaninchen" für Baldur Preiml war er selbst. Sein selbstgesetztes Ziel, zur Olympiade 1968 wieder in Topform zu sein, errreichte er mit Hilfe von Autosuggestion tatsächlich. Das Ergebnis, die Bronzemedaille in Grenoble, über-

Professor Baldur Preiml

zeugte ihn völlig von der Wirksamkeit der Methode. Und schon bei der Siegerehrung stand das nächste Ziel bereits fest.

Da er nun wußte, wie man Sieger "macht", ging es bei dem Trainer Preiml nicht mehr um die Fragen des "Wie?" oder "Warum?", sondern lediglich darum, "wer" der Richtige dafür war, die Psyche seiner ihm anvertrauten Sportler zu trainieren. Als er schließlich nach eigenem Bekunden "mit Nikolaus B. Enkelmann den richtigen Mann" fand, begann eine Zusammenarbeit, die nicht nur vom Erfolg gekrönt war, sondern die auch erstmals das Mentale Training als festes Programm in den Spitzensport integrierte.

Zwar hatte Baldur Preiml mit Toni Innauer und Karl Schnabel zwei Ausnahmetalente im Aufgebot, aber, so betont er, Olympische Spiele haben immer ihre eigenen Gesetze. Hier gewinnt nicht der Konstante, nicht immer der Beste, sondern derjenige, der auf den Punkt seine Leistungsreserven optimal mobilisieren kann. Es gewinnt, wer trotz des Erfolgsdrucks in einer Ausnahmesituation Nerven bewahren und geballte Konzentrationskraft entfalten kann.

Für Baldur Preiml stand fest, daß mehrere Komponenten stimmen müssen, wenn man ganz vorn unter den Spitzensportlern sein will. Unverzichtbar sind neben der physischen Topform die technischen Details - seien es beim Skispringen die Sprungtechnik, die im Windkanal getestete optimale Flughaltung, oder das Material. Und natürlich erreicht niemand die Spitze, wenn er nicht in puncto Kondition, Kraft und Konstitution bestens vorbereitet ist.

Aber all diese Voraussetzungen fruchten nur, wenn sie im Wettkampf zur Entfaltung kommen. Der Trainer spielt dabei eine entscheidende Rolle. "Ich habe Trainer erlebt", berichtet Baldur Preiml, "die vor einem Springen nervöser waren als die Sportler." Diese Nervosität greife unweigerlich auch auf den ruhigsten Athleten über. Deshalb war es ihm während seiner Trainerlaufbahn wichtig, nicht nur an Technik und physischer Fitneß zu arbeiten, sondern auch an seiner Persönlichkeit.

Er bestreitet nicht, daß eine Sportlerpersönlichkeit auch durch die Persönlichkeit des Trainers reift. "Jeder Sportler braucht neben der Begeisterung und dem Ehrgeiz auch Anleitung", findet er. Die wenigsten Sportler könnten ihr Potential selbst einschätzen und noch weniger wüßten es auszuschöpfen.

Baldur Preiml vergleicht die Rolle des Trainers mit einem Gärtner, der sich ein besonders schönes junges Bäumchen auswählt und ihm dann mit Liebe, Können und System, mit Schneiden und Trimmen fachmännisch zum Idealwuchs verhilft. Als wichtigste Voraussetzung für einen guten Trainer sieht er deshalb auch die eigene Begeisterung für den Sport. "Er muß ein Besessener sein", meint er lapidar. "Man braucht die totale Begeisterung, wenn man das gleiche Feuer bei anderen entzünden will." Zu wenige Trainer seien echte Führungspersönlichkeiten, die neben dem reinen Fachwissen auch diese menschlichen Eigenschaften mitbringen.

Die großen Stars reisen heute mit einem ganzen Trainerstab von Veranstaltung zu Veranstaltung. Ein eigener Psychologe, der ausschließlich für die seelische Rückendeckung seines Schützlings zuständig ist, gehört selbstverständlich dazu. Doch psychologisch geschulte Trainer wie Preiml sind nach wie vor die Ausnahme. Für den Entdecker der Psyche im Sport bestand nie ein Widerspruch zwischen Theorie und Praxis. Das eine wie das andere sei für den Erfolg wesentlich. Wissen ohne Motivationsfähigkeit sei ebenso wirkungslos wie umgekehrt. Die Bestätigung für diese instinktive Einschätzung hat er sich in unseren Seminaren immer wieder neu geholt. Ein Trainer müsse Vorbild und nicht Kumpel der Sportler sein, jemand, den sie respektieren und auf den sie hören. Nicht Macht dürfe die Triebfeder für die Trainerarbeit sein, sondern eben die bewährten "Gärtnerqualitäten", wie er betont.

Angst nehmen, Selbstvertrauen stärken, Ruhe vermitteln - das sind nur einige der Funktionen des Trainers während des Wettkampfes. Vor allem ist es wichtig, das Vertrauen im Sportler zu stabilisieren. Diese Aufgabe ist in dieser riskanten Sportart nicht von einem Trainer zu bewältigen, der nervös ist und unter Umständen geheime Zweifel am Erfolg hat. "Das Vertrauen baut sich durch das Gelingen auf und wird durch die Beeinflussung verstärkt und stabilisiert", erklärt Preiml sein Erfolgsrezept, mit dem er schon vielen Sportlern zum Erfolg verholfen hat.

Unter Beeinflussung versteht er sowohl die Selbst- als auch die zielgerichtete Trainerbeeinflussung, also die Autosuggestion und die Suggestion, die Grundlagen meines Mentalen Trainings. Nur ein entspannter, angstfreier Skispringer, der sich sicher ist, daß er kann, was er will, kann das Beste aus sich herausholen - und zum Meistersprung ansetzen.

Für Preiml hat der Trainer die Bedeutung, auf dem Weg zum Erfolg der menschliche Begleiter des Sportlers zu sein und ihn bei der Entfaltung seiner Fähigkeiten voll und ganz zu unterstützen, ohne sich dabei in den Vordergrund zu stellen oder gar sein eigenes Ego zu pflegen.

Baldur Preiml hatte Erfolg. Und er hat in der Praxis bewiesen, daß unsere Methode auf allen Gebieten anwendbar ist, daß sie überall dort funktioniert, wo Menschen aus sich das Optimale herausholen wollen. Er machte das Mentale Training "salonfähig". Nach seinen Erfolgen lächelte niemand mehr abfällig über diese Methode. Kein Spitzensportler kommt heute ohne Training seiner Psyche nach oben. Weltweit bekennen Funktionäre und Trainer, daß allein auf physischem Gebiet kaum noch Leistungssteigerungen möglich sind. Die Mobilisierung der Seele und des Geistes gilt als das Erfolgsmodell der Zukunft - und das nicht nur im Sport. Auch Baldur Preiml findet: "Die Fähigkeit zur Entspannung und zur Konzentration wird zunehmend über Erfolge entscheiden - überall."

Heute ist der Sport-Professor hauptamtlicher Berater im österreichischen Sportministerium, wo er eine seiner wichtigsten Aufgaben darin sieht, die Entwicklung fortzuführen, die er so erfolgreich eingeläutet hat. Das Augenmerk des mittlerweile auf die Funktionärsseite gewechselten "praktischen Theoretikers" gilt hier vor allem der Trainerarbeit im mentalen Bereich.

"Der Geist lenkt die Materie", diese zentrale Aussage meiner Philosophie war für Baldur Preiml Leitfaden seiner Laufbahn. "Ich habe es selbst erfahren", erklärt er. "Negativ und positiv."